# 戦後国語（科）単元学習の出発とその去就

## ――山口県における実践営為を中心に――

〈資料編〉

加藤宏文

溪水社

# 目　　次

# 戦後国語（科）単元学習の出発とその去就

## ——山口県における実践営為を中心に——

## 〈資料編〉

# 第Ⅰ章　「新教育」の受容

## 第1節　出発における課題

**【資料1】　山口師範学校女子部附属国民学校著『国民学校教育の決戦態勢　国民学校初五六の錬成重点』**　1943（昭和18）年11月10日

第二章　第二節　国民科国語

○　初五六国語の編纂趣旨と錬成重点

(1)　編纂精神

巻一の巻頭に「サイタ、サイタ。サクラガサイタ。」があり、巻十二の最後に「山ざくら花」を置いた前の小学校国語読本を評して、「桜に始まり桜に終る。こゝに我が国民精神の昂揚をみる。」といってあるが、実に我が国の尊い伝統の国語の力を発揮するために、古典と緊密な関係をもって教材を選び、国民精神の発揚に資せんとしたのが旧読本の編纂精神である。国民科国語は、この精神を継承し、更に世界に於ける現下日本の使命に鑑みて、大東亜戦争並びに大東亜に関する数多き教材を御稜威と結んで国体顕現の資たらしめようとしてゐるところに編纂の精神を見ることが出来る。即ち、国史を助けて歴史的感情を豊かに培ひ、現代語と古文古典との関係を明らかにすることによって国語の理会を深めようとする古典的教材を中軸教材とし、「ことばと文学」「漢字の音と訓」「敬語の使ひ方」「国語の力」等の「国語」そのものに関する教材を新に排列して国語意識を確立させ、国語力の錬成を期してゐる。その他、国体歴史に関するもの、皇軍・国防精神に関するもの、国土・自然に関するもの、児童生活に関するもの等すべて、国家的色彩に富み、小国民の自覚に訴へるものであって、勇猛果敢なる敢闘精神と「もののふの情」として現はれてゐる「ゆかしい心」との柔剛二面をもつ我が国民精神にふれしめ、大国民たるの資質を啓培するとともに、高度国防国家体制の確立に資せんとしてゐるのである。

なほ国史地理の分化によって、初四まで修身と相提携して国史地理の母体たらしめてゐた任務が完了し、いよいよ国語独自の道を邁進するに至ったこと。——児童の習得すべき「日常の国語」の範囲が従来の内容である「日常の話しことばを基礎とする口語文」「普通の文語」に更に「或る程度の古典古語」が加はって来たこと。表現態度が客観的となり文体も種々分化したこと、及びそれらはどこまでも情意を基礎とする文学的表現の本領を発揮してゐること。性別の考慮より女子的教材に意が用ひられてゐること。これらは旧読本の精神を一段と進めたものであって、編纂精神の具体的なあらはれである。（中略）

(4)　錬成重点並びに指導上の留意点（中略）

◎　「読むこと」「書くこと」「話すこと」を通じて指導上留意すべきは左の事項である。

○　苦しみの中に楽しさを発見させる指導。

積極的態度を養成することである。所謂高学年児童であるから、ぜひとも積極的なる鍛練、修業のもつ苦しさ——苦しいがその中に楽しさを味はふ心構へと学習態度をもたせるやうに指導する。

○　体得させる指導

知的なる理会に止まらず、身につくまで修練することである。教師用書の各説の教材の趣旨にみられる「——を感得させる。」「——といふ心構へを養って行く。」「身につけさせる。」「味得させる。」「仕向けて行く。」等のことばはその要求を示したものであって、単なる知的な理会に終ることなく、魂をゆり動かして身についた実践になるまで指導することである。ことばの躾なども身につき実践できて、はじめて価値があるのである。

○　重点的指導と反復指導

四十分授業を生かす簡潔にして要点を逸しない指導をなすこと。

△　時間の空費的な問答の撤廃。

△　外見的な整ひや新奇を求めるが如き複雑な板書についての反省。

△　真に重要なるものを簡潔に反復練習させる工夫と研究。

○　生きて働く関連的指導

統合と関連の語は既に耳馴れたことばであるが、授業の実際にこの真価を発揮してゐる実績に於いては未だ遺憾な点が多い。殊に国民科の四科目の完全なる分化を見たる初五初六では、単に表面的な連絡にのみ目を奪はれて、そのため却って、指導を繁雑にし児童の理会を曖昧模糊とするが如き結果に陥らぬやう努力すべきである。関連のための関連ではなくして、指導に生命を与へる関連的取扱の工夫が望ましい。

**【資料2】**　**「戦時教育令」**　1945（昭和20）年5月22日公布即日施行　『国語教育史資料』第五巻「教育課程史」　1981（昭和56）年4月1日　東京法令刊　所収　（加藤注。「上諭」のみは、公布日付け朝日新聞による。）

［上諭］　皇祖考曩ニ国體の精華ニ基キテ教育の大本ヲ明ニシ一旦緩急ノ際義勇奉公ノ節ヲ効サンコトヲ諭シ給ヘリ今ヤ戦局ノ危急ニ臨朕ハ忠誠純眞ナル青少年學徒の奮起ヲ嘉シ愈其ノ使命ヲ達成セシメンガ為枢密顧問ノ諮詢ヲ経テ戦時教育令ヲ裁可シ茲ニ之ヲ公布セシム

第一条　学徒ハ盡忠以テ国運ヲ双肩ニ担ヒ戦時ニ緊切ナル要務ニ挺身シ平素鍛練セル教育ノ成果ヲ遺憾ナク発揮スルト共ニ智能ノ錬磨ニ力ムルヲ以テ本分トスベシ

第二条　教職員ハ率先垂範学徒ト共ニ戦時ニ緊切ナル要務ニ挺身シ倶動倶進以テ学徒ノ薫化啓導ノ任ヲ全ウスベシ（以下、第六条まで、加藤略。）

**【資料3】**　**「勅語」**　1945(昭和20)年8月17日　同年8月18日付　朝日新聞

朕曩ニ米英ニ戦ヲ宣シテヨリ三年有八ケ月ヲ閲ス此間朕カ親愛ナル陸海軍人ハ瘴不毛ノ野ニ或ハ炎熱狂涛ノ海ニ身命ヲ挺シテ勇戦奮闘セリ朕深ク之ヲ嘉ス

今ヤ新ニ蘇国ノ参戦ヲ見ルニ内外諸般ノ状勢上今後ニ於ケル戦争ノ継続ハ徒ニ禍害ヲ累加シ遂ニ帝国存立ノ根基ヲ失フノ虞ナキニシモアラサルヲ察シ帝国陸海軍ノ闘魂尚烈々タルモノアルニ拘ラス光栄アル我國體護持ノ為朕ハ爰ニ米英蘇竝ニ重慶ト和ヲ媾セントス

若シ夫レ鋅鏑ニ斃レ疫癘ニ死シタル幾多忠勇ナル将兵ニ対シテハ衷心ヨリ之ヲ悼ムト共ニ汝等軍人ノ誠忠潰烈ハ萬古國民ノ精髄タルヲ信ス

汝等軍人克ク朕カ意ヲ體シ鞏固ナル團結を堅持シ出處進止ヲ厳明ニシ千辛萬苦ニ克チ忍ビ難キヲ忍ヒテ國家永年ノ礎ヲ遺サンコトヲ期セヨ

**【資料４】　高村光太郎　１　一億の号泣**（1945（昭和20）年８月18日付朝日新聞掲載のまゝ。）　**２　犯すべからず**（『高村光太郎全詩集』　1966（昭和41）年１月15日　新潮社刊の表記による。）

１　言一たび出でて一億号泣す。／　昭和二十年八月十五日正午、／　われ岩手花巻町の鎮守　／　島谷崎神社々務所の畳に両手をつきて、／　天上はるかに流れ来る　／　玉音の低きとゞろきに五体をうたる。／　五体わなゝきてとゞめあへず。／　玉音ひびき終りてまた音なし。／　この時無声の号虎泣領土に起り、／　普天の一億ひとしく　／　宸極に向ってひれ伏せるを知る。／　微臣恐惶ほとんど失語す。／　たゞ眼を凝らしてこの事実に直接し、／　苟も寸毫も曖昧模糊をゆるさゞらん。／　鋼鉄の武器を失へる時　／　精神の純おのづから強からんとす。／　眞と美と到らざるなき我等が未来の文化こそ　／　必ずこの号泣を母胎として其の形相を孕まん。

２　神聖犯すべからず。／　われら日本人は御一人をめぐって　／　幾重にも人間の垣根をつくってゐ。／　この神聖に指触れんとする者万一あらば　／　われら日本人ひとり残らず枕を並べて　／　死に尽し手仆れ果てるまでこれを守り奉る。／われら一億老若男女の　／　死屍累々をふみ越えなくては　／　この神域は干しがたい。／　蛮刀に勝ちほこれる者よ、心せよ。／　心なき汝の一指の動きは　／古今絶無の悲劇を生まう。／　つつしみ立つ者必ずしも低からず。／　傲然たるもの必ずしも高からず。／　どんなことに立ち至らうとも　／　神国日本の高さ、美しさに変りはない。／　やがて皎然とかがやき出でる　／　神聖日本文化の力をみよ。

**【資料５】　「新生日本の教育」**　1945（昭和20）年８月26日付　朝日新聞

国家の興亡はその国家の「教育」如何にかゝってゐ。従って勝利者としての聯合国、主としてアメリカはわが国の教育制度内容について冷静、かつ厳重な監視乃至は干渉を加へることもあるかもしれない。二千万学徒はもとより一般国民も今後学校教育はどうなるであらうかと大きな関心を持ってゐ。学校教育がどう改変されるかは、しかしアメリカがどういふ風な方針をもって当ってくるかが判らねばもちろんはっきりした予想も予断も許されないのである。だがおぼろげな予想は曾て日本が勝利者として臨んだ場合をふり返って見ることによってできるだらうと思ふ。かつて興亜院にあって大陸の文教政策を遂行、現在文部省の要職にある某氏に来るべきアメリカの文教政策への態度とわが国のとるべき姿とを聴いた。

（加藤注　以下、⑴　教科書内容の改訂　⑵　教員養成機関の容喙（人道主義・平和・人類福祉）　⑶　文化施設(図書館・博物館・映画等)　⑷　国家護持の筋金入りの教育計画——に触れ、「一掃せよ“記憶万能”」の見出しで、次のよう説いている。)

（前略）日本再建の一方途として青少年の社会生活訓練機関もできねばならない。地方においては神社を中心とする国体護持のための郷土教育もとり上げられる。神社の祭礼、年中行事を中心とする和楽伝統を重んずる気風をそこでつくり先輩が後輩を善導し、しっかりとした町村をつくることも消極的ながら必要である。将来は余り学校教育を重視せず、いはゆる学校教育の弊である記憶万能教育を捨て去るべきだ。学校を一つの教育の段階として、社会に入ってむしろ勉強するといった気風がこれからは行なはれなければならない。（後略）

【資料6】　**公民教育刷新委員会の設置を決定**　1946（昭和21）年11月5日付　朝日新聞

（前略）新しき「公民科」は従来用ひられた法制経済などの教授内容を指すものではなく、現行の「国民科」以上の構想をもって“世界の公民”としての自覚と使命を涵養せんとするもの——国語、地理、歴史等の各教科科目を傘下にあつめて、教育と教養を一本に具現しようとする、新時代に即する政治教育、国際平和、個性の完成、正しい世界情勢の認識など第二の国民としてしっかと身につけねばならぬ諸問題を如何に教材として消化するかは今後委員会の検討にまつわけだが、いづれにせよ公民科の規範そのものが理数、芸能、体錬等他科目の性格方向を決定することゝなり、その使命は頗る大きい。

従来国民学校では国民科のもとに修身、国語、地理、歴史の四科目を包含し戦争中とはいへもっぱら日本的視野に限られた方向に進んできた。中等学校では昭和八年一科目としての公民科新設されたが一三年解消しその教育内容は国民科に吸収され今日に至つてゐる。マ司令部ではかねて“生きた歴史”（アクチュアル・ヒストリイ）の教育を慫慂しきたったが、あへて歴史科に限らず公民科では国語、地理を通じて活きた正しい真実の世界、日本および日本人を把握させてゆくのである。この意味で在来の「修身」は廃止される可能性も多い。教室での出発は来年の四月からの予定であるが、方針の決り次第教材なり指示なりを與へて決定的実施の方針で臨む。（後略）

**【資料７】　国語の「水兵の母」も削除　教科書から不適切な部分を一掃**

1945（昭和20）年９月21日付　朝日新聞

現在使用している中等、青年、国民各学校の教科書の中には戦争終了の今日教材として不適切なものがたくさんある。この措置については文部省で全面的改訂を行ふはずであるが、これは長い時間を要するのでとりあへず現行教用図書を使用させることゝし、適当でない教材についてはつぎのやうな注意を払って、全部あるひは部分的に削除、または取扱ひに慎重を期すことゝなった。省略削除または取扱上注意すべき教材の基準はつぎの通りである。

イ　国防軍備等を強調せるもの　ロ　戦意昂揚に関するもの　ハ　国際の和親を妨げる虞あるもの　ニ　戦争終決に伴ふ現実の事態とはいちじるしく游離し、または今後における児童生徒の生活体験とはなはだしく遠ざかり、教材としての価値を減損せるもの　ホ　その他承詔謹の点に鑑み適当でないもの

なほかゝる削除、あるひは省略を行ふと必然的に教材の減少となり補充が必要となってくるが、この場合には、国体護持、道徳確立、文化国家の国民たるにふさわしい教養、躾等に関するもの、科学的精神啓培ならびにその具現に関するもの、その他体育衛生、国際平和等々それぞれの教科々目の立場から土地の情況、時局の現実などを考へにいれて適宜採取補充することを要諦としている。削除すべき個所は国語、修身、歴史、地理などに多く、算数、理科などには比較的に少いが、とりあへず文部省では国民学校後期用国語教科書中の削除部分および取扱上注意を要するもの（△印）を指示した。

◇　ヨミカタ（二）　四、ラヂオノコトバ、十六、兵タイゴッコ、十八、シャシン　よみかた（四）　三、海軍のにいさん、△十、満州の冬、十五、にいさんの入営、二十、金しくんしょう、二十一、病院の兵たいさん、二十二、支那の子ども

◇　初等科国語（二）　△一、神の剣、七、潜水艦、八、南洋、九、映画

十四、軍旗、十五、ゐもん袋、二十一、三勇士

◇　同国語（四）一、船は帆船よ、三、バナナ、四、大連から、五、観艦式、十一、大演習、十二、小さな伝令　（五）　△十七、廣瀬中佐、十九、大砲の出来るまで、二十三、防空監視哨

◇　同国語（六）　二、水兵の母、三、姿なき入城、△五、朝鮮のゐか、九、十二月八日、十、不沈艦の最後、十八、敵前上陸、△十九、病院船

◇　同国語（八）三、ダバオ、十三、マライを進む、十五、シンガポール陥落の夜、十六、もののふの情、二十一、太平洋

◇　高等科同　（二）二、単独飛行、三、鋲を打つ、八、輸送船、九、ハワイ海戦

**【資料8】　良き国語の普及を計れ**　1945（昭和20）年10月4日付　朝日新聞社説

動あればかならず反動がある。時局かぶれのぎこちない漢文口調の反復、お役所風な生硬極まる熟語と文章体との羅列、殊更らにいはゆる地方語と背反する命令的な軍用語などの氾濫に悩まされた後に、再び明治の欧化時代を想はせるやうな英米語の浸潤を見ることゝなった。現に我々は日常、進駐軍の将士の口から、ラジオの拡声器から、また街頭の看板から、この種、外来語への親しみを刻一刻加へてゐる。そして言葉は意志疏通の管線をなすものであるから、多年鎖国独善の弊風に染まって来た我が同胞の眼光も自ら世界情勢の真相に対して率直な認識を深めるやうになるに相違ない。

平和国家の建設、世界文化への協力を目標として進む今後の日本人にとって、これは誠に好ましい傾向であり、せめて一つ二つの外国語に通暁するくらゐのことは今後の日本人としてむしろ当然の話といってよい。しかし、語学はあくまで相対的なものであり、良き外国語の理解者は、必ず同時に良き自国語について素養をもつことを不可欠の条件とする。かくして初めて自他両国の国語への正しい理解をもち、その結果として両国民の心からなる接近を計る資格を昂めることができるのである。しんも良き自国語についての素養が良き国語の普及を前提とすること、また多言を要しない。

この意味において我々は、あくまで良き国語の設定とその普及とを切望する。それは必ずしも旧時代の大和言葉の復活を意味するものでなく、場合に

よっては、日常語における漢字漢語の制限、仮名交り口語文の馴致その他、技術的、専門的には研究を重ねた上で選定せられるべきことも要請せられるであらう。口に称えて滑らかに、耳に聞いて快く、その上、読み書きするに不便不自由のないやう新時代にふさはしい新国語の普及がこの際、特に望ましい。偏狭固陋な国語万能論の正反対な動機からこのことを提唱したいのである。

**【資料９】　科学教育の新方向**　学術研究会議・日本科学振興会合同会議　於文部省　1945（昭和20）年11月21日　国民学校中等学校関係の科学教育者会議　同年同月22日開催　結論　同年同月27日付　朝日新聞

△　人文科学の振興　科学といへば自然科学だけのやうに偏陋な重点がおかれてきたが、文化国家の再建にあたっては人文科学の健全な発達が前提である。

△　科学教育の基礎　授業時間は思ひ切って短縮し児童生徒が自分で工夫する自由な時間をふんだんに與へ午前中授業、午後自由研究といった措置も大いに結構であり、学校毎に独自の行方を編出し、画一教育の弊を解消してゆく。

**【資料10】　教材を一般募集　国定教科書の国語**　1946（昭和21）年４月９日付　朝日新聞

今春から使ふ恒久的教科書のうち国民学校国語教科書の教材がひろくく一般から募集される。教材に児童や訓導の作品を採用した例はあるが、一般から公けに募集するのは今回が最初、文章は、▽　国語の特質、言語の世界を具体的に知らせるようなもの　▽日本、世界の文学作品として児童に是非知らせたいもの　▽　科学的精神を昂揚するもの　▽　個人の自覚を促し人間性の尊重を啓発するもの　▽　社会生活における協同奉仕の精神を昂揚するもの　▽　人類愛、国際平和、国際協調などの精神を啓発するもの▽その他児童の思想感情を豊富にし生活意識を旺んにするもの等に重点をおき、散文、韻文、対話文など、文体は自由、教科書はもちろんこれら応募作品のみで編纂されるわけではないが、国民の文章を永く教材として使ふところに新教材の意義がある。将来は国語だけでなく相当広範囲の各教科におよぶはず。

締切は五月十五日、送付先は文部省教科書局第一編修課国語教科書編修係

**【資料11】　新日本建設ニ関スル詔書**　1946（昭和21）年１月１日付　朝日新聞

茲ニ新年ヲ迎フ。顧ミレバ明治天皇ノ初国是トシテ五箇条ノ御誓文ヲ下シ給ヘリ。曰ク、

一、広ク会議ヲ興シ萬機公論ニ決スヘシ

一、上下心ヲ一ニシテ盛ニ経倫ヲ行フヘシ

一、官武一途庶民ニ至ル迄各其志ヲ遂ゲ人心ヲシテ倦マサラシメンコトヲ要ス

一、旧来ノ陋習慣ヲ破リ天地ノ公道に基クヘシ

一、知識ヲ世界ニ求メ大ニ皇基ヲ振興スヘシ

叡旨公明正大、又何ヲカ加ヘン。朕ハ茲ニ誓ヲ新ニシテ国運ヲ開カント欲ス。須ラク此ノ御趣旨ニ則リ、旧来ノ陋習ヲ去リ、民意ヲ暢達シ、官民挙ゲテ平和主義ニ徹シ、教養豊カニ文化ヲ築キ、以テ民生ノ向上ヲ図リ、新日本ヲ建設スベシ。（以下略）

御名　御璽　　昭和二十一年一月一日

**【資料12】　新日本建設ニ関スル詔書ニツイテノ訓令**　1946（昭和21）年１月８日　同年同月９日付　朝日新聞

（前略）惟フニ今次ノ戦争、敗北ヲ以テソノ局ヲ結ブヤ、挙世随従スルトコロヲ知ラズ、動揺混乱シテ艱苦四辺ニ満ツ。然リト雖モ、コノ秋ニ於テ、猶国民ヨク奮起シ、不撓不屈、相携ヘテ試煉ニ耐ヘナバ、必ズヤ暗黒ヲ打開シテ光明ノ彼岸ニ到達シ得ベキコト之ヲ信ジテ疑ハズ。則チ今回ノ大詔ニ恪遵シ、明治ノ国是五箇条ノ御誓文ヲ循守シ、明朗豁達、民意ヲ暢達シ、平和主義ニ徹シ、文化ノ水準ヲ昂メ、相倚リ相信ジ、堅実鞏固ナル公民生活ノ完成ヲ期スベキナリ。古来家を愛スルノ心ト国ヲ愛スルノ心トハ、我ガ国民道徳ノ特徴タリシ所ナリト雖モ、今後ハサラニ之ヲ拡充シテ人類愛ニマデ完成セシムル所ナカルベカラズ。若し夫レ我ガ国ニ於ル純正ナル君民ノ関係ハ、徒ニ架空ナル神話伝説、偏狭ナル民族優越感ニヨリテ成ルモノニアラズ、此ノ際寧ロカヽル誤レル観念ノ一洗コソ、萬世渝ラザル君民一如ノ真姿ヲ顕現

スル所以ナルコトヲ御垂セラレタルニ至ッテハ衷心恐懼ニ堪ヘズ、洪大ナル聖慮ニ感ジテ忠誠を効サントスルノ念愈々切ナルモノアリ。

抑々斯ノ如キ聖旨ヲ奉載シテ之ガ徹底ヲ期スルハ教育ニ在リ。事ニ育英教化ニ従フ者及ビ之ヲ統督スル者ソノ任重クソノ道遠シ。宜シク思ヒヲ此に致シ、自省自奮、徳ヲ養ヒ識ヲ磨キ、各々責務ヲ全ウシテ前途ノ荊棘ヲ払ヒ、悠久ナル国運ヲ万世ノ太平ニ開キ、以テ叡慮ニ応ヘ奉ランコトヲ期スベシ。

**【資料13】　米から教育使節団　民主化に協力**　1946（昭和21）年1月6日付朝日新聞

マックアーサー元帥は去る十二月三十一日、日本の各教育機関における修身、歴史、地理の三課目の暫定的廃止を命じたが、日本の民主教育育成の見地から米国の陸軍省と協議の結果、米国における各般の第一流教育家を網羅する大規模な対日教育使節団を日本に招請するに決定、この使節団は近く来朝し、遅くも四月の新学期開始までに文部省或は民主的教育家と膝を交へて日本教育の民主化につき討議を行ふことになった。教育使節団の使命はあくまで日本の教育界と協力して民主主義的教育の確立を期するにあって、教育につき指令すを発するものではなく、最高司令部民間情報教育局長ダイク代将は五日の記者会見で、

昨年末のマ指令で日本の教育から軍国主義的要素を排除したがこの使節団は日本の教育家と協力して教育の建設的方面を受持つものである。

と述べている。右使節団の団長は国務省教育監のジョン・ワード・スチュードベーカー博士で、一行の人数は最高司令部民間情報教育局の予定では婦人を含めて三十名となっており、陸軍省では十八名乃至二十一名の人選を行ってゐる。使節団は、

一、民主主義の解明、いかにすれば民主主義的教育を日本に徹底し得るかを研究する部

一、日本の再教育の心理的方面を研究する部

一、文部省の改組など教育行政を研究する部

一、日本の高等教育、図書館、研究所を研究する部

の四部編成となり、使節団到着後一箇月以内に綜合的研究を終へる予定で、もちろん分担せる分野と必要に応じ、使節団のうちにはさらに長期にわたっ

て日本に滞在するものもある。（後略）

**【資料14】　『米国教育使節団報告書——連合国軍最高司令官に提出されたる——』**（第一次）　1946（昭和21）年３月30日付（注　渡邊彰訳著『米国教育使節団報告書——原文・訳文——』　1947（昭和22）年６月20日　目黒書店刊による）

①　教育の目的

日本における教育の再建が始められるに先立って、民主国家の教育哲学の基礎が明らかにされることが是非とも必要である。「民主主義」といふ言葉をどんなに繰りかへしたところで、しもそれが内容をもってゐなら無意味なことである。

生活のための教育の制度は、民主国家に於ては、個々人の価値と尊厳の承認とを基礎とするものである。それは各人の能力と適性とにしたがって教育の機会を與へるやうに組織されることが望ましい。教育の内容と方法とによって、それは研究の自由と批判的に分析する能力の訓練とを助成することになる。それは、発達程度が種々に異ってゐる生徒の能力の範囲内で、事実上の知識について広範な討論をうながすことになる。学校の勉強が一定の教科目と一冊の教科別の認定教科書とに限られてゐならば、これらの目的は促進されさうにもない。民主主義国家における教育の成功は画一化と標準化といふことではきめられないのである。

教育は、個人を、責任をおもんじまたよくそれに協力する社会の一員にするやうに準備すべきである。また「個人」といふ言葉は、子供にも大人にも、男にも女にも、同じやうにあてはまることも、わかってゐければならない。新しい日本の建設にあたって、どの個人もみづからを労働者として、市民として、はたまた人間として、発展させる知識を必要とすることになるであらう。彼らは社会組織の種々な面に参加する成員として、その知識を自由研究の精神を以て応用することが必要になってくるのである。以上のことはすべて国際聯合憲章ならびに聯合国教育科学文化聯盟規約の草案に記されてゐる基本的原理と一致するのである。

この結果は、必然的に中央官庁即文部省は教育の内容や方法やまたは教科書を規定すべきではなく、むしろその活動の分野を梗概書、参考書、教授指導書の出版に限定すべきであるといふことになる。教師がその教師としての仕事に対してほどよく準備ができてゐへすれば、教育の内容と方法とを、種々な環境にある生徒の必要と能力とさらにまた彼らが将来参加すべき社会とに適用せしめることは、教師の自由にまかせねばならない。（中略）

② 国語の改革

漢字の読み書きに法外な時間をさいて得られた結果には、失望すべきものがある。生徒は国民学校を卒業しても、民主的公民としてひつような語学的才能をもってゐやうに思はれる。彼等は日刊新聞や通俗雑誌のやうなありふれたものを読むに難儀してゐる。概していへば、彼等は時事問題や現代思想をとり扱った本の意味をつかむことはできないのである。わけても、通常彼らは充分に言語を習得してゐから、学校を出たのちも読書を教養の平易な手段とすることはできないのである。それにもかかはらず、日本の学校を参観したものは誰でも、生徒が活発な精神をもってをりまた著しく勤勉であるといふことを否定するものは一人もない。公民たるものの基本的な義務を効果的に果さうとするならば、個人は社会上の事件に関する事実の簡単な記述の意味がわからなければならない。個人はまた学校を卒業したのちも自分の運命に直接かかはりのあるいろいろな条件を、つぎつぎに処理するにたる普通教育の要素をもってゐばならない。若し児童が初等学校を出るまへにこのやうな事柄についての手ほどきを受けそこなふとのちになって自分でこれに着手する時間もなし、またする気にもなれないのである。日本の児童のうちおよそ八割五分までが、この時期に学校教育を終はるのである。（中略）

漢字のなかに存する或る審美的な価値やその他の価値が、音標文字によっては決して充分に表はされないといふことは、容易に認められるけれども、一般人が博識になって国の内外の事柄を充分明瞭に語れるやうになるべきであるとするならば、もっと簡単な読み書きの手段が與へられなければならない。

一つのまとまりのある実施可能な計画を作りあげるには時日を要するであらうが、今は着手の好機なのである。

当使節団の判断するところでは仮名よりもローマ字に多くの長所がある。さらに、ローマ字は民主的公民の資格と国際的理解とを助長させるのに都合がよいであらう。（後略）

【資料15】　文部省著『新教育指針』　1946（昭和21）年５月刊　『戦後日本教育史料集成』第一巻「敗戦と教育の民主化」　所収

第一部　前篇　新日本建設の根本問題

第一章　序論――日本の現状と国民の反省

一、日本は今どんな状態にあるか（中略）

二、どうしてこのような状態になったのか（中略）

㈡　日本国民は人間性・人格・個性を十分に尊重しない。

ここに三つの言葉――たがいに関係が深く、またにていながら少しずつ意味がちがい、使い方も区別さるべき言葉――を出した。後にもたびたび出てくるこれらの言葉の意味をあらかじめ簡単に説明しておこう。

人間性というのは、人間が本来もっている性質・能力・要求というようなものである。人間は他の動物と同じく肉体をもち物質にたよって生きている。そして物を食べたり子供を生んだりするような本能、みたりきいたりする感覚、憎んだり恐れたり喜んだりする感情などをそなえている。しかしただそれらをもって動物のように暮しているのではなく、人間に特有の自由意志によって、その生活が道理にかなうように、正しく善くあるように、美しく心地よくあるように、信心深くつつましやかであるようにと願い、かつ努力する。そこに学問・道徳・芸術・宗教などの文化がつくり出される。こうしたはたらきが人間性であって、それらをおさえずゆがめずにのばすところに人生の目的がある。

人格というのは、人間の人間たる資格、ねうちという意味であって、それは人間性として、そなわっているいろいろのはたらきを、自由な意思をもって統一してはたらかせるところに成立する。機械やどれいのように、自由な意思がなく、他から動かされてはたらくものには人格は認められない。またいろいろなはたらきがたがいに分れつ（ママ）したりむじゅん（ママ）したりして統一がないものは人格もないのである。人間は人格としてたがいに尊重さるべきであって、回やどれいのように単なる手段として取り扱われてはならない。

個性というのは、人間の一人々々の独特の性質という意味である。すべての人が人間性をそなえており、まただれでも人格として、平等に尊重せられねばならぬけれども、人間性は各人によってあらわれかたがちがっており、したがって各人は他の人と区別さるべき特色をもっている。これが個性である。例えばある人は美しいものを求め美しいものをつくり出す力がすぐれていて、美術家の個性をあらわし、他の人は青少年に対する愛情とかれらを指導する能力とがすぐれていて教育者の個性をあらわす。人間は各々の個性にしたがって人間性をのばし、人格をはたらかせ、人類文化のためにつくすのである。

さてこれまでの日本国民には、このような人間性・人格・個性を尊重することが欠けていた。（後略）

**【資料16】　山口県柳井市立平群西小学校　創立百周年記念誌**　1975（昭和50）年8月1日刊　所収

○　昭和二十一年　山口県視学　高橋昌三

視察目標

一、マッカーサー司令の徹底について

二、教育の純粋性確保について職員の身分・生活調査

三、青年学校教員増員に係る新生に対する実態調査

視察情況並に指示事項

一、新教育の根底は新年の御詔書に則り教育の凡てをあげて個性の伸展に立脚する自由民主化の徹底にあり然り而して今日求めたいのは旧教育即軍国主義乃至極端なる国家主義の下、行なはれて来た旧教育を如何に徹底的に排除するかにある。この意味に於て本校は次の諸点に於て徹底しあり。新教育の基盤なりつゝあるものと認む。

1、渉外関係文書の受け入れ体制積極的にして、学校長の所管処理、教職員諸氏の熟読周知に徹してあり。

2、回収教科用図書は勿論、旧教科用図書並に一般図書の処理概不可なり。

3、一切の教育設備備品につき整理の跡歴然たり。

４、児童の机中に不当なるものを認めず。

二、旧教育の排除に伴う教育的真実を充たすに新教育を以てすべし。即排除払拭と新建設を一元的になすを要す。この点偶々麦秋農繁休業中にして児童教育の実情を見聞することを得ず。よって次の指示をなすに止む。

１、新学習指導の理論的基礎

Ａ　理論的基礎の取扱い方　Ｂ　新教育思潮の取扱い方　Ｃ　批判と実践化並に討議の基本要領　Ｄ　弁証的見地　教育そのものを現実の個別的な児童という主観の極と永遠の普遍的な価値若しくは理念という客観の極との対立的止揚としての新教育本質観をとる。

２、新学習指導の実際的基調

児童自らの経験を統御してゆく即今日の経験を統御しながら明日の経験を統御させる様に経験の再構成を歩一歩と実現する様に導く。そのためには論理的教材を心理的教材に引きもどすことを肝要とす。そのためには児童自ら或は共同に問題を持ち、結論を予想し学習の計画を樹立し、自ら確認して行う。

３、科学教育の振興

どこまでも真理を求める。納得できないことは、どこまでも追及する態度を培うこと。即ち科学教育の基盤を作る必要がある。こうした実証的態度を培うことが科学教育の基盤であるならば、かくの如き実証性を養うには自然科学がよいのである。理科教育を強化せられたい。

**【資料17】　文部省著『学習指導要領［試案］一般編』**　1947（昭和22）年３月20日刊

①　序論

一、なぜこの書はつくられたか

（前略）これまでの教育では、その内容を中央できめると、それをどんなところでも、どんな児童にも一様にあてはめて行こうとした。だからどうしてもいわゆる画一的になって、教育の実際の場での創意や工夫がなされる余地がなかった。このようなことは、教育の実際にいろいろな不合理をもたらし、教育の生気をそぐようなことになった。たとえば、四月のはじめには、どこでも桜の花のことをおしえるようにきめられたために、あるところでは花はとっくに散ってしまったのに、それをおしえなくてはならないし、あるところではまだつぼみのかたい桜の木をながめながら花のことをおしえなくてはならない、といったようなことさえあった。また都会の児童も、山の中の児童も、そのまわりの状態のちがいなどにおかまいなく同じことを教えられるといった不合理なこともあった。しかもそのようなやり方は、教育の現場で指導にあたる教師の立場を、機械的なものにしてしまって、自分の創意や工夫の力を失わせ、ために教育に生き生きした動きを少なくするようなことになり、時には教師の考えを、あてがわれたことを型どおりにおしえておけばよい、といった気持におとしいれ、ほんとうに生きた指導をしようとする心持を失わせるようなこともあったのである。

もちろん教育に一定の目標があることは事実である。また一つの骨組みに従って行くことを要求されていることも事実である。しかしそういう目標に達するためには、その骨組みに従いながらも、その地域の社会の特性や、学校の施設の実情や、さらに児童の特性に応じて、それぞれの現場でそれらの事情にぴったりした内容を考え、その方法を工夫してこそよく行くのであって、ただあてがわれた型のとおりにやるのでは、かえって目的を達するに遠くなるのである。またそういう工夫があってこそ、生きた教師の働きが求められるのであって、型のとおりにやるのなら教師は機械にすぎない。そのために熱意が失われがちになるのは当然、といわなければならない。これからの教育が、ほんとうに民主的な国民を育てあげて行こうとするならば、まずこのような点から改められなくてはなるまい。(後略)

②　文部省著『学習指導要領［試案］(国語科編)』　1947(昭和22)年12月20日刊

第一章第二節　国語科学習指導の目標

国語科学習指導の目標は、児童・生徒に対して、聞くこと、話すこと、読むこと、つづることによって、あらゆる環境におけることばのつかいかたに熟達させるような経験を與えることである。　ところが、これまで、国語科学習指導は、せまい教室内の技術として研究せられることが多く、きゅうくつな読解と、形式にとらわれた作文に終始したきらいがある。今後は、ことばを広い社会的手段として用いるような、要求と能力をやしなうことにつとめなければならない。それを具体化すると次のようになる。

一　表現意欲を盛んにし、かっぱつな（ママ）言語活動をすることによって、社会生活を円滑にしようとする要求と能力とを発達させること。

二　自分を社会に適応させ、個性を伸ばし、また、他人を動かす手段として、効果的に、話したり、書いたりしようとする要求と能力とを発達させること。

三　知識を求めるため、娯楽のため、豊かな文学を味わうためというような、いろいろなばあいに応ずる読書のしかたを、身につけようとする要求と能力とを発達させること。

四　正しく美しいことばを用いることによって、社会生活を向上させようとする要求と能力とを発達させること。（中略）

③　参考（ママ）　一　単元を中心とする言語活動の組織

（前略）単元による方法は、児童・生徒が解決しなければならないような問題を出し、児童・生徒が問題を解くときのすべての経験、到達した結論、達成した結果をまとめていくことであると定義できるであろう。国語教科書の一課一課も、じつは、そうした作業単元を考慮において編集されている。ここでは、そうした與えられたものでなく、児童・生徒みずからが問題わ選びだして、自発的に活動するばあいわ考えてみよう。とくに中学校の生徒に実施しうるものについて考えてみよう。（中略）

「われわれの意見は、他人の意見によって、どんな影響をこうむるか。」

**【資料18】**　Ａ　森下巌「国語教育の底辺」（復刊第３号　９月刊　所収）

①　⑴　真実を語ることば（真実性）（ママ）

⑵　思ったことが、聞き手にはっきりと伝はる（明晰性）（ママ）

⑶　やさしい、わかりやすいことば（平易性）（ママ）

②　そしてこの底辺の上に、発音、語彙、語法などを正す語学的教育の斜辺と、今一つ、文学作品に於て最もよくその特色を現はしてゐるところの、ことばの含蓄性、洗練性を教育する斜辺との二つの線が引かれて、国語教育はじめて完全なる三角形として成立されるといふことが出来よう。（中略）／　この三角形は、正しいことば、美しいことば――醇正なる国語の

教育の在り方を示す一つの図式であり、また、実践を通じて日一日と広がり、高まることを欲している、動く図式である。

③ (1) 言霊（ことだま）（ママ）論は戦時中随分度々持ち出されたものであったが、聖戦と称し、大東亜共栄圏と謳った基底に、今日から考へれば修正さるべき多くの反対の事実のあることを考へるとき、それはかの神風論議と同じ傾向のものであったといふことができるであらう。新しき時代の新しき言霊とは、呪文を唱へることによって現はれるものではなくて、ことばが真実を語る時にのみ発現されるものであることをさとらなければならない。

④ ある問題について、自分はどう考へるのか、他人の意見に賛成なのか、反対なのか、そしして、その理由はといふ風なことを、明断に話す心構へと方法を体得させることが必要である。（中略）それと同時に、（中略）決して、美辞麗句といふ意味ではなしに、芭蕉が「俗談平語を正す」と言ったやうな、言葉に新しい生命を持たせ、深い感動を呼び醒ますといふ意味（後略）

⑤ （前略）いづれにしてもその基礎になる大切なことは、むづかしい漢語や外国語を使ったり、わかりにくい言ひ廻しをしたりしないといふ心構へである。この基本的な心構（ママ）を国民全部、特に有識者、指導者が持たない限り、国語、国字問題も、軌道に乗って解決の方向に向ふことは出来ない。

**【資料19】　B　小川利雄「国語教育の復活」**（第346号　7月刊　所収）

① まるで世の中は一変してしまったけれども、耳を澄ませで（ママ）われわれの日本語は巷に満ち溢れ、絶望感に打ちひしがれた人々を励まし、勇気づけてくれてゐる。われわれは今更のやうにことばの美しさや、ことばの力強さに胸打たれるのであるが、国語教育は実はかうした素朴な所から出発しなければならないし、国語教育のいのちも、またよろこびもここに起因してゐると思はれる。

② （前略）一様に陥ってゐる欠点は、国語教育が自らの問題として自己をきびしく反省し、自己に深く沈潜したその結果、内面的要求として提示されたといふのではなく、外部からの圧力に影響され、或は支配されそれへ

の阿ゆ（ママ）や迎合として起ってゐるといふことである。

③　従来の国語教室は低調な字面だけのよみとか、文意の把握とか、漢字の指導とか、ことばの言ひかへとかに終止（ママ）し、まれに内容の探究といふやうなことが行はれたとしても、そこに盛られた題材を廻って、とかくの詮索がなされる程度に止ってゐるに過ぎない。これを児童の面から言へば、国語の勉強とはことばの意味（語釈としての）（ママ）を覚えることと、漢字の書取と上っ面の棒読みをすることであり、殊に試験でもあるとなれば、親も児もそろって、漢字の暗記と、ことばの言ひかへに全力を傾けて飽くことを知らないといふ状態である。

④　音声の持つ欠点の第一は、時間的に制約を受けるといふこと、即ち音声化されたことばは時間に持続することが出来ない。第二に空間的に制約を受けるといふこと、即ち伝播の範囲に限度があり、どこまでもそれを伝へるといふことが出来ない。而も実際にこれを行ふとなれば、技術的にたくさんの問題がおこってくるのである。（中略）この解決策は音声学の研究とか、音韻学の究明とか、方言学の調査とかいふ基礎作業の上に立たなければならないことは勿論であるが、何よりも生きた現実のことばを的確に把握し、処理して行くといふ点にかかってゐるのである。そのためにわれわれの言語感覚を鋭敏に不断の努力を惜しまないといふことが必要になってくるのである。

**【資料20】　A　田中豊太郎「国語教育と芸術的教養」**（復刊第5号　1946（昭和21）年11月1日刊　所収）

①　やはり、高次な価値目的を持ち、しかも、身近な、一つ一つの能力、技術を練って行くことが肝要である。だが、世の中が忙しいと、途中の手を経ないで、いたづらに有りがたいお題目のやうに高次な価値をふりかざして自己陶酔と、欺瞞に陥ることが多いのである。

精神精神といふことは、こんなところにまだ影響して来てゐると思ふ。物と心、事と心、即ち物心一体と考へ、内在価値と考へたらこんな錯覚はない筈である。栄養のある料理なら、食ふものはひたすらうまいうまいと思って食って居れば栄養がとれてゐるのである。

国語は国語、算数は算数、音楽は音楽……その科、その科の独自の本領

を、忠実に果たして行くことに専念することが、今日の場合、特に必要であることを痛感する。(中略)

②　これを要するに、(ママ)

国語そのものの教育を正しく、徹底的に行ふこと、

国語によって文学的、芸術的教養を練り高める。

この二つを、子供たちの身につくまで修練することが大切だといふのである。

また、別の言ひ方をすれば、国語そのものの教育と、国語による文学的教育を行ふことである。

前者については、音声面と文字面をもってゐることを考へて、両面ともに、正しく、美しく、品位あるものとして身につけさせるやうに努力したいのである。これが正しい国語教育であるとにもに (ママ)、それ自体ことばの芸術、言語芸術である。

後者は、いふまでもなく鑑賞と創作の両者をもって文学教育、文芸教育、芸術教育を直接行ってゐるわけである。

これからの日本の教育は、特に民主主義でなければなせない。随って、教科、科目の教育も民主主義でなければならない。国語教育も当然民主主義でなくてはならない。ところが、民主主義教育といふことを正しく理会してゐるものの中には、教育とか、教養とか、道義とかいふことを、何か貴族的、特権的なことのやうに考へ、自然のままを、やたらに尊重しようとする。

国語とか、ことばの問題についてみてもさういふことがないではないと思ふ。むづかしい漢字を教へ込んだり、ややこしいかなつかひにいつまでもこだわってゐたり、わざわざ難渋な文体でいてみたりすることは、たしかに特殊的なことであって、国語の民主化とは言へない。けれども、やさしいことを、正しく、美しく、するやうに、どの子供とも、すべての国民に行きわたらせることは、決して民主主義に反したものではないと思ふ。いや、これこそ民衆の教育であり、国民全体の言語的水準を高めることであって、真の国語教育の民主化といへるのだと思ふ。民主主義とは、変てこな高いものを引きずりおろすことを要する部面もあるが、全体を引き上げるといふ重大な役目をももってゐると思ふ。

**【資料21】**　A　石森延男「国語教育の門出」(復刊第1号　7月刊　所収)

① 日本は、何かにつけて、しくじりをしてきた。まちがった道を踏んできた。その中でも一番（ママ）大きな間違ひは、教育事業であったらう。学制発布とともに、学校は、津々浦々たてられ、教科書は、一人一人の手にわたったが、何よりも大事な心のおきどころに、はかれないあやまりの洞穴があった。

② (1) われわれの方から、この教材は、こんな趣旨であり、この取扱ひは、かうだといふやうな案内を示さなければ、安心できなかったような過去の教育実際（ママ）では、もう、間にあはなくなってゐる。外から示されたことに、ただ異義もなく従って、形式的に、通り一遍の扱ひをしてきた誤った国語教育では、どうして、今後の生きた「日本語」を養ふことができよう。どうして、「ことば」の命を新しく捉へることができよう。

③ 国語教材といふのは、たまたま、真実なる実生活をいとなましめるための、師と弟子との橋渡しにすぎない。国語読本のみによって、どれだけの「ことば」が養へるであらう。在来の国語読本（全十六冊の文章をみなよせ集めても、せいぜい新聞十頁あまりにしかならない分量、こんな微々たる分量)（ママ）で、どうして思想、感情のけんらんたる（ママ）少年時代の心情を満足させることができよう。

④ 問題は、この僅少な国語教材をいかにして、児童の実生活圏内に位置づけをし、価値づけるかである。／ここにいたって、従来の国語教育が、いたづらに教科書のみにたよりすぎ、限りすぎた傾向はなかったか。教材研究といへば、読本中にかかげられたものにのみあった弊はなかったか。教科書はあくまで、一つの指針である。代表的国語指導目標である。これに肉付けをし、血を通はせるといふことを忘れてゐるのではあるまいか。はなはだしきは、国語の指導は、漢字の習得にあると心得たむきもないではなかった。語釈を記憶させたり、かなづかひを強いたり、オームが一の朗読をくりかへしたり、することが重要な仕事だと考へてもゐた。これではいくら、国語の授業時数が増しても、児童には、生きたことばが身につく筈はないし、国語の力を感得することもできない、いはんや国語表現力の要請などは、おもひもよらない。

【資料22】　B　小川利雄「国語の教科書と国語の教室」(第348号　9月刊所収)

① 一体、教科書は、あるきまった考へとか、ねらひとかをもって作られたものであり、そこには組織とか系統とかいはれるものをもってゐるのであるが、マ司令による、いはゆる、軍国主義、極端なる国家主義的なるものの追放といふようなことで、そのある部分をのぞけば、全体は死んでしまふものである。組織とか系統とかは、おたがひにつながりあってゐることを意味してゐるわけであるから、このことは当然である。だから今の教科書のやうに、のこったものだけをつなぎあはせたのでは、殆んど意味も、価値もなく、かへって混乱をおこすことになってしまふのである。まへに、私どもは教科書を持たないといったのは、この意味である。

② ここで、教科書をすてるとしたらどうなるであらうか。教科書に対する執着のしかたさへもあいまいな凡人としては、実際に行ふとなると、なかなかむづかしいことである。ところが、いま、いやでも教科書をすてなければならない立場になってゐる。自分で考へるひまのないうちに、教科書はなくなってしまったのである。そこでわれわれは、武蔵の心構へから、教科書をとりまもる国語教育は、教科書をすてる国語教育であるといふことを学びとり得ないものであらうか。この機をそのやうにかへ得るとするなら、禍を福にするといふことで、大へんよろこばしいことである。

③ (前略)一つのしかたとして、ここにこれからあるべき、またありたい教科書のねらひ、組織、体系といふものをだきこみ、親が傷心の子を温かくいたはるやうに、あたため、生かしてやることが、考へられる。それは何よりも先に、ありたい教科書が考へられてゐることが大事である。これがないことには、せっかくのくわだてもやくに立たないことになってしまふ。(中略)われわれはお互の教科書を自分の中にしっかりときめて、その中に現在あるものをとり入れてゆくことをすればよいわけである。

④ そしてこのことは教科書をないがしろにしたり、否定したりすることではなく、教科書をそだててゆくことにもなるわけである。といふのは、われわれのまはりにあることとばは、文字通り、玉石混かう(ママ)で、そのすべてを、そのままとりあげていいといふのではなく、ことばをえらんでゆく必要があり、そのえらびかたは、うつくしく、たしかなといふ線に

そってゆくのであるが、それを具体的に示したものとして、教科書を考へてゆくことができるからである。だから、われわれがとりあげてゆくことばと、教科書のことばとは、決してはなれたものでも、ましてはんたいのものではなく、実は同じものであるといふことができる。しかも、われわれのくはだては、教科書をゆたかにそだててゆくことでさへある。

【資料23】　Ａ　花田哲幸「国語授業の成立」（復刊第３号　９月刊　所収）

①　文をふたいろにわけると、知識をあたへる目的を持つものと、心の力をそだてるいみをもったものとになると思います。（中略）読方（ママ）理科の文や公民の文や地歴の文のアパートではいけない理由もぼんやりながら心に描いて下さったことと思ひます。読方の文は文学的であってその独自性が発揮せられるのです。

②　各科の特質がはっきりし、個性が伸び伸びといとなまれてこそ児童の文化的教養がゆたかにかたよらずに身につけられて行くものだと思ひます。おのおのの持ちばを稀薄にしたり、ゆがめたりして、全体に参与しようとしてもその全体には力が乏しく、時には抽象的な、なんだかわからないようなものになり終ることが多いのです。自らを深めて行った時に生ずるおのづからなる関連は強い力を具現すると思ひますが、自分の基礎をふらふらさせて他との関連ばかりを意識にのぼせてゐては、その関連は形式にながれ、おざなりになり、自信がなく、けっきょく雲をつかむやうなことになってしまふのではないかと思ひます。

③　要するに、そのこととか、そのものとかに目的があるよりは、ものやことについての、観方、考へ方、感じ方を、文のあらはれ方によってうけとり、自分といふものの個性の啓培に資することが何よりもたいせつな要旨になるのだと思ひます。さうすることが美しい心とか正しい心とかさとい心とかがいつのまにか太り深まりじりじりと文学的教養が身について行くのではないかと思ひます。

④　さてこの観方、考へかた、感じ方といふものに模式的な型を要求したり、型にはめこんだりすることは絶対に禁物です。（中略）お互がちがった観方、考へ方、感じ方をするからこそ全体的には進歩の形をとることになるのです。言ひ変へれば、全体に自分をつなぐといふ場合、自分が空白

にならないかぎり全体の中にはいりこむわけにはいきませんし、さうした場合の全体といふのは、自分にとっては非常に抽象的な、また一般的なものでしかありません。この関係からは、充実した力とか、めざましい現実的な進歩といふやうなことはとうていできません。けれども、おたがひちがってゐるといふことは既に各自があるものを所有してゐるといふことになります。このことを個性といっておきますが、個性は決して孤立したり他と絶縁したりするものではありません。

**【資料24】　B　藤原与一「日常の生活言語をみがいてゆく国語教育」**（第347号　8月刊　所収）

① 読方の指導にしても、読みとりの深さ浅さは、よくその国語の実力を示すであらう。その実力とは、自分の生活語としてたくはへてゐる国語の自力である。生徒はつねにその自力、すなはち生活言語のできてゐる度合いに応じて読みとり方の深さ浅さを示す。そこについて行って一層たけ高い受取り方をすなほに展開して見せ、本人に、その立ってゐる地盤から、十分なっとくさせるやうにすることが、親切な読方指導である。

② 教室では、つねに一人々々を相手にすることもできかねるであらう。が、大切なのは、さうする心持である。個人に当てゝ説くと説かないとにかゝはりなく、指導者が、相手の一人々々の持ち前のことばと個性とをよく伸ばすやうに心しらひをたえず加へるならば、指導される者たちは、それぞれに受取るところがあるはずである。相手方の言語状態をけがしてかゝるか、愛情をもって受入れ、尊重してかゝるかによって、道は成功不成功の大きな二手に分れる。

③ 一つ深められゝば、本人はそれだけ開発されるわけで、次には、その開かれた程度のところから、それ相応の自力が出て、新しい読みの力が発揮されることになる。要は、その生活してゐることばにつちかって、それが開けてくるやうにしむけることである。

**【資料25】　A　小島忠治「生活体験より文章表現へ」**（第351号　12月刊　所収）

① 綴り方指導においては、生活体験より如何にして文章に表現するかの指

導が肝要である。ここを指導しなければ如何にいっぱんてき（ママ）な生活を培っても、「書くことがない。」といって綴らない児童になってしまふのである。

② 一、直感――感受性を鋭敏にする
二、記憶――覚え書をさせる
三、内省――想をねらせる
四、表現――表現意欲を持続させる

③ 生活経験より文表現への指導に当っては、先づ児童の、感受性を鋭敏にすることが大切である。それにはぼんやりとものを観ることなく、注意深く観察させ、驚異の目を開かせることである。その方法は適当な暗示乃至注意によって、児童の心をゆりうごかし、外界に対して積極的にはたらきかけるやうに仕向けることである。

④ (1) 感想についての手がかりを与へてやる。
(2) 児童の着眼の穂先をうつり行かせる。
(3) 児童の内心に刺激を得させる。

⑤ （加藤注。「くものかんさつ」各段落の書き出し文のみ、加藤が抄出。）
(1) 僕が庭に水をまいてゐると、梅の木に小さなくもがおさらのような巣を作ってゐる。
(2) よくみてゐると、くもは後の方の足を動かして、おしりのところから細い糸を出し、（後略）
(3) やがてくもは巣ができあがったらしく、巣のはじめの方の梅の木の枝のかげにかくれてしまひました。
(4) しばらくすると、からだのわりに足の長い羽のある虫が巣にかかりました。

⑥ （前略）その直感を把持して行くのは、記憶である。記憶は過去の知覚を復活せしめる心の力であって、かつて経験されたものが、心に浮びあがってきたとき、それが以前の心理経験なることを知る。即ち再確認する作用である。もしわれわれから記憶の力を引き去ったとしたら、われわれの感受した印象（知覚）は、刹那刹那のものにおはり、文表現が不可能になることは明らかなことである。

⑦ (1) 低学年にあっては、生活経験をかへりみて、これを現在の意識にの

ぼらせる。

(2)　中、高学年にあっては、記憶を正確にし、忘却を防ぐ方法として、日記をつけさせるか、備忘録、覚え書、取材帳等に記録させることがもっともよい。

⑧　内省（観照）には、その成立の要因もしくは動機によって二つの場合がある。その一つは、主として記憶の作用を中心とする所謂連想的なもの、これは多く偶然の刺激乃至暗示に発するものであり、その二は、主に思惟の作用を中心とする所謂構成的（創造的）（ママ）なもので、多く作為的である。

⑨　文章としての表現（叙述）はここにはじまる。即ち生活体験（直観）（ママ）把住（ママ）されたものは言語化され、文章化されて､表出される。その間にあって常に意識の流れを覚醒し、これを自評（内省）（ママ）、これに取捨選択を加へつつ文を綴り、ひとまづできあがれば、それを読みかへして、再び反省しながら想と文との食違ひをしらべ、足らぬところを補ひ、よけいなところは削除して作品をまとめ、さらに先生の批評、友だちの批評をきいて推敲して作品にみがきをかけるところのたくましい表現意欲の持続をはかることが肝要である。

**【資料26】**　B　大西久一「綴り方指導の要諦」（第351号　12月刊　所収）

綴り方のきらひな理由はいろいろあらうが、約するところは書くことがないから、うまく書けないからの二つになるやうである。書くことがないからこそ生活の指導があり、うまく書けないからこそ表現の指導がとりあげられる所以である。この生活指導表現指導こそ綴り方指導の表裏をなすものであり、二大部門である。この二者が循環して行なはれるところに綴り方指導の要諦がある。この生活より表現へ表現より生活への橋渡しをなすものが見方考へ方、感じ方の指導である。綴り方のきらひな理由——書くことがないから、うまく書けないから——もここに起因する。

**【資料27】**　B　今石光美「綴方指導の一観点」（第350号　11月刊　所収）

①　又、一応綴方は、児童の現実生活及び之に即した表現の指導だと言はれている。児童の生活そのものを深く広く培ってゆく時、そこにそれに即し

た自らなる表現方法も生れ、その表現の指導をも併せて行へばよいと考へられてゐる。然し、綴方が言語による表現であるといふ平凡な様で本質をつく事実認識が不十分であり、ことばそのもの丶価値、機能を考へない表現指導、生活指導であっては、戦時中氾濫した多くの概念的なことばは、結局ことばが生活を離れ、人間を離れた為に外ならないのと同様に、綴方をして如何に概念化し、個性を没却せしむることであらう。

② 読み方が単なる精神を涵養するのではなく、生きた現実のことばの実践に躾け、文章に定位されたことばの意義価値——単に文法的にではない。——を見出して文章の内奥まで理会するのと揆を一にして、綴方に於ても実現することばそのものを、かりそめにしてはならないといふのである。／　綴方では真実を表現することが大切な一つの規範である。真実といふことを唯外面的に、そこに述べてあることが実際にあったことかどうか、実際思ってゐたことかどうかといふところに基準を求めるのみならず、もっと内面的な真実性を求めるならば、当然ことばそのものの本質機能の問題にふれなければならぬ。

③ 何と言っても綴方指導の中心問題は心構へを養ふことであり生活指導である。併し、ともすれば心の指導が、生活指導が、教訓的教戒的な指導に堕して表現指導とは分離し、表現指導亦単に表現形式の指導のみで、心につながる問題として考へられなかったやうである。表現の立場に立っての生活指導であり、心につながる表現指導でなければならぬ。生活指導即表現指導といふ両者を一つの合体とみることが殊に重大であって、両者を離れ離れとして対立させることはゆるされない。そこに綴方教師として心すべきことばそのものの問題を提示したのである。

## 第2節　実践の動向

**【資料1】　『米国教育使節団報告書――連合国軍最高司令官に提出されたる――』**（本章第1節**【資料14】**参照）

我々はあらゆる人種、あらゆる国民がその文化的資源から彼ら自身にとってもまた全世界社会にとっても何かしら役に立つものを作り出す力をもってゐることを確信している。これこそ自由主義の信条とするところである。我々は画一といふことを信奉するものではない。われわれは教育家として絶えず差異や独創や自発性に注意してゐる。これが即ち民主主義の精神である。我々はアメリカの制度を表面的に真似てもらっても少しも嬉しいとは思はないのである。我々は進歩と社会の進化とを信じてゐるから希望と新しい力の源として、全世界の至るところ多種多様の文化があることを喜ぶものである。

**【資料2】　文部省著『新教育指針』**（本章第1節**【資料15】**参照）

（教科課程は）厳密にいえば、その地域の社会生活の特性により、児童青年のその地域における特性によって、地域的に異なるべきものである。教育が地域地域の社会に適切なものとなるには、どうしても、そうならなくてはならないはずである。だから、教科課程は、それぞれの学校での地域の社会生活に即して教育の目標を吟味し、その地域の児童青年の生活を考えて、これを定めるべきものである。

**【資料3】　日本文芸編集部編　下記7校共著『全国有料小学校に於ける　最新カリキュラムの実践』**　1949（昭和24）年7月　日本学芸社刊

A　兵庫師範女子部附属小学校

○　困窮の祖国を打建て行く国民は、とにかく仕事の出来る人でなければならない。／旺盛な実践力を有して、てきぱきと仕事が出来る人間が望ましい。単に智識（ママ）を智識として有するだけでなくして、それが、実践生活に活用出来るような知識（ママ）であって欲しい。

B　兵庫師範男子部附属小学校

○　(1)　全然新規な教育計画というより、従来の社会科教育の経験から、それより能率的に発展させたものであること。

⑵　生活綜合の教育法を考えると同時に、教科的な基礎能力の育成に就いても、之れを充分重視することによっていわゆる生活綜合への反動的行き過ぎを警戒したこと。

⑶　その教育計画構成に当って、社会的要求や児童の要求を調査によって抽出して行く努力を惜しまないが、その場合にも教師の経験を重視していわゆる調査万全主義を排したこと。

C　新潟県十日町小学校

○　「社会科とはあらゆる人間活動を究明する為になされる知的、身体的、社会的、情緒的な全領域に亘る教育活動である。そして社会活動を通じて、あらゆる関係を知ること、その関係を知る為に必要な技術と技能を習得すること、こうしたことを知ろうとする態度と習慣を養うこと。」（中略）社会科は児童教育の中核であって、他教科はこの学習を助ける補助的な教科と考えてよいでしょう。

D　東京都港区桜田小学校

○　（前略）この案も決定的でなく、社会の動きと共に又児童の発達の新実験に合せて改訂されていく性格を内にもっているものである。／　しかもこの案は、いわば静的な固定案であるが、展開の実際は、実体（ママ）の児童に即して、ダイナミックに行われて行くべき位置にある。

E　長野県松本市田川小学校

○　学習指導要領の指導基準をそれぞれの地域の特性に応じて具体化し、教育活動の十全を期するためには、先づ適切な教育課程の構成がなされなければならない。これの唯固（ママ）たる立案整備は現下の緊急問題である。当校は新制度下二年間の実践後の反省により、小学校教育の健全なる具現は、先づ教科の指導を中核とした生活経験全面の指導を目指す教科課程の徹底にあるとの見地の下に、本年度は次のような方針によって、郷土の特性に即した適切な運営による目的の達成を期している。

F　新潟第二師範附属小学校

○　かつて、又いまも米国の教育者がフロンティア（Frontier）精神のもとに現実を開拓しているように、私達も日本のプランには敗戦日本の復興意欲がもられるように努力せねばならない。米国プランの日本語版であってはならないと思う。そして又、既に過去の教育が実証する合科教授の失敗を繰返すようなプランであってはならないと思う。／このため､私たちは、教育する児童の発達の実態と、その児童の日常生活経験が営まれている社会の実態や要求などについて、科学的な調査の施行とデーターを準備し、その上に教育の課題を設定していかなければならない。

G　東京第二師範女子部附属小学校

○　従来の論理的な体系によって組織されたカリキュラムを打破し、児童の生活の再構成をはかるべく単元学習による新カリキュラムを編成したのであるが、このことが、児童の経験の分裂をきたして、(ママ) しまうという事実のあることをつかんだのである。／そこで、構成した単元の学習活動の中で、具体的に融合して、指導のできるものは、融合的に、指導して、経験の統一をはかることを主眼として、編成したのが、現在、我が校で、とっている教育計画である。

**【資料4】　A　「明石附小プラン　コア・カリキュラムの構成と実践」（兵庫師範女子部附属小学校）**

①　カリキュラム構成と基本態度（加藤整理要約以下同）

1．実践的人間を目標とすること

2．本校に於ける教育の全体計画

3．(組織の一覧)（ママ）(注　本文編に引用)

②　吾々は単に装飾的な智識（ママ)、単なる遊び的な知識（ママ）を有するような人間を目標とすることなく、実践的人間の養成を目標とするカリキュラムを構成しなければならないわけである。

**B　「生活カリキュラムの構成――我が校の生活単元学習」（兵庫師範男子部附属小学校）**

①　言いかえれば単元とは決して知識の群でも、教科の一区分でもなく、児童の生活経験の一領域であって、知識と経験と活動との統一的発展を目指すのが単元である。

②　このように社会科教育の計画を徹底していく時、理科教育は全面的に包含される上に、国語、算数、その他の教材も大量且つ自然に社会科の中に入って来ることを私共は経験してきた。このような場合にも依然と

して旧態のままの社会科と他教科を別々に学ばせるということは不合理というより、極めて小能率的なことであり、教科的教養を真に生活実践力に高めることにもならないように思われる。

③ ⑴ 綜合学習（生活単元学習）中に含まし得ても更に練習の必要上取り出して再々練習させねばならないことが多い。

⑵ 反復練習の必要のためにも、綜合学習と直接関連のない場合でも、学習させねばならないことが多い。

⑶ 基礎学習の系列に従って綜合学習中にうまく含ませるよう努力するとしても、必ずしも凡てを含ますことの出来ない場合がある。

イ　綜合学習中に含まれる前後ふたつの基礎的方面の間に若干の系列上の隔たりがある場合には、前に出たものを機縁として、次への連絡の橋渡しの為にその際に拡充しておく必要がある。

ロ　綜合学習とは全く関連がなくとも、主体的、又歴史的人間形成の為に、その全人的な発展を目指す必要から、最小限必要な学習過程（ママ）があることを認めないわけにはいかない。

④ 特記したいことは社会機能毎の具体的教育目標設定について、あらかじめ推定案をもって調査したこと、児童の関心、興味、発達調査も、教師側で先づ（ママ）案をもった上、その検討の為の調査であったこと、又単元及その内容も、多くの単元候補を挙げ、その展開を持って、それを検討するために児童調査をしたことが多かったこと、等である。

「　「カリキュラム構成と実践」（新潟第二師範学校附属小学校）

① 新しい教育目標を達成するためには、国家や学校の与えた教科課程による教育のみではなされません。すぐれた教科課程は教師だけではつくれません。教師とみなさんの協力によって出来るものと思われます。

② ⒜ 学校及び教師が諦観的に現実の中に生きるか、社会改造の竿頭（ママ）に起つか。

⒝ 私たちの教育には新しい私たちの教育目標がある筈である。

⒞ 教育は如何なる現実に直面しようともそれを厳正に批判し、改造する知性を与えて行かねばならない。

⒟ 生活課題調査もこの意味で重要なる資料を提出した。

⒠ 私たちはこの態度で生活課題をとりあげた教育に於ける学習課題

を設定して行かねばならない。

③　われわれ実践家として自分の学校、自分の学級の児童の研究は徹底的にしておかなければならない。教師の側から如何に指導するということの中には、それを受とる（ママ）児童が如何なるものであるかそしてその児童に如何に適切な教材をもってくるかという二つのことが教師に考えられなければならない。

**C　「社会科カリキュラムの構成と実践」（新潟県十日町立十日町小学校）**

①「結び」

信越国境に近い、信濃川のほとり、縮まぬ明石で名の知れた山間の小機業地十日町。毎年三米近い雪に埋れる豪雪地十日町。／　文化施設に乏しい、刺激の少ない土地で十数名の若い教師が苦心した計画であり現在全校三十七人の教師が毎日学習指導に苦心研究実施して、加筆修正を続けているのであります。現状に於ては、各教科の統合カリキュラムは実施困難であり、諸般の実情に即さないとの結論に到達していることは、述べておきます。此の計画をよりよきものにして後日世の批判を仰ぎたいと考えています。

②　《三年》の場合　単元　自治会（四五六月　十週間）

目的　1．良い学級社会建設の為の自治会の意義を知り運営方法を考える　2．民主義社会の一員であることを自覚する　3．選挙の重要性及其の態度、仕方を知る　4．自治体としての町の運営概要を知る。

学習及経験内容

1．良い学級社会の建設　イ　その方法　ロ　自治会の必要

2．自治会の組織　イ　自分たちの会であることを自覚　ロ　組織　ハ　活動部面

3．学級指導者を選挙　イ　どんな人を選ぶか　ロ　選ぶ方法　ハ　選挙する　ニ　国会・地方議会議員の選挙方法

4．学級の規則　作る（ママ）　イ　自治会で討議決定　ロ　学級当番　ハ　学級日誌記録

5．立案計画　イ　学級指導者会で大綱決定　ロ　自治会で討議決定　ハ　全校自治会への参加　ニ　行事計画（芸能祭り・運動会・童話

会・遠足等）　ホ　週の学習・行事計画へ　教室の美化　ト　学級園栽培　チ　清掃分担　リ　計画を記録し実行した事と比較反省

６．学習方法　イ　予習復習の方法　ロ　グループ学習　ハ　継続的観察　ニ　読書・映画見学・放送聴取の仕方とその実施

７．学級新聞発行　イ　新聞社見学　ロ　行程を知る。　ハ　編集員決定　ニ　新聞の社会的価値（以下、「町政」に亘る項目は、略）

③　《四年》の場合　単元　十日町の生活（四、五、六、七月　十五週）

目的　１．十日町の自然環境の理解　２．中魚沼郡に於ける政治的経済的文化的地位の理解　３．十日町の実態の理解　４．十日町の人が如何に相互依存の関係を保ちながら生活しているかを理解する　５．十日町の生産物はどこにどのようにして送られているかを理解する　６．十日町の消費品はどこからどのようにして入ってくるかを理解する　７．十日町はどのようにして治められているかを理解する　８．十日町の人々と雪との関係について理解する　９．十日町の公共施設　10．十日町の発達と学校との協力とゆうこと（ママ）について理解と努力とを喚起する　11．十日町の発達の歴史を理解すると共に発達につくした先覚者の功績に感謝の念を持つ

④　「学習及経験内容」

１．十日市街の鳥瞰図を書き話し合いを行う。　２．十日街の地図作成　３．これについて色々と話し合い（経験発表）　４．中魚沼郡の地図作成　そして政治的文化的経済的地位について調査　５．その発表　６．十日町は何時頃出来たか　イ　十日町の町名の起源と市との関係　ロ　街になったのは何時頃か　その頃の街の情勢　ハ　町の発達した原因は何か　７．どれ位の人が住んでいるか　イ　区別人口　ロ　年齢別人口構成　ハ　総人口　８．職業調査　９．十日町の土地利用　10．生産物　イ　農・工産物主食不足量　ロ　織物　ハ　木工　ニ　利用法　ホ　輸出先へ　その他　11．十日町の公共機関　イ　学校・警察・消防署・職業安定所・労働基準監督所等

**G　「我が校の教育計画と実践」（東京第二師範女子部附属小学校）**

①　児童の生活をつかみ、社会の要求を考え、教育関係法規に明示されている小学校教育の目標と、教科の目標との関係を見出し、それを特殊化

して構成したものである。（中略）我が校では、教科の単元を構成し、その単元のねらいに到達するため、各教科の個々の学習活動について連関を求め、融合的に指導をしている。

② 《六年》の場合　三学期の一例

(1) ［社会］　単元　国際親善（我が国と関係の深い国々）

○ 外国との交際の現在と将来　　　［算数］の単元「米の収穫」の連関　［理科］単元「暦はどのようにしてつくるか」の学習活動　○ 四季の別　○ 気象観測に――連関　［算数］の単元「木の高さ」に連関する。

(2) ［図工］の単元「お部屋のかざり方」（子供たちのできるいろいろな物をつくる。部屋のもけい（ママ）をつくってかざりの（ママ）つけをする。）――［理科］の単元「電気とその利用」に連関――［家庭科］の単元「台所用具の研究」「計量器の製法」「家庭の楽しい時」に連関

(3) ［社会］「社会科学習の反省」（記録製作をする――［国語］「反省」〈最後の学級日記〉に連関――［音楽］「歌唱」（思い出　祝え　船出　早春の歌）に連関

(4) ［理科］「私たちのからだ」（第一学期に学習したことを再び学習）――［体育］「冬の運動」「冬の衛生」に連関（以下、原資料略。）

③ (1) ［作業単元］　国際親善　［指導の時期とその時間］［ねらい］
現在、我が国と関係の深い国々についての理解を深め、他国に対する日本の義務と寄与また、他国の日本に対する義務と寄与について知らせ、過去と将来に及んで考察し、外国人に対する態度を育てる。

(2) ［学習活動］　1．現在、我が国と関係の深い国々についてしらべる。2．それ等の国々と、現在どんな関係にあるかについて研究する。放出物資、進駐軍、ララ物資。3．それ等の国々との交際の歴史について話し合う。4．外国との関係を示す年表をつくる。5．外国との交際の歴史、交際のしかたについてしらべる。6．外国人の生活の様式について研究する。○　衣食住のありさま。○　家庭生活。○　子どもの生活。7．外国人に対する正しい態度について

考察する。８．外国との交際の将来について考察する。○　過去の交易と将来の交易。○　国際連合。○　見返り物資。○　ユネスコ。○　移民、世界平和。（加藤注。原資料「一部省略」とある。）

D　**「桜田教育」（東京都港区桜田小学校）**

《三年》の場合　単元　東京の生活（二〇週）

①　要旨　学校や家庭を中心として漸次拡大されて来子供達の生活経験領域に一応ピリオドを打つ本単元は郷土社会の生活の舞台を、所謂「東京の生活」と呼ばれる具体的な事象を抱く地域にとり、その成立の基本的諸条件を理解させる。ここでは今までの直接経験より今後の生活に出てくる時空的間接経験への橋渡しの意味を強調する。

②　内容となる経験

◇　東京に来たことのない田舎の友達に東京の様子を知らせる手紙をかく（ママ）。

◇　パノラマを作る。（手紙で表現出来ないものを他の方法で表現するように工夫する。商業地域・工業地域・官公庁地域・文教地域・娯楽地域・住宅地域等を表現しその相互関係について理解する）

◇　大昔の人々はどんな生活をしていたかについてしらべる（パノラマについての話し合いから大昔の人々生活に関心を向けさせる。昔と今との生活を劇化によって比較する。）

③　《四年》の場合　単元　むさし野（一七週）

(1)　要旨　郷土における祖先が自然環境に順応しつつも幾多の困難を克服し、自然資源を利用し現在の生活迄切り開いて来た努力の道程を人間の基本的欲求である衣・食・住の面に重みをかけて理解させ併せて現在を古代中世の社会と対比することによって児童の生活向上について考察させる。

(2)　内容となる経験

◇　春の遠足を計画して実施する。

◇　むさし野に於ける人々の生活をパノラマにあらわす（半森林時代・草原時代を表現する）

◇　祖先の人々が定住した頃の生活を劇化する。

◇　むさし野に於ける人々の生活をパノラマにあらわす（パノラマ作

り続き）（江戸時代初期の生活を表現する）

◇　城下町に於ける人々の生活を人形劇や紙芝居に表現する。

◇　郷土展覧会を開く（衣・食・住について展示する）パノラマの整理及補充を行う。

E　**「教科課程と実践概要」（長野県松本市田川小学校）**

①　教科課程の確立を期するためには、当然これがための所謂教育基礎調査が教師各自の実際体験とともに有力な基盤として要請される。而もそれは教材構成の当初より常時継続的に実施されて、日々の教育活動に遅滞なく効果的に活用される教育のための基礎調査でなくてはならない。

②　⑴　指導前の児童の状態を知るための基礎調査

A　就学前の予備調査　B　教材構成のための予備調査（生活調査）

⑵　環境資料を充実して教材による学習の指導を適確（ママ）にするための調査

⑶　指導後の情態（ママ）を知るための調査（学習効果の測定）

③　1．郷土の特性を理解し、平和の愛好、文化の創造に積極的に調整し得る社会人を育成する。

2．社会科の学習目標を基準とし、児童の能力、生活状態に即応し、当地域の特性に応じて学習素材を選択する。

3．児童の経験や発達、関心、基本的教養、学習の実際等の観点より学習素材を考慮して、作業単元を設定配列する。

4．学習の指導に当っては、教師は先づ（ママ）その素材に関しての学ぶ道すじを体得し、作業単元の編成意図を究めて、学習指導の具体的方案（ママ）を確立する。

5．学習の発端を重視して、学習環境の整備に特に意を用い、旺盛なる学習意欲の喚起、活発豊富な学習活動相を持つようにする。

6．臨時学習の効果を測定把握し、理解の徹底、良習慣の養成、技能の向上を図る。

7．学習と日常の生活とを直結発展させ、児童会の運営と相俟って、常に具体的実際的の社会訓練を行うように努める。

④　1．相互表現による実務の研鑽　2．時間的規正による実践能率の向上　3．記録による事務の完遂と既往実践の活用　4．修養内容の

深化発展　5.修養機構の時間的・能力的・経済的調整　6.学区・学校の環境的特性の活用

⑤　《作業単元系統表》(加藤、2学年のみ紹介。)

〈三年〉(単元と主要事項)

1.[町と村](四、五、六、七月　六十六時間)城山よりの眺め。品物の調べ。生活の調べ。

2.[生活といきもの](八、九、十、十一月　五十六時間)動物会の利用。二百十日頃。動物と生活。

3.[乗物と私たち](十二、一、二、三月　五十三時間)動物と交通。松本の乗物。交通の調べ。よその土地との交通。

〈四年〉(単元と主要事項)

1.[郷土の今と昔](四、五、六月　五十時間)郷土の今のくらし。むかしの郷土。

2.[資源の保護利用](七、八、九、十月　五十時間)田川の利用。資源の種類。郷土の産物。資源の保護。

3.[昔の旅と通信](十一、十二月　三十八時間)郷土の乗物。今の旅と昔の旅。通信のうつりかわり。

[昔の商工業](一、二、三月　三十六時間)郷土の商業のうつりかわり。郷土の工業のうつりかわり。

⑥　要旨　郷十の昔の社会状態を今と比べて考えさせ、郷土を開拓した先駆者の苦心を偲ばせると共に、郷上社会の基本的構造について理解を与える。

⑦　学習活動の要領

1.郷十の今のくらし

○　郷土の人たちが生活にいるものをどんなふうにして手にいれるかしらべる。

○　よそからはいってくる品物の発送をしらべる。郷土の主な産物をしらべる。

○　郷土の産物の中で郷土で使われるものと、他へ出るものとに分けて、それがどこへ送られるかしらべる。

○　郷土の人達の職業構成をしらべる。

○　郷土の商店、工場の分布、種類やそれらと郷土の人達との関係についてしらべる。

○　郷土に関係ある政治の機構とその施設をしらべる。郷土にある慰安娯楽の施設や風習をしらべる。

○　郷土にある危険防止の施設方法をしらべる。

○　郷土の自然条件に郷土の人達がどのようにして適応しているか考える。郷土の人達が共同生活の上で力を合せていることを調べ（ママ）て今の郷土社会の特徴を考える。

2．昔の郷土（加藤略。）

⑧　○　教師　「どんなような物がありますか」

児童　「おもちゃがあります……つみ木があります……外国からきたものがあります……外国へ送るものがあります」

教師　「それはどこからきたのですか」

児童　「…………」

教師　「もう一度よくみましょう」

教師　「どこからきているかわかりましたか」

児童　「給食のかんずめはアメリカからきています」「薬品は富山や東京からきています」「みかんは静岡県からきています」

教師　「ずいぶんいろいろな地方から送られてきていますね」

教師　「一番遠くからきている品物はなんでしょう」

児童　「給食物資がアメリカからきています」

教師　「みなさんの今日持っている物はどこからきたのでしょうか」

児童　「教科書は東京から来ています」

教師　「服はどこからくるのかわかりません……」等

教師　「今皆さんは自分の持物だけについてしらべましたが家にあるものについて調べたらどうでしょうか」

教師　「みなさんやお家の人の使うものにはいろいろ多くあると思いますが、どんなものについて調べたらよいでしょう」

児童　（いろいろの発言が予想される）（ママ）

教師　「ではそれ等は次の時間までに考えたり、班で相談したりしてきめておきましょう」

⑨ ⑴ 家庭の日用必需物資についてその入手経路をしらべてみたい。

1．家庭の日用必需物資をどの範囲にするか話し合う。

2．家で一ヵ月に購入した物資について考えてみることにする。

3．家の家計簿を参照して一ヵ月の購入品を調査し表にする。

4．それらの品物の出来たところをしらべる方法について話し合う。

5．包装紙やレッテル・容器などに記された文字、家の人の話、購入した店の話等により調べることを発見する。

6．入手先を整理して表をつくる。

7．入手経路を示す図をそれぞれの品物について描いてみる。

8．遠方の地より順に並べて表にしてみる。

9．擬人法の作文にしてみる。

## 第３節　県下の営為

**【資料１】　文部省著『小学校国語　指導資料　新しい学力観に立つ　国語科学習指導の創造』**　1993（平成５）年９月刊

⑴　教育する側に立って、指導内容を一方的に教え込み、子供がそれを受動的に暗記したり、形式的に言語の技能を習得させたりすることに偏る傾向がみられた。

⑵　教育する側に立って一定の指導内容を共通的に身に付けさせることを重視して指導目標や指導内容が設定され、指導方法もそれを効率的に身に付けさせる観点から考える傾向が見られた。

⑶　国語科の教材が教科書中心に考えられ、それを効率的に教えることに偏り、子供一人一人が主体的にかかわる学習活動が必ずしも十分に展開できない傾向が見られた。

⑷　教育する側に立って、教師が指導した内容を子供がどの程度身に付けたかを評価することに偏り、評価方法はペーパーテスト中心に行われる傾向が見られた。

**【資料２】　文部省著『新教育指針』**　1946（昭和21）年５月15日刊　以下同『第四分冊』1947（昭和22）年２月15日刊まで順次刊行

⑴　個性の完成が社会のちつ序（ママ）をみだし、全体の団結をくずすように考えるのは、個性の完成といふ（ママ）ことのほんとうの意味を知らないからである。個性を完成するといふのは、ひとりぼっちのわがまま勝手な人間をつくることではない。かへって（ママ）個性とは社会の一員としての人間が、その地位において、その役割をはたすために必要な性質を意味する。だから個性を完全にはたすことになるのである。（第一分冊　第一部　後編　第三章）

⑵　教育において生徒の個性を重んじないで、一定の考え方や生活の仕方をすべての生徒におしつけ、みんなを同じかたに育てようとするならば、このようなな発見・発明・革新がおさへられてしまふので、社会が進歩することはない。（第三分冊　第一部　後編　第一章）

(3)　科学的精神を最も典型的に、かつ、根本的に養ふのは、学校における科学教育である。算数や理科はその代表的な科目であるが、その他すべての科を通じて、科学的な態度と方法とになれさせることが必要である。科学研究の結果として得られる知識や法則を、暗記させるのではなく、科学研究の過程そのものを重んじ、その過程を通じて、科学的な方法を身につけさせ、態度を養わねばならぬ。／　そのためには、まづ自然が與える機会を、よく利用することが望ましい。(同　第四章)

**【資料3】　文部省総務室編『画一教育改革要綱』** 1945（昭和20）年11月20日刊（肥田野直・稲垣忠彦編『教育課程　総論　戦後日本の教育改革6』1971（昭和46）年5月　東京大学出版会刊による。）

○　社会的効率ノ低下ヲ防止シ又ハ国土計画上必要アル場合ノ外何等ノ画一的制度ヲ設ケザルコト

**【資料4】　茗渓会内新日本教育研究調査会編『茗渓会の改革プラン』中「新日本教育建設ニ関スル意見」** 1945（昭和20）年12月1日刊（肥田野直・稲垣忠彦編『教育課程　総論　戦後日本の教育改革6』1971（昭和46）年5月25日　東京大学出版会刊による。）

○　第一　教育の理念

自律的人格ノ完成ヲ通ジテ国家社会ニ貢献セシメルコト

教育ノ方法ニ関シテハ、注入強制ヲ排シ、画一主義、形式主義ヲ退ケ、被教育者ノ程度、性、環境ニ即応シテ、自発的、能動的学習、自治的訓練を重ンジ、以テ文化創造ノ態度、方法ヲ体得セシメ、公正ナル社会生活ヲ全ウシウベキ性格ヲ陶冶スベキデアル。特ニ復興建設ノ課題ニ直面シテ、自力更正ノ意気を昂揚シ、創意工夫ノ才能ヲ養ヒ、能率的活動ヲ促進スベキ教育方法ヲ講ズルコトハ新日本教育ノ急務デアル。

**【資料5】　青木幹勇「国語教室の新しい課題」** 東京高等師範学校附属国民学校内　初等教育研究会編纂『教育研究』復刊第1号　1946（昭和21）年7月1日刊　所収

○　自発的でない、無自覚な子供たちへの課業が注入的になるのは、当然のことなので、どこまでも、彼等を自主的・自発的に位置させる指導の工夫は、昔も今もかは（ママ）らない。殊に今後は、新しい精神で、これを強調し、何よりもこれを実現しなければならない。子供たちが、真に、自ら学ばんとの意欲をもりあげてくれば、教壇からの授業もよく、相互につくる共同の研究で一つに帰するわけである。

**【資料6】　森下巌「国語教室の新生面　――主として『読み方』について――」**　同　第2号　同年8月1日刊　所収

○　所謂「授業」として考えられてゐた一斉授業は、甚だ教師中心、優等生中心的なものであったが、今後は、右のやうにして児童各自が読み、考え、記録した結果を持ち寄ってするところの協同学習的な性質を持って来なければならない。討論法を導入することも、文表現から遊離しない限りに於て、好ましい一つの方法であらう。ここに一つ付け加へて置きたいことは、従来駄問駄答を排せよといふことがよく言はれたが、教師からの発問が、教材の本質的なものを把握し、児童の心性に即した適切なものでなければならないことは言ふまでもなく、その意味で駄問は排斥すべきであるが、これに対する児童の駄問は必ずしも排斥すべきではないといふことである。指導はそこから出発すべきであり、学級児童のすべてが関心をもって参加する一斉授業とならなければならない。

**【資料7】　石山脩平「教育の原理と討論法」**　同号　所収

○　教育の目的は何か、と問はれるならば、われわれは端的に「個性の完成と社会連帯の強化」あると答へたい。これは二つのことではなく、一つのことの両面をいってゐるのである。個人がその資質として、可能的に、潜在的に、そなへてゐる「人間性」を、おさへず、ゆがめずにのばすこと、しかもそれを自主的に、自由なる意志によって、かつ統一的に調和的に――約言すれば「人格」として――形成すること、さらにその人格が各人において独自の構造をもって――「個性」として――育てあげられること、これが教育の目的である。

**【資料８】　岩松文彌「教育への情熱」**　『山口県教育委員会弘（ママ）報』第４号　1949（昭和24）年４月１日刊　所収

扶け合うこと

出来の悪い子も、良い子も居る。行儀のよい（ママ）子もよくない子も居る。富める家の子も居れば貧しい家の子も居る。最後に男も女も居る。それが、学級だ。それが社会の縮図だ、（ママ）私はそう考える。出来の良い子ばかりの教室なんてほんとうにたのしい教室だろうか。／　社会は雑然としている。また雑然として居るのが当然である。おろかな者もあろう、すぐれた者もあろう。文学に秀ずるものも、機械を動かすに長けたものもある。／だがそれでこそ社会のバランスがとれてゆく、（ママ）バランスがとれてゆかなければならぬ。他を排さい（ママ）したグループは非社会的である。偏狭である。が、その社会のバランスのつなぎをして居るものは何であろうか。私はそのつなぎの重要なもので（ママ）、われわれ教育者の対象とならなければならないものだと思うのである。つなぎとは相互に扶け合う力、つまり相互依存の社会性である。私はこう確信している。私は一つの学級の経営の中にこの相互依存の社会性をつよくとりあげるべき問題だと思う。

**【資料９】　三輪稔夫「国語入門期の指導」**　同　第５号　同年６月５日刊　所収

「国語入門期の指導」（加藤要約。）

(1)　ことばは、生活経験を必要とする。一方、低学年では、ことばの発展が経験の発展につながる。その同じ経験を持つことで、コアははじめて可能である。今の日本のコアは、周辺教科に相当する。

(2)　ことばの発展は、正しい順序と段階を辿り、児童自身が確実に身につける。教科書は、その基準である。

〈第１段階〉　国語の準備指導　１．言語能力の調査によってグループを編成する。２．国語学習以前の子には、早める指導をする。

〈第２段階〉　（「まことさんはなこさん」の場合）絵を読むことから文字の形をおぼえ、読めるようにする。

〈第３段階〉　（「いなかのいちにち」の場合）単語や短い語句の繰り返しから、「文章の原形」（「なんだ」・「どんなだ」・「どうした」）による思想のまとめを繰り返し身につけさせる。絵を一層利用する。

〈第４段階〉　（「いさむさんのうち」の場合）第２・第３段階でのふたつの入門を終えてから、この「第一読本」・「こくごのほん」に入る。

(3) 入門指導の特色は、１．生活に馴れ親しんだことばを使う。２．取り出し反復表現する。３．一冊の本が一つの物語である。――であり、児童の話を絵により引き出し、ことばと文字とを結びゆく過程にある。

(4) ワークブックは、教科書の絵やことばを、また絵からことばを、生活の中から導き出す糸口となる。経験カリキュラムには、なくてはならない。指導者が各自で作る。

(5) 絵から文字へ　１．絵につき話をさせる。２．児童のことばを、黒板に書く。３．語形を一文字として印象づけさせ、黙読から音読に移る。

(6) 個人の言語能力の差に応じての班別指導では、「シートワーク（ママ）」に努める（親近感・安定感）。他の班は、「国語」をしていなくてもよい。

**【資料10】　大岡昇平「国語科経営の一端」**（加藤要約）　同　第10号　同年10月１日刊　所収

(1) 目標の確把　（ママ）　国家の教育基本線、わけても「学習指導要領国語科編」に結集された進歩的意見を、あらゆる角度から考究する。

(2) 実態調査　(A)　村の調査　１．二軒の雑誌店　２．貸本店　３．新聞講読状況　４．ラジオの聴取状況　５．読書グループ　６．家庭の書籍所蔵状況　７．高専以上の卒業生の指導状況　８．村立図書館利用状況　９．方言・訛言・民謡・俗謡等の調査　10．映画・演劇画・演劇の調査　11．各種団体の修養・事業の調査　(B)　実態調査　１．国語の好き嫌い　２．文字力　３．はなす・きく力　４．語彙力　５．創造・創作力　６．理解力・発表力　７．鑑賞力・批評力　８．読書傾向　９．参考書・図書・小学生新聞の所持・講読状況　10．辞書の所有数　11．討議力　12．職業希望状況　13．言語生活の純正度　14．ノートの使用状況　(C)　学校の調査　１．「学習指導要領国語科編」四冊のみでの徹底法　２．教科書配給状況　３．ラジオ活用法　４．新聞・雑誌　５.国語関係図書・参考書一覧　６．教室経営　７．紙芝居・人形芝居の作成　８．幻灯機・レコードの活用法　９．展示会への職員の関心度

(3) 国語科カリキュラムの設定

1．単元設定の方針　文部省発行の教科書は、教材排列（ママ）があまりに平面的・羅列的ゆえ、これを立体的・有機的に解組（ママ）して、いく。(「国語科学習単元試案」作成済。)（ママ）（以下の7項目は、加藤略。）

(4) 教科書及び参考書の研究　(5) 国語学習指導の研究　(6) 学習指導案について　(7) 国語学習評価の基本　(8) 施設の拡充　(9) 標準化テスト　(10) 教師の修養)

**【資料11】　皆元正造「新しい国語教育」**　同　第4号　同年4月1日刊　所収（主張の3点のみ、加藤要約）

(1) はたして、児童の言語生活は、機能的に指導されているか。総じて児童の実力は、社社会の要求に適っているか。いかにも児童の興味を云々しながら、真に児童の必要性に立った指導がなされているか。

(2) 長文の取り扱いをどうしたらよいか。その目的は、読書心と読書力との養成である。それが厄介視される原因は、教科書以上に限界を広めない古さにある。教科書の見本を手がかりにし、読書指導は、学級文庫・学校図書館を通して行われねばならない。やさしくて、おもしろくて、ためになる図書の選定が、児童の実態調査の上に立ち、郷土社会との握手を通してなされねばならない。

(3) 漫画や刺激の強い冒険物等と児童との関係漫画のみに目を奪われる生徒の多い現象は、いかに新教育の理論と実際とが言い立てられても、国語教育の実際は疑われる。用具教科であり各教科学習の基礎的条件としての国語教育は、実力低下の責任を真剣に見つめなければならない。そのために、児童の実態に目を注ぎ、各学年の標準力・標準の評価表を築き上げねばなない。

**【資料12】　山口県阿武郡　国語同人会著『新国語教科書を基にした小学校国語科教育課程の構成と展開（中学年）』**　1946（昭和21）年5月15日刊

① 本国語カリキュラムは改訂学習指導要領（加藤注。「中間発表」を指すものと思われる。）に基いて地域性を考えて構成したものでありますが、実践国語教室の実態は複雑でありましてこのまゝ現場に当てはまるわけではあ

りません。皆さん方は児童の現状を直視せられて、個人差に応ずる作業単元をこれを手がかりにして作ってもらわねばならないのであります。／本年はじめて採用される新国語教科書（加藤注。「『新国語』垣内松三他編・光村図書1949（昭和24）年版を指す。）を基にしたのでありますから勿論一プランに過ぎません。今後大方の御批判、検討によって改造されて行くことを期待して止まないのであります。本書がその意味で何かのお役に立ちますならば、国語同人会が雪の徳佐（加藤注。当地名。）で幾夜か激しい論争を重ねながら執筆したかいがあったとも言い得ましょう。（後略）

② （前略）然し今我々は経験カリキュラムをとるべきか、教科カリキュラムをとるべきか、その何れをとるべきかの問題であるが、激しい論議が交されたとしても私は、その何れをとり、何れを捨てると言うことはしないのである。／ 経験カリキュラムが主張されるならば、教科カリキュラムの長短を真剣に掘り下げて考え何れの長短も生かすべきである。（中略）／新教育が叫ばれると旧教育は全く無価値の如く考えることは極めて危険なことである。／カリキュラム構造に於ける統合と分析という二つの相反する概念は、どちらか一方に偏するならば混乱が生ずるのである。両者それぞれの特徴を認め、長短を追求して相互に関連をもつところに止揚された教育課程が生まれるのではないか。日本の現状を無視したカリキュラムの構成はなすべきではないのである。（後略）

③ 国語の学習に於て、或る話題によって、どんな事をどんな風に学習するかという、学習内容なり、学習形態が予想されて、その次に単元が生まれる訳であるが、その単元に即して、教科書が編纂されるならば一番よいのであら（ママ）う。然し現在はそうは行かない。従って、現在最も有力な資料である教科書を考えて逆に学習経験を組織しなければならない。何と言っても教科書を度外視しては、その程度なり内容なりというものに見当がつけ難いのである。昔の様に教科書は国定であり、方法は教科書の読解で終るというのでなく、学習の目標に基づいて、子供に即した話題を提供するのであるから、資料の選択は自由である。然しそこに教科書を部分的にちょいちょい利用したり、思いつきの資料を引用したのでは、折角作った単元（学習内容）を完全に果たす事はない。然しそれは不可能のことである。そこで国語学習内容には先づ（ママ）教科書を採り上げて之を研究

し、之を基にして、之に即した単元を設定することにしたのである。

## 第4節　「修正」への傾斜

**【資料1】　光市三井小学校著『生活教育の計画』(「教育研究資料第四集」)**

1953（昭和28）年1月20日付序文以外未詳。

一、生活教育の意義

生活教育の実践的展開をするためには、先ず生活教育に対する考え方をはっきりしておかなければならない。本校でいう生活教育とは、所謂経験カリキュラムによる教育という意味ではない。児童の生活経験を尊重し、生活経験に基いて教育をすすめてゆくことは勿論であるが、児童の生活経験に基いてそれを学習に高め、学習したことを生活に生かすことによって、彼等の生活を高め、知性に富み、愛情ゆたかな実践人を育てようとするのである。即ち、本校でいう生活教育とは、生活を学習に高めることにより、新文化の創造と社会改造の実践力、創造力を養うところの生活の学習化であり、学習を生活に下して、現実の生活自体を文化的に、科学的に、また合理的に高めてゆくところの学習の生活化である、ということが出来る。

こうした原理に立つ時、こゝに当然考えられなければならないことは個性を生かすということである。個性に応じて一人々々の子供をいかすはたらきとしての教育を考えなければ、自主性のある人間を育てることは出来ない。従って、生活教育は生活の学習化であり、学習の生活化あると同時に、教育の個性化であり、更に教育の個別化であり、徹個の教育でなければならない。

だから、その方法としては、出来るだけ児童の生活経験の中から取材して単元を設定し、学習を展開してゆくけれども、基礎学習課程（基礎学習）の如く理論的系統的な研究をしなければならないものは必ずしもそうではない。教科書の教材をそのまゝとって学習を展開する場合も多い。更にまた、生活拡充課程（生活学習）に於ても必要に応じて教師の講義がなされる。要は児童の生活経験を基にして学問体系の鏡に照しながら関連的綜合的に生活を高め、拡充発展し、基本的な知識や技能・態度を身につけようとするものである。而もこの場合に常に考慮されなければならないことは、一人々々の子供のもつ能力や環境や悩みである。そこから生れ出た一人々々の子供のもつ問題を学習指導の中に於て、どの様にして解決してやるか、ということが今日の課題である。

【資料2】　同　二、教育目標　四つの基準

第一は、教育理念の確立である。独立後の日本の教育は、我が国の美しい伝統を生かすところの国民的自覚え（ママ）の教育であると同時に、新教育に於て我々が自覚したところの自由と平和と人間性に基く人間的自覚への教育でなければならない。一方は保守的立場であり、他の一方は進歩的立場であって、一見矛盾するようであるが、この両者を止揚したところに継続的改善の教育作用が成立し、民主的実践人（役に立つ人間）育成するところの真の自立教育がうまれるのである。

第二は法的根拠に立つことである。即ち日本国憲法（平和愛好・基本的人権の確立）をはじめ、教育基本法（心身共に健康な平和と真理を愛好する国民の育成）・学校教育法（初等普通教育）更に学習指導要領（民主教育の確立）等を一貫して流れている精神に基いて教育目標を定めることである。

第三は、社会情勢の実態に立つことである。即ち現代の世界情勢（平和への希求）と日本の国内情勢（民主国家建設への意欲）、更にそうした情勢下に於ける地域社会の実態（光市の北端に位する封建性の強い農村）をすなおに而も正しく見て、その上に立って教育の目標を確立しなければならない。

第四は学校の実態に立つことである。即ち学校の施設々（ママ）備（不完全）から教師（教育経験が少く年令が若い）児童（学級児童数は適度であるが消極的で且つ知能が低い。こつこつよく働くが批判力や判断力の乏しい田舎の子供）の実態を歴史的に眺め、現状を正しく把握して、こから教育目標を打立てなければならない。

**【資料3】　同　教育目標**（この項横書きに組み替えた。）

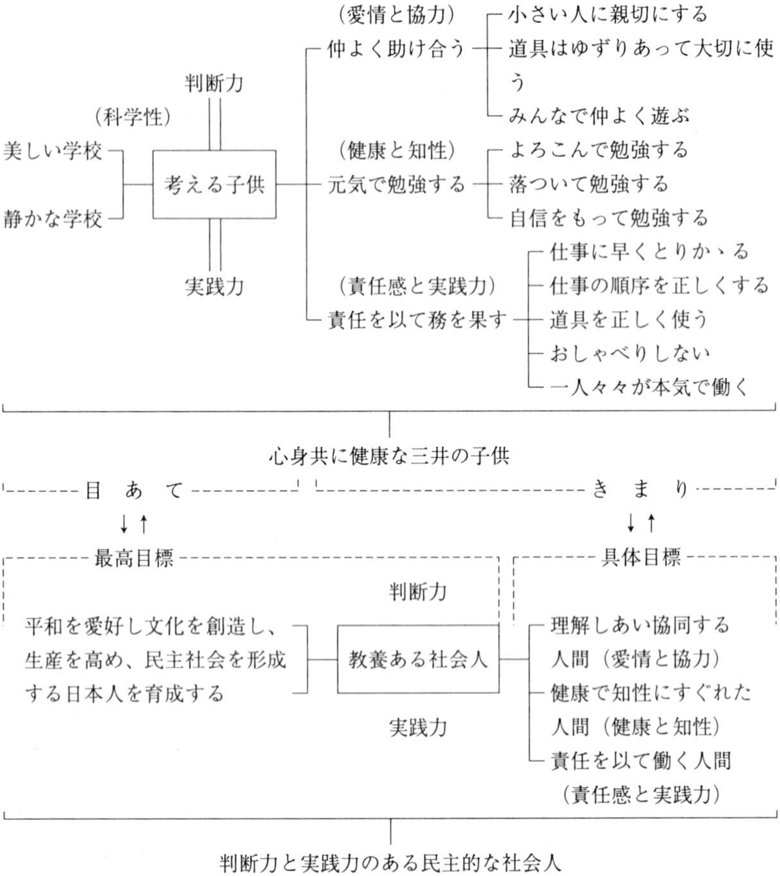


**【資料4】　同　七、教育課程の修正**

A　生活拡充課程――生活学習

児童が現実的な諸問題を主体的に解決し、経験を統一的に組織することにより、生活実践と基礎的な知識・技能との統一が図られ、生活がより高度に拡充されるコース。

B　基礎学習課程――基礎学習

基礎的な知識・技能を一般化された形で習得し、習得されたものは他の学習や様々な生活の場において結びつき活用される。このような基本的な知識・技能を身につけるコース。

C　生活実践課程――特別活動

日常生活の実践であり、実践的な生活行動が行われる。児童の具体的な生活自体を高め、個人的にも社会的にも多様な経験が広がるコース。（以上、加藤要約）

○　これら三つの課程は常に生活拡充課程（生活学習）を中心として、互に関連しあい統合されつゝ発展するのであって、各課程は、ばらばらに進められるものではない。けれども、その関連や統合は内容的なものであるべきで、只形式的に同時に学習しさえすればよいといったものではない。何故ならば、そのような形式のみにとらわれていると、学習が表面的になり、各課程のもつ独自性は失われ、かえって学習に無駄が多くなり、不徹底になるおそれがあるからである。だから各課程は各々独自のコースを進みながら、あたかも三つぐみの縄の如く、互に関連しあって学習が展開されるのである。

**【資料5】　同　A　生活拡充課程（生活学習）**

◇　研究の経過（この項加藤要約）

児童が経験してきた知識・技能が、そのパースナリティ（ママ）において統一をもたらすために、いつ如何なる経験を与え発展させるかが、最も重要な課題である。そこで、学年課題や縦の発展、実践・基礎課程との関連から、単元の配列を検討し、実践展開したい。

1　年間単元計画表の修正

a　前年度の「生活単元」の基底のもとに、「実践課程」の関連や内容を検討・整理し、本来の「生活単元」のみを選択・配列し直す。

b　学年的発達を重視し、単元の角度を明確にする。

c　学年内でも、一経験が問題の一貫性をもって発展するよう考慮する。

d　インフォメーション的単元も配列し、経験の整理・発展の機会を与える。これはこの課程だけでは、不十分である。

2　生活単元の基底

年間計画表の各単元の目標・内容を用意する。

3　単元作り（まとまりプラン）（ママ）

児童の問題意識の一貫性、単元の立体的構造を重視して展開し、全員で検討中である。

4　実践の記録

一、二年は「ごっこ学習」・三、四年は「構成劇化活動」・五、六年は「科学的実証的問題解決・歴史地理教育」とし､継続して記録を重ねる。

5　研究授業と部会

単なる一般指導法研究のモデル授業ではなく、問題点追求の研究授業をし、毎水曜日には、定例部会で実践上の問題点・個々の研究テーマを確認し、実践計画案を立てる。

◇　今後の研究課題（この項も、加藤要約。）

⑴　学習形態・学習経過に止まらず、日本の環境条件の中に深く根をはっていくような「デモンストレーション」として、研究授業を行う。

⑵　実践記録を一定の角度から整理・分析する。

⑶　生活学習に必要なドリル教材を作成する。

⑷　「問題解決」に当たり、社会の不合理・矛盾の露呈が児童に心理的混乱を起こし、地域社会の圧力集団との軋轢をどうするか、具体的に共同研究する。

**【資料6】　同　生活学習単元一覧表**（第３学年の部分のみ抄出。漢数字は「月」、アラビア数字は時間数。）

| 四 | 五 | 六 | 七 | 九 | 十 | 十一 | 十二 | 一 | 二 | 三 |
|---|---|---|---|---|---|---|---|---|---|---|
| 牛とわたしたちの生活 52 | | おなかの虫を取ろう 31 | | 私たちのまち 63 | | 光市の交通しらべ 35 | | 島田川せいざい所 40 | 大昔の人のくらし 20 | |

**【資料7】　同　第三学年　単元　島田川製材所**（基底　本校プラン　役に立つ生物　／　光プラン　役に立つ植物）　（期間　１月～２月　40時間）

目標

一般目標　樹木が私たち衣食住其の他生活全般にわたって如何に大きな役

割（生活を豊にする）を果しているかを知らせる。即ち原木の利用、加工してのりよう、森林そのものの役割などじゅもくの多面的な利用がなされている事を理解し今後しんりんの保護や植樹に子供なりに協力する態度を養う。

具体目標

1　植物を保護育成すれば生活を向上させることを理解させる。

2　植物が日常生活に於て役立つ面が非常に広いことを知らせる。

3　吾々の祖先はばゅもくの利用法を考えて至福な生活をしようと努力して来たことを理解然せる。

4　人々が生活のために行う仕事はその土地の地理的条件によって異る。そして相互に依存し合っていることを理解させる。

5　樹木は今後　層保護育成しなくてはならぬ。

6　樹木が加工されて利用される場合には色々多くの人の手がかゝっている。

学習内容

△　島田川林業の製材部見学

○　製材した木々の行く方　○　原木の産地　○　発表会（見学事項及び不審な点）

△　緑の羽根について

○　植林をするわけ

△　森林の役目をしらべる

△　森林を守ってやるにはどんな事に気をつけたらよいか

○　山火事　○　らんばつ　○　虫の害

△　用材になるまでの道すじ

△　どんな所に利用されているか

○　用材として　○　燃料として　○　パルプとして

△　大昔、外国（シベリヤ）の人々と樹木

△　森林、樹木の保護をしよう

同　単元の展開例　単元　のりものごっこ　期間　生活単元一覧表　十二月中旬　一月下旬　三十五時間　実際　一月上旬　一月末　学年　第一学年

設立の根拠

○　二週間の冬休み――それは児童にとって楽しい日々の連続であったに違

いない。〈母さんの親もとへ年詞に、先生親せき（からの）（ママ）への年賀状等々〉

○　「三学期は本気でやろう」の意気にもえている。年末年始にかけての乗り物の旅の話し、或いは動く物に対する好奇心、興味、関心をきいたり、かなえたりしてやることも有意義であろう。

○　このことはとりもなおさず交通機関を利用することの多い現今、或いは交通事故頻繁な今日において交通機関の社会的重要性及び公衆道徳の体得ともなるだろうし又非常に大切なことではあるまいか。又本単元は二年、ゆうびんごっこ　三年　光市の交通しらべ　四年　島田駅　五年　……へと発展する。

一般目標

のりものごっこを通して乗物が私達の生活を大変便利にしてくれていることや、乗物に対する公衆道徳を身につけ、安全に、乗物を利用することが出来るために多くの人々が働いてくれていることを理解し感謝の気持をもつ。

具体目標

| 理　　解 | 態　　度 | 能　　力 |
|---|---|---|
| ○　乗物は重い荷物や私達を樂に早く運んでくれる<br>○　主な乗物の名前とそれらの役目をしる<br>○　乗物を利用するにはきまりを守ことが大切である<br>○　駅の人々の仕事についてしりそれらの人に迷惑をかけてはいけない<br>○　踏切を渡る時の注意を十分心得る<br>○　人は右、車は左、主な信号とその行動をし | ○　仲よくごっこ活動をし乍ら自分の考えや不思議に思う事を発表する<br>○　学習したことを守り抜く<br>○　切符を買う改札口へ一列に並ぶ<br>○　時間ぎりぎりに行かず早目に行き駅の人へ迷惑をかけぬ<br>○　待合室、車中での時間を有意義にすごす<br>○　道路の歩行、廊下の歩行に注意する<br>○　充分注意して踏切り | ○　赤、青、黄、踏切り信号の判断とその行動<br>○　つり銭がいらない様にお金をつくる（算数と関連）<br>○　人は右、車は左を実行する<br>○　待合室、車中での行儀、乗り降りが出来る<br>○　よく走る乗物を作る（理科、図工と関連） |

| | | |
|---|---|---|
| る<br>○　車・プロペラ・スクリューがまわることにより早くはしる(理科と関連)<br>○　石炭・石油の力によって重いものでも樂に早く運ぶ（理科と関連) | を渡る<br>○　いろいろな乗物のおもちゃ、絵本、写真を進んであつめ、みせあってくわしく観察する | |

| 時間 | 予想される学習活動 | 教　　師 | 効果判定 |
|---|---|---|---|
| 1 | △　冬休みの生活経験の話し合い<br>○　三井からはなれて他所へ行ったことの話し合い<br>○　どんな乗物でいったか | 乗物を中心とした話し合い | |
| 9 | △　乗物ごっこを運動場でしよう<br>○　縄跳の縄で汽車ごっこ――汽車ぽっぽの歌をうたい乍ら<br>○　トンネルがあったよ<br>・トンネルを作ることの相談<br>・もっと長いトンネルだったよ<br>（加藤中略。以下、△項目のみ紹介。）<br>△　島田の駅ごっこをしよう<br>△　汽車の中での乗物ごっこをしよう<br>△　乗物を作りましょう<br>△　上手な乗り物ごっこ | 活動したい欲求を満足させつゝ漸次乗物に対する躾をしていく<br>周囲の展望を想起することによって<br>（細目、加藤省略。）<br>駅へ――乗物を利用するという切実感を持たす<br>車中での行儀面を迷惑親切の面より学習する<br>他教科と関連して主な乗物とその機能をつかます<br>道路の歩行についての習慣――人は右、車は左を――打 | 次々と欲求が生じてきたか<br>ごっこをするために工夫し協力したか<br>ごっこの踏切りを上手に渡れたか<br>道具の後始末をよくしたか<br>学習したことを思い出して上手に踏切が渡れたか<br>（以下、加藤略。） |

| | | | |
|---|---|---|---|
| | | ち立てる<br>総まとめをする | |

（加藤注。「環境と資料」の欄略。）

**【資料８】　現代に於ける問題点**

1　問題解決学習に於ける問題とは如何なるものであるか。児童がいだく問題とはどのような性質のものであるか。

2　最初の問題を更に高次な問題へ拡充発展させて行く、即ち問題意識の質的転換をとげさせるにはどのように指導すればよいか。

3　生活学習に於ける基礎的知識技能（例えば地図の観方）をどのような方法で指導すれば身につくか。

4　ごっこ学習や構成活動を本格的問題学習の素地としてどのような発展系列の筋をおいたらよいか。

5　生活学習に於ては資料が何よりの学習材料であるが、教科書が読みこなせなかったり、郷土資料が不足して大きな障害となっている。

6　施設の不備、経費の過重など、貧困な環境の中で学習指導を如何に実践するか。

7　国際理解の指導などで対立した教師の世界観（イデオロギー）をどう指導すればイデオロギー教育にならず然も社会改造への実践人を作ることができるか。

8　限られた時間内で学習能率を如何にして高めるか。（グループ学習の指導、視聴覚教材の利用等）

**【資料９】　中央教育審議会　第１回答申「義務教育に関する答申」**　教育事情研究会編集『中央教育審議会答申総覧』［増補版］　1992（平成４）年３月25日刊　ぎょうせい

○　終戦後行われた教育改革は、民主主義をその基本理念とし、過去の教育の欠陥を是正することを目的として新しい制度のもとに関係各方面の多大な努力が払われたにもかかわらず、一般にいまだ習熟を欠くものがあり、所期の効果をあげるに至っていないものが多く、その目的を達成するには、なお一層の努力を要する。またその改革のうちには必ずしもわが国の実情に適するとは言いがたい点も認められる。／　これらの諸点に関し、民主主義の根本観念にもとらない限り、実情に即してこれに適当な是正を行うことは現下の急務であると信ずる。しかし、これと同時に教育、ことにその制度の改革は、その及ぼす影響が大であるから、とくに慎重を期して行われなければならない。

**【資料10】　末廣源吉「個性尊重の教育の原理」**　小郡小学校著『昭和27、28年度　学級における個性尊重の教育の実際　第一集』所収　1953（昭和28）年11月10日付序文以外未詳。

○　５．形式教授と経験学習

（前略）いうまでもなく、個性を生かす教育は、児童の経験を重んじ、経験から出発し、為すことによって学ぶ経験学習でなくてはならない。抽象的な教材をとりあげ、知識技能を体系的につめこむ知識本位の教授では、個性を生かす余地はなくなる。しかしこのことは、一がい（ママ）に外面的な形式を問題にするのではない。静かに受動的に、教師の説明を聞く間も、児童の内心にはさかんな活動が行われていることがあるのは「静中動あり」と言うことばの通りである。また机のならべ方をかえて、児童の発言や作業が多くなり、教師は教室の一隅に着席して活動をひかえてさえおれば、経験学習と考えるようなにせものでは、個性を生かすことはできない。一人一人の児童が能力に応じた活動をするならば、教師は決して安閑としてはおれないのである。

# 第Ⅱ章　「教科」か「経験」か

## 第1節　『光プラン』の中の国語（科）教育

【資料1】　第Ⅰ章第3節【資料2】参照

【資料2】　同【資料7】参照

【資料3】　海後宗臣「教育方法の二様式」　東京高等師範学校附属国民学校内　初等教育研究会編纂『教育研究』復刊第二号　1946（昭和21）年8月1日刊　所収

○　曾つては集団による統一的な訓練に多くの力が注がれてゐたのに対して今日は個別的学習の問題が提出されている。教材は唯一つに限定せられてゐて選択をなし得なかったのに対して、教育内容は教師にこれを編成するの自由が与えられ、生徒に選択の自由が許される方法となった。今までは一つの基くべき型が先に示されてゐ、如何にしてこれに生徒を入れるかに方法の基本方向が存してゐた。これに対して予めかくの如き型を置いてこれに生徒を導入する考へ方によらないことが方法の原則であると声明せられてゐる。従来は精選された教育内容は先づこれが記憶せられなければならないとして、一つのものが何度となく繰り返されてはその身に完全につけることを要請した。これに対して教育の方法原則は各人に様々な考へ方を許すこととし、記憶させるのではなく考へ方の訓練をなす必要があると提案せられてゐる。これらの二つの方法様式を比べて考へると教育主体の側面から問題を展開させたものであり、他はこれを教育客体の側から求めてゐることが明らかにされる。われわれ（学校に於いては教授の様式に重点が置かれてゐるのか学習の様式から方法を立て丶来るのかといふ問題に再び当面してゐるのである。

**【資料４】　飛田多喜雄著『新しい国語教育の方法』　第二章　国語単元学習の意義**　1950（昭和25）年５月５日　西荻書店刊

○　かくして、私たちの前には進歩的な教育課程が提示されたのであるが、同じく進歩的な観点に立つものにも、いわゆる広域教育課程として一応のワクを持つ立場と、生活領域の教育課程、教科のワクを無くしたコア・カリキュラムの立場がある。この場合、私たちは進歩に適応するために消極的であってはならないと共に、現実の見透しなき猪突であってもならないと思う。これは全く私見であるが、この国情にある段階においては、いわゆるコア・カリキュラムの全般的な実践は無理であると思う。むしろ、いくつかの条件を持った学校が、それぞれひろい教育的見識を持った人の指導により、さらに各方面の学識ある人によって構成された委員の協力を得て、相当期間計画的に実験的な研究をし、その結果をひろく資料として公開し、十分な検討により、この国一般の学校がなしうる構想を樹立すべきであると思う。これは急がなければならない。けれども、一時的な見学によって流行的に模倣する軽挙はいましめなければならないと思う。私は、いくつかのコア・カリキュラムによる学校を見たが、そのある学校ではよくもこれまでと、職員の努力と溌らつたる学習活動に胸を打たれ、教育改造運動の前途に希望を持たされたが、ある学校では、人々がこの立場に却て事あるごとに口をきわめて非難する言葉を裏書するような、情ない事実も見せられた。私たちは、どこまでも、現実の生活と、自らの教育的素養を自覚し、さらに教育的見識に立って有効な実践に向うべきだと思う。このような考えかたから、私は地域共同社会を基礎とし､経験的立場をとり、しかも広い教科のワクをたてている教育課程に国語科として実践を推進して行きたいと思う。そして、この立場の欠点とされるところを、与う限り実践的工夫によって少くしたいと思う。しかも、最も効果的な実践は、すでにこの立場を重んじているので、学習者の経験を通して問題の解決をはかるという、まとまりのある学習活動が必要であるということになる。そのまとまりとは、単元ということであるから、単元をどのように決定し、どのような系列によって、単元学習を展開するかということが、残された問題となってくる。つぎに単元学習の累計について考えてみたいと思う。

【資料５】　山本茂喜「昭和二十年代における国語科単元学習の再検討」　香川大学国文学会『国文研究』第13号　1988（昭和63）年９月30日刊　所収

○　このようにして、教科書教材をめぐって、言語活動を体験させることを目的とする国語学習を、国語科における「単元学習」とし、その単元の編成（言語活動と言語生活の配列）自体に専念する、という、昭和二十年代の国語教育の状態が生み出されていったのである。／　その結果として、目標も指導法も曖昧なまま放置され、社会における言語活動をそのまま体験させることに腐心したために、「あらゆるものをごたごたと入れたゾウスイ学習を単元学習と称して、ただ児童生徒にわいわいさわがせている」（平井昌夫「国語教育の問題点」『教育手帳』昭和26年２月）という状態を招き、学力低下の論議のなかで消滅していくことになった。／　そのような言語活動をめぐる素朴な体験学習を「単元学習」と呼ぶならば、昭和二十年代の国語科の実践の大半はたしかに単元学習であったと言えるだろう。／　しかし、児童の主体性を重視し、眼前の児童の実態から資料と指導目標を選び、自発的な活動のなかで自然に、必然的に学ぶ、という今日の単元学習の理念からすると、少なくとも実践のレベルにおいては、昭和二十年代には国語科単元学習はごく例外的な存在であったと言うべきである。

【資料６】　小山恵美子「昭和二十年代における経験主義国語教育　――当時における先進的研究にられる経験主義国語教育の検討――」　全国大学国語教育学会編集『国語科教育』第29集　1982（昭和57）年３月28日刊　所収

○　経験主義国語教育に学ぶべき最も重要な点は、国語の学習を他の学習活動と関連づけて位置づけていたことと考える。国語という教科は、言語の教育として、コミュニケーションの機能を持ち、人と人、人と物のかかわりと深く結びついた人間形成の機能を持つ領域である。このことに着目して、国語の学習を、単に文字を学び文章を読むということにとどめず、あらゆる思考や想像の場であるとした。そして、教材を一つの教科の枠の中に位置づけるのではなく、総合的な学習形態の中で融合的・発展的に学習するように考えられていた点に意義がある。しかも、その学習内容は、児童の興味・関心を重視しながらも、活動に流されることなく、教育的観点からの配慮がなされていた点にも学ぶべき価値がある。

【資料7】　山元悦子「戦後国語教育における『単元学習』概念の再検討——その史的変容を中心に——」　『広島大学教育学部紀要』第2部第40号　1991（平成3）年3月30日刊　所収

○　経験主義を基盤とした戦後の「単元・単元学習」概念の有効性として指摘される側面に次のような点がある

⑴　経験主義の基底にある学習者中心の発想

学問体系や文化体系から教育内容を導き出すのではない、子どもになにが必要かという面から教育内容を考える発想である。

⑵　社会生活と学習者との関わりを重視する発想

教養としての学力ではなく、社会を生きる力としての学力を考える発想である。

しかし、これらを基本的教育理念として展開する単元学習指導は、国語科教育という具体的レベルにおりてきた場合、常に次のような懸念が示されてきた。

⑴に関して

・　学習者の主体性重視は恣意性につながりやすい。
・　国語科固有の教育内容を大切にするよりも、学習者の興味ある活動を与えることに腐心しやすい。

⑵に関して

・　単元テーマ話題の設定によっては、国語科の任務を越えたものになりはしないか。確かに、「単元学習」の有効性の誤解とも言うべき現象を指摘することは容易である。例えば学習者が目を輝かせていきいきと学習したということによってのみ単元学習の魅力や効果を見いだす。また、教科書教材の指導をもっぱらとする発想を持ったまま、その学習に生徒の興味をひきつけるための方法論として単元学習が認識されてしまう。単元のテーマが、時の話題を追うことに比重を置いたものとなり、明るく楽しくはあるが教室の学習者の切実な実態に即した「生きる力」につながらないものになってしまう。

このような理解は、戦後の「単元・単元学習」論の真の歴史的展開に即したものとはいえないであろう。

これまでに指摘したような学習指導過程の構造的把握、言語の運用態に着目した学習指導内容の把握、そして「単元学習」を基盤から支える経験主義思想の、今日もなお値打ちを失わない側面をふまえた上での着実な実践による結実が望まれるのである。

**【資料8】　山口大学山口師範学校附属小中学校著『光プラン（改訂版）』第一巻（基礎篇）　「本校カリキュラムについての概観」「三、小中学校における理想的人間像の基本的分析」**　1949（昭和24）年11月10日刊　1950（昭和25）年5月20日改訂

4.（前略）　教科の区分を無視し、教科書の内容に拘束されない自由奔放な経験カリキュラム的取扱いも可能になる。少なくともこのような取扱い方に伴う危険の多くを防ぐことができるであろう。又逆に教科カリキュラムの立場を固執するにしても、教科分立に伴う人格分裂的取扱いに堕する弊を救い全人教育の実を挙げるための指標となり得るであろう。（後略）

5．単元展開に際して学習活動もしくは教材を選択排列する際の手がかりとなる。この分析表が基本的な学習活動又は教材を殆ど網羅していると考えられる。しかもその各々が有機的な関連をもつて統一をなすように構成されているから、断片的な学習活動の羅列にならないで、個の統合された人格の形成に寄与する組織的な活動となるように排列するための指針を提供することになる。

**【資料9】　同　「五、カリキュラムの全体構造」　①　生活課程**

1．空間的には、児童生徒の主要な生活場面をできるだけ包攝すること。時間的には、人生の過経（ママ）において反復又は持続的に行われる普通の生活活動をできるだけ網羅すること。これは広義の社会的要求を表わすものであつて、社会及び児童生徒の実態調査を直接の手がかりとしながら、われわれの設定した教育目標、基本分析表、教育課程表等に照らして選定

される。

2．児童生徒の関心を調べ、その要求を発見すること。これはいわゆる子供の要求の面であって、主として児童生徒の実態調査と教師の経験や観察によつて捉えられる。

3．民主社会における人格として望ましい特性を涵養すること。ここにおいて前の社会的要求と子供の要求との統合が行われ、この場合「個人の基本的活動能力分析表」が有力な指標となる。

4．児童生徒の発達段階に即すこと。

**【資料10】　同　②　研究課程**

生活課程が、主として人間生活の形式面に関わるのに対して、直接にその内容面の充実に向うものである。今日広く主張されているコーア、カリキュラムの考え方は、大体において、われわれのいう生活課程に相当するものを中心教科とし、その中心教科の中で取り扱うことのできぬもの、又は、その基礎となるようなものを取り扱う領域として、周辺教科とか、基礎教科とかの名称で呼ばれる教科を、その周辺に配するのを例とする。しかるに、われわれの考え方からすれば、中心教科と周辺教科というように、一方を中心的位置に置いて、他方をこれに対して従属的位置に置くのではなくて、生活課程と研究課程とは、全く同等の価値をもって並列される。人間生活の実質的内容をなすところの文化価値の追求、創造という意味からすれば、むしろ研究課程の方が、中心的位置を占めるとさえ考えられるであろう。

**【資料11】　同　「生活課程との関連」**

（前略）上述の如きカリキュラムの構造をもって、実際の学習を指導してゆくに当っては、原則として単元学習の形をとる。

しかし生活課程と研究課程とでは、単元の性格を本質的に異にする。模式的にいえば、前者の単元は経験単元であり、後者のそれは教材単元である。前者においては、児童生徒の日常生活の中から、最も自然な関心、興味を手がかりとして、彼等自身の生活課題を把握させ、その解決という形をとって学習が進められる。既述の如く、最も自由な経験単元としての扱いをしてゆく。

これに対して、後者は一定の組織と系統をもった教材が教師によって予定されている。しかし、その学習の開始に当っては、いわゆる学習態勢（readiness）にあることを最大の条件とし、児童生徒の学習意欲の有無にかかわりなく、予定の教材の学習を強制するの無謀を、絶対に避けようとするところに、旧教育と根本的な相違がある。研究課程の指導に当っては、この学習意欲の誘発に、最も多くの工夫と努力が捧げられる。そのためには生活課程の学習は最高度に利用されるし、又環境のあらゆる事物に対して疑問を抱き、知的情意的関心をもつような態度の涵養に努める。

このようにして、一度学習を開始すれば、いたずらに教材を生活化することに汲々としないで、教材自身のもつ論理性に従って、最も能率的な指導をしてゆく。しかし、児童生徒の発達程度や能力によって、教材の程度や順序を調節することはもちろん、努めて､問題解決的手順を用いることにおいて、過去の教科書中心の注入教育と、明確に区別されなければならない。（後略）

**【資料12】　増田三良著『国語カリキュラムの基本問題』　第一章　言語経験　四　国語教育における経験の重要性**　1950（昭和25）年３月15日　誠文堂新光社刊

○　活動内容について重複が多くなってくる、時間的にも無理がある、などの欠陥から、教科別に生活の場をおくような矛盾をさけて、統一的、綜合的な生活の場をすえて、その生活の場で直面する問題を解決するために、知識も情操も技術も身体も最大限に活用するような生活単元を一本だけ通し、一定期間持続的に集中的に学習させるような方法がとられなければならない（カリキュラム誌十一号、私の歩んだ道）（ママ）。これは、いわゆるコア・コースである。では、われわれの今、問題にしている言語能力なり言語技術はいかにして身につけうるのかといえば、こうした技術なり能力なりを必要とする具体的生活の場（経験の場）において指導するのであるから、このコア・コースの場において修練すると云う。しかし、コア・コース一本だけり場といいきれるか。それは、今日のコア・カリキュラムを実践している学校では、生活指導・学校行事・日常継続的の仕事などを含める日常生活課程による生活の場を流し、この場で関連する言語学習をしようとする。しかし言語技術は、この二本の生活の場に関連をもつとともに、文学とか創作とかいう人間教養の面とも連関をもって技術、言語力がねられて行くのである。このようにして、生活経験の場において言語の力はねられるのである。

**【資料13】　『光プラン』**（本節**【資料８】**に同じ）　**「二、基本的活動分析主要項目一覧表」**

㈠　個人の基本的活動分析表

Ⅰ、身体的活動能力
Ⅱ、知的活動能力
Ⅲ、情緒的活動能力
Ⅳ、製作的活動能力
Ⅴ、社会的活動能力

㈡　社会生活における基本的活動分析表

Ⅰ、保全　Ⅱ、生産　分配　消費
Ⅲ、交通　運輸　通信　Ⅳ、政治
Ⅴ、交際　Ⅵ、慰安　娯楽
Ⅶ、道徳及び宗教
Ⅷ、学術　芸術　Ⅸ、教育

（注　以下、それぞれの「基本的活動分析表」の項目のうち、一部を紹介する）

原注　⑴　◉◎○はそれぞれ指導重点の高、中、低、を表わす
⑵　学年が進むにつれて低くなってゆくものはその能力が習性化されてゆくことを予想するものである

（注　空白も原文のまま）

㈠　―Ⅱ　地域活動能力
２．理解する
１．読む
①　目的や材料にかなった読み方
A　文字（かな、漢字、ローマ字）
B　語句
日常生活に必要な古典古語

| | 1 2 | 3 4 | 5 6 | 7 8 9 |
|---|---|---|---|---|
| 日常生活に必要な英語 | | | | |
| C　文法（語法） | | | | |
| D　いろいろの種類の読み物を読む | | | | |
| ⑴　詩や歌 | ○○ | ◎◎ | ◉◉ | ◎○○ |
| ⑵　和歌俳句 | | ○ | ○◎ | ◎◎○ |
| ⑶　随筆評論 | | ○ | ○◎ | ◎◉◉ |
| ⑷　童話寓話 | ○◉ | ◉○ | ○○ | ○○○ |
| ⑸　小説（古典翻訳物を含む） | | | ○○ | ◎◉◉ |
| ⑹　物語（伝記科学物語その他） | | ○○ | ◎◉ | ◎○○ |

| | | | | |
|---|---|---|---|---|
| (7)　戯曲シナリオ | | ○ | ○◎ | ◎◉◉ |
| (8)　漫画 | ○○ | ○○ | ○○ | ○○○ |
| (9)　いろいろの説明文 | ○○ | ○◎ | ◎◉ | ◎○○ |
| (10)　いろいろの新聞 | | ○○ | ◎◎ | ◉◉◎ |
| (11)　告示回覧広告 | | ○○ | ◎◎ | ◎○○ |
| (12)　手紙 | ○○ | ◉◎ | ◉◉ | ◎○○ |
| (13)　記録 | | ○○ | ◎◎ | ◎○○ |
| (14)　長文を読む | ○◎ | ◉◉ | ○○ | ○○○ |
| Ｅ　いろいろな読み方 | | | | |
| (1)　音読 | ◉◉ | ◎○ | ○○ | ○○○ |
| (2)　黙読 | | ○○ | ◎◎ | ◎◉◉ |
| (3)　読書法 | | | ○○ | ◎◎◎ |
| ②　研究資料の利用 | | | | |
| Ａ　図表さし絵の利用 | ◎◎ | ◎◎ | ◉○ | ○○○ |
| Ｂ　索引目録の利用 | | | ○○ | ◎◎◎ |
| Ｃ　統計 | | ○○ | ○○ | ◎◎○ |
| Ｄ　辞書年鑑参考書等の利用 | | ○ | ◎◎ | ◉◉◎ |
| Ｅ　文庫や図書館の活用と経営 | | ○○ | ◎◎ | ◎◉◉ |
| ③　図表の理解（図表表現の各項は全部理解としてこの項に適用する。その他として） | | | | |
| Ａ　数表の理解 | | | | ○◎ |
| (1)　平方根表 | | | | ○◎ |
| (2)　三角函数（サイン、タンゼント　コサイン） | | | | ◎ |
| (二)　―Ⅷ　学術芸術―　２．芸術的生活　―　４．言語芸術 | | | | |
| ①　文芸（個Ⅱ2.1.①　個Ⅲ1.1.③参照）（ママ） | | | | |
| Ａ　詩（童謡、童詩、叙情詩、俳句、和歌） | | | | |

B　随筆
C　物語（童話、寓話、神話、小説）
D　脚本（芝居、謡曲、狂言、シナリオ）
②　説話

**【資料14】　飛田多喜雄著『国語教育方法論史』　第Ⅲ章　言語教育期の指導法と批判的考察　三　国語教育方法の開拓と科学化　2　国語教育方法の転換　1　コア・カリキュラムによる指導法**　1974（昭和49）年10月6日　明治図書出版刊

○　国語教育の面では、中心学習における随時の指導、特別の技能、練習その他あらゆる機会の指導が提唱されたが、教科主義の視点からの不満足というだけでなく、現在必要とする国語能力の養成には不十分のように思われる。国語を中心学習の課題達成のための用具、手段とだけみる考え方にも疑問があるし、指導の方法形態や過程においても、第二儀的に扱われ見るべきものが少ない。ただ、技能（言語技能）を、生活のあらゆる場面で、しかも、生活に生きている言語を必要に直面させながら学ばせることの必要を強調したことは、経験（活動）を通して言語を学ばせる立場にある今日の国語の教育として摂取すべき点であろう。

**【資料15】　『光プラン』（【資料８】に同じ）　A　「教育課題表」　B　「生活科学習単元発展一覧表」　C　「生活科学習単元年間計画表」　D　「研究課程各科年間計画表」**

A　「教育課題表」（小学校三・四年）

○　シークエンス

地域社会に於ける現在及過去の生活の理解と適応

●　自然環境への適応　●　過去の単純生活

○　スコープ（例）

3　交通運輸通信

(1)私たちの生活に交通運輸機関はどんなに役立つているか

(2)交通路や交通機関はどのように発達したか

(3)手紙の送り方はどのように変つてきたか

⑷交通道徳とはどんなものでどんなに守ればよいか

B　「生活科学習単元発展一覧表」（小学校四年）

四月　くらし方の工夫をしよう　　　五月　私たちの郷土

九月　光市の交通通信　　　一月　冬の生活

C　「生活科学習単元年間計画表」（「生活課程　生活科　年間計画表」）（小学校四年　九月～一二月）

○　単元　3　光市の交通、通信

1　設定の根拠

⑴　児童は動くものとしての交通通信機関への興味関心は強く、特に夏休みに父母兄姉につれられて旅行した体験を通して乗り物に対する関心が高まる

⑵　我々の日常生活についてみると、交通通信機関の発達は著しく、その影響は我々の生活に極めて重要なことである

⑶　光市の交通通信機関の改善整備は、市発展の上から考えて重要な課題であるので、その改善について関心を持たせたい

2　目標

⑴　交通通信機関が如何に我々の生活に役立つているかを理解する

⑵　交通通信の発発達は我々を急速に接近させていることを理解する

⑶　人々は交通路を阻害する自然環境を克服するために、如何に努力してきたかを理解する

⑷　駅や郵便局で働く人々の仕事の理解とそれへの協力的態度を養う

⑸　交通通信機関をうまく利用し、生活を合理的にする態度を養う

⑹　交通道徳を守ると共に一般的に社会道徳を守る態度を養う

⑺　見学、調査の態度方法の向上をはかる

⑻　交通通信施設の改善への意欲をもたせる

3　予想される学習活動（関連）（「国語」「関連」の例）

◇　光駅、光自動車区を見学に行く

◆　整理、礼状だす、文や絵をかく

◇　模型による劇遊戯をする

◆　交通道徳について学ぶ

◇　昔の旅の発表会を開く

◆ (1) 計画する (2) 発表して、話し合う (3) 昔と今の速さくらべ (4) 未来ののりもの

◇ 電話のかけ方について学ぶ

◆ (1) 電話ごつこをする (2) 電話のかけ方

◇ 全国附属四年生へ葉書をだして、往復の日時を計算する

D　研究課程各科年間計画表　（加藤注　「単元展開計画表」「学習指導細案」「生活科及教科間の関連」は、「省略」とある）

《小学四年　国語》（第二学期）の例

1、天の川（精読、紙芝居）2、つばめ（説明報告文のかき方）　3、幸福（精読）4、汽車の中（国語練習）5、みはらし台（精読、思索）6、先生とみなさんへ（近況報告の手紙文をかく）7、いねを育てて（観察日記、横書き）8、組み合せ（言葉の本質的研究）9、みにくいあひるの子（通読、読書趣味の養成）補・アンデルセン童話

**【資料16】　山口大学教育学部附属光小学校著『附属小学校五十年の歩み』第７章　生活実践と実力要請の附属教育　1　光プランの実践** 1966（昭和41）年11月３日刊

○　（前略）日常的な経験・断片的な知識などを統一して、原理や法則として把握させ、一定の修正にまでたかめていこうとするのが、研究課程の一つのねらいである。　／　したがってこの課程では、生活課題の解決が目的ではなく、心理そのもの、美そのもの、善そのものを探求し、実現しようとする欲求を必要とする。　／　私たちは、生活教育の名のもとに散漫な学習に終始することをいましめ、文化価値そのものに対するあこがれと興味を早い時期から喚起し、研究的な態度で学習することを強調してきた。なぜならば、組織化されていない経験は無力であり、たんなる活動は教育とはいいがたいからである。

**【資料17】　「新カリキュラム研究発表会要項」** 山口大学山口師範学校　光附属小学校　1949（昭和24）年11月11日発表

◇ 新国語教育の方向と実践　文部教官　皆元正造

一、いわゆる学力低下は国語教育にも責任がある　二、新しい国語学習の範

囲と目標　三、本　校プランにおける国語学習（生活科と研究科）

○　ことばのはたらき　○　つめこまれるもの

四、国語教材観（資料観）について

○　教科書問題、基本語彙、基本文型　○　児童図書館　視聴覚教育　○　教師その人の問題　（以上、「要項」より。）

〈参考〉　同口頭発表原稿　皆元正造

○　（前略）綴り方の時間です。「近頃一番うれしかつたこと」「おもしろかつたこと」について綴り方を書きましょう。くわしく書きなさいよ、式の教師のために書かされるような綴り方学習。題名は「一番うれしかつたこと」と板書され乍ら、児童一人一人は、近頃一番おもしろくないことといつたような表情で、仕方なしに鉛筆をなめている情況！

○　つまり、あるテーマなり話題なりを中心として、有機的な関連を保ちながら学習が展開されていく姿が、単元学習であります。

○　自然にまかされるものでなくて、易より難へ、必要度に従い基本的なくりかえしの練習を十分にして、身につけねばならぬものであります。単元学習に行われる言語活動、いや読みの学習活動だけでは不十分であることは、文字組織の簡単なアメリカにおいても充分に留意しているところであります。

**【資料18】　同「研究発表会」　実践報告**

◎　第四学年　生活課程生活科単元「光市の交通通信」指導細案（「略記」）（ママ）指導者　藤岡敏雄

一、単元　「光市の交通通信」

四、指導計画　（九月——十二月　約一三〇時間）

第一次（約五時間）夏休みの作品展　旅行の話しあいから山口県の鉄道の研究

第二・三次（約四五時間）光駅、光自動車区の見学　駅の模型作り　駅の劇遊戯

第四次（約一四時間）昔の交通の研究

第五次（約五時間）交通と私たちの生活、交通の夢

第六次（約二時間）光市の交通改善について話しあい

第七――九次（約三五時間）現在の通信方法、郵便局（電報電話局）の見学、局の劇遊戯

第十――十二次（約十時間）昔の通信の研究、全国附属への手紙の往復日数の調査

第十二次（約二時間）光市の通信施設について話合う

第十三次（約六時間）「光市の交通通信」の学習展示会を開き本単元の整理をする

本時案　　　指導計画第四次の第十一、二時分

一、本時の目標

(1)　昔の旅についてグループに分かれて研究したものを互に発表しあうことによって、その理解を深めると共に発表や話しあいの技能の向上をはかる

(2)　現在と昔の交通との比較によつて、その便不便さを理解させる（主として速さについて）（ママ）

二、準備　日本地図、東海道五十三次、日本地理風俗大系

三、指導過程　学習活動　評価

(1)　導入、前時までの作業の反省と本時の計画

(2)　展開　(イ)　発表と話しあい（それぞれの発表について質問したり意見を述べあう）（ママ）

・昔の旅のありさま・昔ののりもの・紙芝居・人形芝居　(ロ)　昔の旅について考察する・不便さについて話しあう・現在との速さの比較　(ハ)　紙芝居・人形芝居をしくんで演出してみる

(3)　整理

四、評価の基準

(あ)　昔の乗り物、関所、川渡しについての理解　(い)　昔の旅は非常に不便であったこと　(う)　歴史的なものへの興味はどうか　(え)　人によく分る説明のしかたや紙芝居、人形　芝居の演出の能力はどうか　(お)　意見発表や質問の要領や聞く態度はどうか

「展開と評価の基準との関係」

(イ)――(あ)(う)(え)(お)

(ロ)――(あ)(い)(う)(お)

(ハ)――(あ) (い) (え)

【資料19】　◎　第一学年　研究課程国語科単元「うさぎ」指導案　指導者　山部　章

一、目標

うさぎの文章の正しいよみを指導し自由な話し合いのうちにその内容を理解させると共に対話の多い文章に慣れさせ尚書写練習をなす

二、指導計画　約四時間

第一次　五十二――三頁　約一時間　　第二次　五十四――五頁　約一時間　第三時　全体の復習的取扱い　約二時間　（本時案　指導計画第二次分）

三、本時の目標

二人がうさぎをつかまえた様子と仲のよい生活振りを理解させ、絵と文との相違に気づかせ、あわせて対話の多い文章に慣れさす

四、指導過程

(1)　前半の話し合い　(2)　挿絵の話し合いより文章を読む必要を知る　(3)　自由に読んでみる　(4)　再び挿絵を見て文章と結びつけての発表　(5)　自由よみと範読　(6)　斉読と指名読み　(7)　内容の話し合い　(8)　面白い所の発表　(9)　対話的によむ（対教師、対隣席、代表者）　(10)　聴写練習　(11)　反省と次時の話し合い　備考　(10)には劇化も考える

【資料20】　◎　第三学年　研究課程国語科学習指導案　指導者　皆元正造

一、単元　作　文

二、目標

(1)　教科書の「作文」の文、表現指導の手がかりにするために、正しく読みとらせ、話し合わせて読解発表の力をやしなう

(2)　いきいきしたりっぱな作文を書くためには、物をよく見ることや、すなおな個性的表現の大切なことを理解させる

(3)　補充文（児童作品）（ママ）の鑑賞批評や、自発的に多く作文を書かることなどを通して、物の見方その表し方を学習させる

(4)　文集を作る

三、指導計画（約十二時間、但し生活科と関連）

第一次　導入、読みの指導とさし絵についての話しあい

第二次　生活単元２「いきもののようす」と関連して作文させ批正させる

第三次　補充文の研究　作文を書く上に大切な事がらをまとめる

第四次　自由選題によつて作文を書かせる

第五六次　作品の批評と練習

四、資料　「文部省国語三年上」　「あたらしい国語三年上」　補充作文

◎　本時案　（指導計画第一次分）（ママ）

一、本時の目標　「七作文」の一二三の文の読みの指導と、さし絵全部の概観と話し合いによつて本文の読解の徹底をはかる

二、指導過程　(1)　児童作文についての教師の感想発表と話し合い　(2)　教科書「七　作文」のさし絵の観察　文章を読む必要と興味　(3)　自由読　新字の取扱いと遅進児童の補導　(4)　さし絵についての話し合い・まず自分でいつてみる・グループで話し合う・みんなで楽しく話し合う　(5)　朗読練習・お話をするように読む・おとうさんの注意はいくつか、それは何と何か　(6)　前記の問題解決のための能力別学習・プリントによる学習・勉強の手引・教師に助けられての学習　(7)　整理

【資料21】　篠崎徳太郎「演劇と国語表現」　東京教育大学附属小学校　初等教育研究会編『教育研究別冊　国語教育はどう動いていくか』1950（昭和25）年11月５日刊　所収

○　演技能力というものは一回より二回、二回より三回と、発達するものであるが、これを教育の見地から云う場合には、脚本の理解、教材に対する読解力と引きはなして考えてはならないと思う演技能力とは云うまでもなく表現力であり、理解とか読解とかいうものは、これを裏返した内面にむかっての表現力である。これを離して考えるところに演劇教育へのおとし穴がある。所謂、他からつけくわえられたものをそのまゝ模倣することをもつて演技力と思い過したりする。これを一般に猿芝居といつているが、こうしたものは極力、教育の框内から排除しなければならない。

# 第２節　『桜山プラン』の構造

【資料１】Ａ『生活学習研究　桜山教育プラン』　藤田博文「この書のはじめに」　1949（昭和24）年11月５日刊

○　（前略）真実の教育は、より高く、遠く、深くして、われらの容易に求め得べくもなく、幾多の問題を残し重ねてゆくのである。　／たゞ二年有余の間、求めつゞけたわれらが現実の姿を、未熟ながらも具体的なものにすることによつて日々の教壇実践の手がゝりともし、一つの階程をふむものであると考えた。そこでカリキユラムは絶えず成長発展するものであるが、一応これら研究の草稿をまとめ「生活学習研究」とした。（後略）

【資料２】　同　「桜山プランができるまで」（加藤要約）

①　1948（昭和23）年度当初、社会科指導が、新教育として性格・内容・指導法に具体的解決の鍵を握ると考え、社会科の重点的推進究明を、当年度の研究課題とした。

②　同年度第二学期には、研究会を目指した討論と実践追究を重ね、実地実践の具体化が、焦点となった。そこで、実態調査・各教科の研究と並行し、全国実験校への研究出張に努めた。

③　その結果、社会科において、「教科の生活化」か「生活の組織化」かに悩み、「教科カリキュラム」と「生活カリキュラム」との矛盾を自覚するに至った。

④　そこで、協議の結果、「実践技術」と「カリキュラムの改革」による解決を目指して、「生活経験を主体とする生活カリキュラム」を目指すことになった。

⑤　その当否を判定するために、第三学期には、各学年一学級の実験学級の設置、カリキュラム研究部を設置しての製作・検討・調査に当り、理論と実践との一体化を図り、確信を持った。

⑥　新年度を迎え、組織改革の上、『プラン』の作製・生活学習の実践に励み、幌京　大会参加に加えて、小島忠治氏の指導を仰いだ。

**【資料3】　同　「生活教育の組織」**

○　生活カリキュラムは、生活経験を体系化することによつて、学習領域を定めなければならない。生活学習は生活そのものが学習であるから学習領域は生活領域があり学習の組織は生活行動を組織化することによつて求めた。(原文のまま。)

**【資料4】　同　「本校の生活単元学習」一覧表**

- 生活カリキュラム
  - 中心学習 ── 内容学習
    - 社会学習 ── 総合学習 ── (理解・態度・技能)
    - 自然学習 ── 総合学習
  - 周域学習 ── 基礎技能の学習
    - 用具の学習
      - 数量形
      - 言語 ── 国語
    - 表現の学習
      - 情操の学習
        - 文学 ── 国語
        - 音楽 ── 音楽
      - 技術の学習
        - 美術 ── 図画工作
        - 家庭 ── 家庭
    - 健康の学習 ── 健康 ── 体育
  - 日常経験

**【資料5】　同　「基礎技能学習」**

①　生活構成に必要な知識技能を習得する学習即ち、理解を主とし用具の学習としての言語、数量形の形式練習をする。

②　人間形成のための情操的修練をはかる学習と制作創作の技術に熟練する学習とを併せて表現の学習として結び、前者は情操表現の学習で情的態度を主とし音楽文学の美的表現鑑賞をする。後者は表現技術の学習で技能を主とし美術家庭科等を練習する。

③　身体各部の調和的発達をはかり健康を増進する為の学習即ち保健を主とした学習によつて体操遊戯を練習する。

**【資料6】　同　「調査」に基づく「スコープ」と「シーケンス」**

(1)　〈調査〉　教育目標によって、各地域の具体的な個々の事実・児童の興味欲求の所在・社会父母の必要を調査し、生活学習としての教育的検討を加え、児童の学習意欲の持欲の持続及び社会形成・人間形成に必要な課題を抽出する。

⑵　〈スコープ〉　生活課題の範囲は、すなわち生活の範囲・生活の領域である。それは、同時に社会的・自然的・技術的生活を継続発展させるために必要な課題である。

⑶　〈シーケンス〉　生長と発達に即応した興味関心の段階を定め、課題配列の基準とし、学習意欲を昂揚する段階とした。

スコープ
- 社会
  - 教養 — 人格の発達 ／ — 厚生慰安 —— 自由の伸張、教育、厚生慰安、交際
  - 統制 —— 社会秩序、保安、政治、経済
  - 通信運輸 —— 通信、宣伝、交通、運輸
  - 生産分配消費 — 生産、労働、交易、消費
  - 生命の保全 —— 衣食住、保健、医療
- 自然
  - 資源の保全 —— 生物、鉱物
  - 真理の追究 —— 物象と化学、天文、気象、地表
- 技術
  - 表現 —— 個性の表現、美的表現
  - 鑑賞 —— 美的鑑賞

| | 〈興味の中心〉 | |
|---|---|---|
| シ | 一年 | 私と友だち |
| ー | 二年 | 私と近所の人 |
| ケ | 三年 | 私達と自然 |
| ン | 四年 | 私達の郷土 |
| ス | 五年 | 私達と社会 |
| | 六年 | 私達と文化 |

**【資料7】　同　「中心学習の時間」と「周域学習」の関係**（加藤要約）

《中心学習の時間》

⑴　中心学習には大体三分の一の時間を割り当て、低学年ほど比率を大きくした。

⑵　中心学習は、児童の生活の社会的問題を解決するので、社会と自然の綜合で構成する。

⑶　そこでは、課題解決の単元学習法で、児童による発見・計画・解決の学習がなされる。

⑷　その内容は固定されないが、児童の興味のみに追随し所期の目的を逸脱する。

⑸　社会と児童の生活実態を調査して単元を構成し、学習意欲を誘発する。

《周域学習の時間》

⑴　周域学習は、中心学習の必要により、そこから派生あるいは先行しておこなわれる。

(2)　小学校では、多くの時間を当て、基礎的な知識・技能・態度の反復練習が必要である。

(3)　児童の持つべき能力が逸脱してはならないので、その方法が考究されねばならない。

同　「問題点」

A　生活の単元の排列即生活学習のコースゆえ、生活単元即学習単元である。その学習単元を学習すると、教育目標はことごとく達成され、児童自身が生活を再構成し、社会形成者としての人間形成がなされる。

B　周域学習に旧教科書を大幅に利用すると、中心学習と周域学習の関係が円滑にいかない場合がある。中心学習で切実な必要感を起こした時に、周域学習をするようでありたい。

**【資料8】　同　第三学年の「学習計画表」と「生活単元学習実践記録」**

(A)　学習計画表（第3学年4月の例。加藤抽出。表の縦軸には、次の項目が、刻まれている。）

○　縦軸　(1)　月　(2)　単元　(3)　課題　(4)　中心学習　(5)　時間　(6)　周域学習（1　直結　a用具教材　b表現教科　2基礎　a用具教科　b表現教科）　(7)　健康教科　(8)　時間　(9)　日常経験　(10)　総時間（加藤注。以下、これに即す。）

(1)　四月　(2)　ゆうびん　(3)　手紙はどう書いたらよいか　(4)　手紙を出すにはどうすればよいか　(5)　13　(6)　1　a　心と心（国）手紙の意義を理解させる　手紙を書く要点をわからせる　手紙を書く練習をしよう　はがきと封筒　文面と宛名　b　手紙の文にふさわしい挿絵をいれる　挿絵、カット等を効果的に利用する　2　a　手紙文の書き方様子がわかかるように句読点のうち方　語句　漢字のけいこ　「いろいろなあいて」二年の国語　私の旅(二)　擬人風なかき方の研究語句の研究　新字の指導　擬人風な作文をする　b　写生「春のけしき」　あかるい色を用いて春の美しさを表現する　重色の工夫をする　(7)　みんなで相談して校庭で仲よくあそぼう　自由なあそび　(8)　（加藤注　5月末までゞ。）　78　(9)　天皇誕生の日　お祝日のわけ　(10)　175

(B)　生活単元学習実践記録（加藤注　第3学年の例。この詳細は、本節第2項を参照されたい。）

**【資料9】　小島忠治「国語教育をどう進めるか　――新教科書『国語』指導の一考察――」**　東京高等師範学校附属小学校内　初等教育研究会編『教育研究』第27号　1947（昭和22）年4月1日刊

○　国語読本は言うまでもなく国語学習の中心をなすものであるが、生きたことばの教育は国語読本だけではできない。生きたことばは生活の中あり、生きた生活そのものであるからして、生活の中においてみがかれなければならない。（中略）国語の指導は生活指導であり、教師は児童の生活の中にとびこんで、児童のことばを引き出し、語句、語法を正しくひろげていかなければならぬ。

**【資料10】　羽仁生恵太郎「『新聞とラジオ』（六年）指導の実際」**　新潟第一師範学校男子部附属小学校（山崎喜與作編『コア・カリキュラムの研究』1949（昭和24）年3月1日刊　所収）（加藤要約）

⑴　中核としての学習が重んぜられて他の学習がおろそかになりやすかった。これは一に教師が不慣れのため単元の学習に力がそゝがれ、他の面にそれが及ばなかったためである。　／基礎的な能力の指導、情操や体育の面についての学習の計画を更に精密に計画を立てる必要のあることを痛感している。

②　行動的な学習が多いため、態度にややおちつきが足りなくなった感がする。父兄の批評として最近おちついて机に向って勉強しないということが多い。

③　活発に意見を述べるようになった反面、理屈を多く言うようになった。

④　結果を重んじその道程における指導がおろそかにされやすく、児童自身も結果を出すことにあせりすぎる。

⑤　優秀児は益々旺盛な活動をなすが、能力の低い児童はどうしてもおきざりにされやすい。

○　関係学習をもっと精密に計画しなければならないこと、更に児童生活全般の指導（コア・カリキュラム）（〃〃）の計画を具体化して教育の全体計画を明確にすることが第一に考えられ、その解決に努力している。そして月

及び週、毎日の教育の具体的なしかも精密な実践計画を立て、遺漏のない指導をめざしている次第である。(二三・八・一〇)

【資料11】　森下巌「新教育の方向と国語教育――問題の所在――」　東京高等師範学校附属小学校内　初等教育研究会編『教育研究』1948(昭和23)年10月号　同年10月1日刊

○　ことばは、何物かについて語るものであるから、国語教育の場は生活全体の場である。このこと自体は常に正しい。けれども国語指導を、コア・カリキュラムの立場に立って基礎的(道具的)(ママ)訓練と考えるにせよ、教科カリキュラムの立場に立って多くの教科と並列する一教科と考えるにせよ、言語というものは、生活の中でなまの形で使用されると同時に、ある系統のもとに、ある標準のもとに、純化、整頓、訓練されるのでなければ、その向上は考えられない。とするならば、国語の時間に指導することと、国語の時間以外に指導することとは、中心と周辺との間に、求心力と遠心力とが同時に働きつつ回転するような、一つの力学的関係が成立しなければ、十分な効果を収めることはできない。

【資料12】　A『桜山プラン』　「学習計画表」

「学習計画表」の第三学年における構造のあらましについては、前項で紹介した。次に「表」における「国語教育」についての配慮を、具体的に抽出してみたい。

①　〈第三学年の周域学習における例〉(加藤注。「周域学習」は、「直結」と「基礎」とに分けられ、それぞれは、「用具教科」と「表現教科」とに分けられてもいる。以下は、4、5月、66時間にわたる「運輸通信」関係の「スコープ」に基づく一単元分である。)

a、直結――用具教科

○　ゆうびんやさんの配達状況の話合い　○　話をする要領を会得する　○　たろう八二――八三　○　ありがとう(国)　○　明るい生活経験を通して感謝の心持を読みとる　○　心と心(国)　○　手紙の意義を理解させる、手紙を書く　○　要点をわからせる　○　手紙を書く練習をしよう　○　はがきと封書　文面と宛名　○　手紙はどのようにしてとどくかをよみとらせる　○　私の旅㈡（国）　○　経験の話合いはなし言葉の学習　　　電話で話をする時のことば　話をする時の態度

b、直結――表現教科　（加藤注。挿絵・カット・絵巻物・ポスト・電話・通信に関する思想画等制作・古はがき利用の作業が、aに即して列挙されている。）

c、基礎――用具教科

○　手紙文の書き方　様子がわかるように　○　句読点のうち方・語句　○　漢字のけいこ「いろいろなあいて」二年の国語　○　私の旅㈡　擬人風な書き方の研究語句の研究　新字の指導　擬人風な作文をする

d、基礎――表現教科

○　春の小川（音）　ことばを正しくきれいに

**【資料13】　A『桜山プラン』　「生活単元学習実践記録」（第三学年四月当初）**

①　単元　②　目標　（加藤注。以下、単元学習の「予定計画」。）　③　予備調査　a　要項　b　調査の認定　④　単元設定の立場　a　児童の発達　b　社会の要求　⑤　展開のあらまし　⑥　予定時間　⑦　環境構成の準備　（加藤注。以上、各学年共通。）

①　単元――私たちの町

②　目標――私たちの町の模型を作るとに依って其の町の大要を知らしめ、公共施設や重要な建物についての一通りの理解をさせる。

③　予備調査　　a　要項　一、桜山小学校にはどの町内から児童がきますか。二、次の町はどんな言葉があるでしょう。○印をつけなさい。伊崎、新地、上新地、大坪各町（内容）（ママ）にぎやか、魚がとれる、静である。小さい工場が多い、広い、家がこんでいる、店が多い、畠が多い、淋しい、人が多く通る、破い。b　調査の認定・殆どよい　7名　大きく区分したもの　26名　理解不明　6名　全く不明　6名

④　単元設定の立場――a　児童の発達　自分の家を主体として生活した児童がだんだんと社会えと関心をもって来るようになり、家の近所又、町内の建物等についても一応の関心をもちはじめる、即ち段々と社会的なものえ（ママ）と発展して行く。b　社会の要求　学校は一つの社会であるが、

一歩外に出れば大きな社会が（町村）（ママ）児童達を待っている、その町は生活の場であり、町の人々とは常に関係をもっている、其のなかに於いて深い関心と自覚をもたせたい。

⑤　展開のあらまし——・高いところから学校を眺め綜合的な話合いをしよう　・高い所から私たちの町を見よう　・見た色々なことについて話合いしよう・空のうた（国）　「おちば」「かきの秋」読みと詩情把握　うさぎのだんす（音）　符点八分音符十六分音符による歌唱指導・二位数と二位数との寄算（算）・空のうた（国）「海」「空のうた」読みと詩情把握　私たちもならって詩を作ろう・文化の日の話合いをする

⑥　予定時間（加藤注。この項すべて空白。）

⑦　環境構成の準備——・私達の町を見て感じた作文をかゝす。・落葉集め。・町内別に調査した表をつくる。・町内のお店調べ。・家の仕事調べ。

〈展開のあらまし〉

○　空のうた（国）　既習した詩を暗唱しよう　○　小さなねじ（国）　擬人的な表現になれさせる　新字の練習　文の内容を理解させると共に児童にこのようなのを作らせる

**【資料14】　B『桜山プラン』**

〈二十四年度の反省〉

1　すべての単元学習がほんとうに子供のものとして展開したか。即ち自発的な学習活動ではあったが、望ましい学習経験として成立しないもの、また学習活動が児童にとって必然的な排列でなく、教師の意図が強く出すぎたり、教育内容や、スコープにとらわれてそれを無理に指導しようとする傾きはなかったか。

2　自然研究や情操陶冶においても、児童の生活にいま少し積極的に意味をもたして指導すべきである。

3　行事を慣習的にとりあげるのではなく、はっきり目標に位置ずけて指導すべきである。

4　基礎能力という考え方をはっきりさせ、児童生活に即して能率的に指導しなければならない。

5　どのような生活を、どのように生活させ、学習させるかということにつ

いて我々は具体的に一貫したものを持つべきであることを痛感した。（第一節）

〈本年度修正の根本的態度〉

1　学習指導にあたってどんな経験をとりあげたらよいかを明にすることである。日常生活に於ける雑多な経験をとりあげて、無理に消化しようとするのではなく、行動の指標となる教育の目標を明確にして、これと直結する行動をとりあげることである。

2　具体的な活動の場を通して、児童の生活力を勝ち的に拡充し発展させる学習指導のすがたをとる。いわゆる児童が人間として生長するように指導することである。

3　右の観点より考えて、カリキュラムの構造も内容の研究分析をし、それを綜合発展したものとを併せ考える必要がある。

学習が児童の真実にふれ、現在の生活を深くきづきつゝ社会に適応して行くことが出来るようなカリキュラムへの改善を図った。そしてその根底をなすものは教育目標の確立であり、その目標が現実の学習指導に如何に具体化されるかを考慮しなければいけない。（第二節）

**【資料15】　同　「目標」**

○　一体目標というのは行動の動機となり、活動を指導するものであるといわれる。教育の目標は児童の行動と結びつき、彼等の成長発達を指導するものでなければならない。教育は、それを教師が意図し、社会が意図するにしても学習するもの、成長するものは、児童自身であるからである。／社会の理想や課題を解決するにふさわしい人間像としての昨年の目標は、社会の要求と児童の要求の両面から再考し、しかもそれ等が並列ではなく、一連の過程として捉えられる時、社会の要求は児童の要求に結びつき、児童の要求でありながら、同時に社会の要求をふくむという関連を持たせたいと考えた。

**【資料16】　同　「教養娯楽の向上」の場合**

○　社会の課題　　学校を開放すべきである。Ｐ　Ｔ　Ａの民主化が出来ていない。社会教育を進行させる必要がある。健全な娯楽施設がない。男女共学を民主的にしなければならない。

児童をみる――訪問者へのごあいさつが出来ない。お寺や教会の役目をしらない。文化団体に対し理解がうすい。自分のすることに目的がはっきりしない。

本校の目標――楽しく遊ぶ。ごあいさつが出来る。自分のことは自分でする。楽しい時間を作る。本えらんでよむ。進んで発表する。（第二章　第一節）

**【資料17】　同　「基盤方式」**

○　（前略）その過程に於てどのような人格が形成されなければならないかを考えねばならない。いわゆるその過程に於て人間としてどのような主体的な行為の方式が身につかなければならないかを、基盤方式として明かにしたのである。　／　児童は目標によって行動を動機づけ、具体的な経験を通して、生活の向上をはかると共に、人間として成長し、いつ如何なる生活の場に於ても、生活を民主的に切り開いて行けるようにしなければならない。（第二章　第二節）

**同　「学習全体構造」**

1　現実の社会生活に於て解決をせまられている主要な教育課程を、児童が解決することにより、よりよい生活へと推進させる。＝単元学習（推進課程）（ママ）

2　単元学習を相補いながら児童生活を全体的、調和的に発展然せるという観点から、児童の日常的な生活のリズムに即してその向上をはかる。生活律動課程

3　以上の経験に関連してその基礎的というか、技能的能力を高め、連続的、系統的発展を可能ならしめる。生活技能課程

4　単元学習を相補いながら、その経験が児童の日常の生活に教養として滲透し児童生活を全体的調和的に発展させる。生活滲透課程

《推進課程》

○　単なる日常的な生活に順応させるのではなく民主的な社会の建設に必要かくことの出来ない問題にとっくませる。

○　児童の強い目的意識につらぬかれ、共同のプロゼクト（ママ）として

学習される。したがってその目的実現のために諸活動が組織化され統一される。

○　児童にとって興味のある、意欲的活動であるとともに、教師にとっては教育目標や基盤方式を達成させる為に有効な活動でなくてはならない。

○　教育内容の消化にこだわって、児童の目的達成のために、必然的、組織的仕事のはっ点をさまたげるような活動をもりこまない。

○　目的達成にこだわって、全部を直接経験させることにより、間接的経験にうったえて、意欲的に目的達成が出来る組織化かされることに留意した。

《生活律動課程》

児童の日常生活を組織化し秩序づけ社会生活への調和をはかる。

○　日常の社会及家庭生活への順応

○　学校及学級の仕事の民主的経営

○　身体的意欲をみたし衛生的習慣を身につける。

《生活技能課程》

種々の技能的能力は経験を成立させる要素であるから、これを重視する。しかしこれが経験なしに示範され練習されるものとは考えられない。経験を向上させるものとして経験に即して指導し、そこから更にとり出して深めようとしている。その内容には色々あると思われるが。(ママ)

○　言語的┐
○　数量的┘──能力技能を身につけるもの

○　社会的な技能（例えば地図のかき方等の）(ママ)

○　科学的造形的体育的技能

《生活滲透課程》

○　情操を豊かにし生活の淳化を計る　文学、音楽鑑賞、体育芸術の鑑賞等、(同第三節)

〈運営〉の方針

◎○　週教育計画──（前略）単元の仕事を中心にその他に一つか二つの主な経験をとり上げて、学習を集中させ、意欲的な生活をさせることによって目的及基盤方式の徹底を図り関連した基礎技能の練習につとめるようにした。

◎○　学習指導記録――毎日の学習の実際をもれなく記録し、学習活動の系列児童全体のそれへの反応状態、さらに個々の児童状態を記録し、カリキュラムに対する重要な反省資料とすると共に、一人一人の児童に即してその成長の完全を期するようにした。

◎○　経験要素表――（前略）最低基準を要求されると思われる文部省の指導要領に昨年度の実践を反省し本校の基準を一先ず作り本年度更にこれの改正わ目あてに実践と反省を促進して行きたい。

**【資料18】　同　「技能課程」と「滲透課程」**

《技能課程》　○　空の歌をよむ　○　石炭をよむ　いま一度よんで簡単な燃料についてしる　○　防火の紙芝居を作る　○　防火の標語を作る　○　僕の発見をよむ

《滲透課程》　○　空のうたを味う　童詩、作文を作り批評鑑賞しあう　○　火の用心のシナリオをよんで味う　○　劇の鑑賞をする

**【資料19】　同　「本校経験要素表」　第三学年「国語教育」**

(1)　話す

○　自分の意見を他人にも分るように話すことが出来る　○　表情や身振りを使って表すことが上手になる　○　敬語が意識して使える　○　好む話題に活発に参加することが出来る　○　互に意見を云い合う　○　伝言を正しく伝える　○　終りまで話す　○　言いたいことを順序よく話す　○　活発に意見を発表する　○　互に意見を話合う　○　電話で話す　○　人物や場所によってゼスチャー音楽声量を工夫して表現する　○　上手にやろうと努める　○　劇の筋を見通して表現する

(2)　聞く

○　相手の話を終りまでよく聞く　○　聞きながらその内容の具体的なものを創造する　○二十分間位静かに聞く　○　他人の話の途中に邪魔になるような話を入れるのをひかえる　○他人の話を聞いて自分の考えを思い

出す　○　演出の表面的な部分のよさを知って上手下手の見分けを作る　○　子供のニュースが聞きとれる　○　やさしい言葉や放送劇を楽しむ

(3)　読む

○　漢字約三百字が読める　○　一分間に約百九十字を読む　○　読みながら予想や連想をする　○　読むことによって覚えたり考えたりする　○　手紙を読んで意味が分る　○　読後感を考える　○　読みたい本、ほしい本をとる　○　ある参考書をいろいろな学習に役立たせる　○　やさしい情景詩を読んで訓の美しさを感じる　○　友人の作品を聞いたり読んだりする　○　やさしい複雑な童話を読む　○　やさしい脚本、紙芝居の説明を読む　○　児童のための雑誌を読む

(4)　書く

○　漢字約百五〇（ママ）字を書く　○　字形を正確に正しい筆順で書く　○　句読点や「　」（　）の使い方を知る　○　字はだんだん小さく書く（四分方形）（ママ）　○　横書きが出来るようになる　○　へん､つくり､かんむり等を覚える　○　ノートを比べ友達のとどちらが美しく正しく書けているかを見る　○　五〇〇乃至七〇〇字位の文を書く　○　答案は大切なことを抜かさないで書く　○　人によく分りそして喜ばれる手紙を書く

(5)　作る

○　不思議に思ったことや関心したりびっくりしたことをノートに書き取り白然の動きにも目を開くようにする　○　素直な文で日常生活を書き表す　○　口旅行、見学を文に書く　○　継続観察的なものの日記をつける　○　友だちへの通信をきれいで分り易く書く　○白墨で字が書ける　○　日直は週の予定表を書く　○　かべ新聞を作る　○　学校ニュースを作る　○　先生と一緒に簡単な詩文集を作る

(6)　文法

○　敬語や丁寧語がわかる　○　男女の言葉の使い方の差がわかる　○　句読点と助詞を正しく使う　○　言葉の組立に関心を持つ　○　代名詞が使える　○　接続詞の使用を覚える　○　形容詞、副詞、修飾語が意識的に使える

(7)　ローマ字

○　よく見かけるローマ字に興味を持って拾い読みをする

**【資料20】　文部省著『学習指導要領［試案］国語科編』**　1947（昭和22）年12月20日刊

第一章　第一節　国語科学習指導要領の範囲

国語科学習指導の範囲は、次のように分けられる。

一　国語科としての指導

(1)　話すこと（聞くことをふくむ）(ママ)

(2)　つづること（作文）

(3)　読むこと（文学をふくむ）

(4)　書くこと（習字をふくむ）

(5)　文法

右の五つの部門のうち、どの一つといえども、他と関係なくとり扱われるべきものではない。実際の学習指導にあたっては、教師はつねに相互の関係を明らかに理解し、ことばのはたらきという共通な基礎にたって、自分の扱っている教材の価値を考えることがたいせつである。教師は、さしあたりの必要や興味のために、教材や学習活動が、かたよることのないようにしなければならない。

二　連関をはかるもの

(1)　全教科、ことに社会科課程の諸単元。

すべての教科、ことに、社会科の各単元のうちには、国語科に連関のふかい教科や学習活動が多い。

(2)　学校生活の諸経験。

ことばは、社会のなかで行われるものであるから、学校生活のあらゆる経験は、国語科で学習したことがらを実行するよい機会となる。

(3)　家庭その他、一般社会生活の諸経験。

**【資料21】　佐藤茂「小学校国語指導目標の設定」**　『実践国語』1950（昭和25）年３月１日　穂波出版刊　所収　『国語教育基本論文集成Ⅰ　国語教育基礎論１　目標論』1994（平成６）年　明治図書　再録

⑴　話す

○　要点をまとめて話す。○　まとまった筋のある話をする。○　観察したことを正しく話す。○　司会者のゆるしを得てから話す。○　討論の場合自身の意見をいうことができるる学校発表会で発表する。○　他校児童と話しあう。○　電話のとりつぎができる。○　アクセント、抑揚に注意する。○　自然な態度で落着いて話す。

⑵　きく

○　よいことばわるいことばをききわける。○　きいたことについて感想を持つ。○　自分の考えとくらべ合わせてきく。○　場面行動を思い浮かべながら聞く。○　ききじょうずになる(話す人の気持ちになってきく)

⑶　文字

○　多くの漢字の読み書きができる（二〇〇字ぐらい）（ママ）　○　ローマ字を読む。

⑷　書く

○　早く書ける。○　文字の形、大きさ、配列に気をつけて書く。○　文字の美醜正否を見わけることができる。○　手に気をとられずに思ったことが書けるようになる。○　自分の書いた文字のまずいところを書きなおす。○　横がきになれる。

⑸　つづる

○　日記にくわしく書くとき、かんたんに書くときとがあらわれてくる（日記の書き方）（ママ）　○　学級日記をつける。○　飼育・観察・栽培日記を書く。○　読んだ本のあらすじ、感想を書く。○　映画劇のあらすじ、感想を書く。○　学習の記録を書く。○　生活文は日常生活から広く題材をとる。○　だらだらしていてもいい、できるだけくわしく生活文を書く（目のはたらく文）○　映画、教室の問題について、えんぴつ対談を書く。○　相手をきめて手紙を書く（案内状、依頼状、礼状その他）（ママ）　○　かべ新聞をつくる。○　他人の作品のかきあらわし方のうまいところがわかる。○　創作を脚色して紙しばいをつくる。○　詩は自然観察的になってくる。○　学級文集・詩集を編集する。○　一〇〇〇字程度の文が書ける。

⑹　読む

○　中編童話を読む。○　自然描写文を読む。○　感想を書いたり話あったりする。文の組立てがわかる。○　読書の興味がおきてくる。○　内容の要点をとらえてことばや文で報告することができる。○　未知の文字やことばをみつけ出すことができる。○　文のいろいろの記号がわかってこれに注意する。○　文のすきなところ、おもしろかったところを話しあう。

(7)　語法

○　「どこでどうなったか」というつかいかたになれる。○　動詞の変化（はたらくことばはたらかないことば）（ママ）に関心を持つ。○　副詞、形容詞の使い方がわかる。○　接続詞の使い方をおぼえる。○　男女のことばのちがいがわかる。○　国語の敬体、常体のつかいわけがわかってくる。

**【資料22】　C『桜山プラン』　亀田幸雄「“単元展開の資料と手引”の発表にあたって」**　下関市立桜山小学校著『単元展開の資料と手引』1951（昭和26）年11月3日付序文以外発行日未詳。

○　先にものした第一次、第二次プラン　／　それは単元の見方考え方の困難性及学習展開に必要な資料の不足並に学習展開の方法に具体性を欠いた。この為教壇実践に自信を欠く面が少からずあった。同人はこの盲点を開拓し誰でも自信と安定感をもって学習展開の出来る手引きの作製を目指して具体的研究の途に上った。予め覚悟はしていたが、而も彼岸に光を認めながらも、その道は険しく且つ極めて遠いものりであった。

**【資料23】　石山脩平「指導過程の根本問題」**　東京高等師範学校附属小学校内　教育研究会編『教育研究』復刊第4号　1946（昭和21）年10月1日刊

○　（前略）学校は、家庭や近隣や街頭などで行はれる生徒へ活動と別個の活動をさせる所ではなく、むしろそれらの活動そのものを、一そう（ママ）よく、させる所でなければならない。学校と社会の隔ての壁が取り除かれ社会の活動が学校に取り入れられ、教育的に規制せられるところに教育が、指導過程が成り立つのである。／　それゆえ指導過程は、生徒の活動そのものの多様性に応じて多様でなければならない。もしそれにもかかはらず、あらゆる指導過程に共通する過程が求められようとするならばねそれはあらゆる活動が、その理想的な姿において、共通にそなへてをるべき過程にほかならない。あらゆる活動が理想的に行はれるためには、(1) 先づその活動の目的が自覚さるべきこと（興味とか必要感とか疑問とかの形で活動の意欲がはたらくこと） (2) その活動の仕方や順序や手段に関して計画され用意さるべきこと、(3) その活動がその計画にしたがつて全力をあげて実行さるべきこと、(4) その結果について反省さるべきこと、を要件とする。

## 第３節　「阿武郡国語同人会」の営為

**【資料１】　第Ⅰ章第３節【資料２】参照**

**【資料２】　森下巌「国語教育の新生面　――主として「読み方」に就いて――」**　東京高等師範学校附属国民学校内　初等教育研究会編『教育研究』復刊第２号　1946（昭和21）年８月１日刊　所収

○　(3)　所謂「授業」として考へられてゐた一斉授業は、甚だ教師中心、優等生中心的なものであったが、今後は、右のようにして児童各自が読み、考へ、記録した結果を持ち寄ってするところの協同学習的な性質を持って来なければならない。討論法を導入することも、文表現から遊離しない限りに於て、好ましい一つの方法であらう。ここに一つ附け加へて置きたいことは、従来駄問駄答を排せよといふことがよく言はれたが、教師からの発問が、教材の本質的なものを把握し、児童の心性に即した適切なものでなければならないことは言ふまでもなく、その意味で駄問は排すべきであるが、これに対する児童の駄問は必しも排斥すべきでないといふことである。指導はそこから出発すべきであり、学級児童のすべてが関心をもって参加する一斉授業とならなければならない。

**【資料３】　倉澤栄吉「国語と単元学習」**　教材研究会編『教材研究』第４巻第２号　1949（昭和24）年４月15日刊　所収　角川書店『倉澤栄吉国語教育全集』Ⅰ　「国語単元学習の開拓」　再録

○　「教材単元より経験単元へ」というのは、カリキュラムの問題である。ガイダンスやティーチングの問題ではない。もちろんその問題は、ある意味で指導や学習指導法を規定する大切な問題にちがいないが、今、実験期であり、おいそれと解決できることではない。そういう単元の論争をくり返していても、またくり返すよりも、今なすべきことがある。というのは、私ども実際家にそういうカリキュラムの上からの国語学習論をする必要がないとかその力がないというのではない。かえって、その単元論の着実な結論を導くためにこそ、まず、「単元」の問題をさしおいて、「学習」の問題を実践的に解決したいと思うのである。

【資料4】　第Ⅱ章第1節【資料5】参照

【資料5】　八木哲人「会員は何を得た　――第三十二回研究大会管見――」　山口師範学校教育研究所刊　『学習指導』第3巻第7号　1949（昭和24）年7月15日刊　所収

○　この度の研究会の主題は、「単元学習の実践的研究」であった。勿論そのねらいは、学習指導の面にあったのであるが、必然、指導計画以前の教育計画が問題となったのである。／ここに浮かんだ二つのこと、それは即ちカリキュラムとガイダンスである「何を」「如何に」の問題である。／政治が天皇の手から民衆の手に移った如く、教科書の作製（教科課程の作製）も文部省の手から、教育研究の手に移って来たのである。同時にその内容は、理論的教材から心理的教材へと発展したのである。教材の教授でなく、生活（経験）の指導である。「何を」生活させ、経験させるかは、新教育の教師に与えられた、大きな課題の一つである。生きたその地方の児童の欲求や興味に即応し、その地域社会の要求に一致する計画案でなくてはならないのである。が、そこに準急的進み方と、特急的進み方とである。前者は、教科を修正した行き方であり、後者は教科の枠をはずして、コア、カリキュラムとして生活の中核をとらえて指導しようとするものである。今どちらのカリキュラムが良で、どちらが否であるかを決定することは出来がたい。出来がたいだけに問題は残るわけである。／　次はこの計画案を「如何に」経験させ、指導するかである。記憶注入をこととし、如何によく記憶させたかによって、教師の優劣が決定されていた旧教育は、民主的、自由的、自発的学習へと切りかへられ、自ら欲求を満足させ、問題解決させるといった、指導法にとって変り、この「如何に」自発的に学習させるかが、教師の痛切な問題となってきたのである。カリキュラムを作ることと、そのカリキュラムを如何に自発的に学習させたらよいのかの重大性が今度の研究会で再確認され研究にピッチをあげざるを得なくなった、二つのことである。

【資料6】　竹井彌七郎「カリキュラム構成の基本問題」　同第8号　1949（昭和24）年8月15日刊　所収

○　教科カリキュラムは社会に存在する文化財から出発して、幼少な児童に之が理解体得をなさしめようと、するものであって、教材と児童は二元的に対立し、その指導の規範は教材に内在する。教材は価値あるものであるから、児童は興味のあるなしに拘らず、その教材を習得しなければならない。児童は教材の論理に従って、系統的に教材を習得する。之に対して生活カリキュラムに於ては、児童は生活の問題に当面する。其の問題を解決するには色々の文化財を手段として使用しなければならない。こゝに色々な教科の教材は生活改造の手段として登場する。生活問題を解決する毎に、知識・理解・技能を増し、態度が改善せられる。此の何れが教育の本質に適合しているか。その解答は過去の文化と伝統に重点を置くか、現在と未来の社会に重点を置くかの相違によって異るであろう。

【資料7】　手嶋倫典「九月の計画」　同号　所収

○　◎　ふしの川を下る　／　という社会科の単元を用意しております。この単元はどのような目標を達することができるのでしょうか。この山口市でこの組の子供で――と、かみしめるような気持ちで指導要領をめくってみます。（以下、加藤要約。）

①　河川が人間の生活にどう関連しているかを、具体的に確実にわからせる。児童は､橋に強い関心・意欲を持っている。 やらせる・まとめる・発見理解するために、1、手順を立てる。2、見当を話し合う。3、まとめ方を相談する。4、報告する。――を指導し､橋の愛護精神を育む。そこから、水車・灌漑へと広がる。

②　農耕・植林が、私たちに与える過去・将来の影響や相互依存のありさまを理解させる。「何を」（見せ・調べさせ・聞かせ・読ませ・話し合わせ）に悩むが、仕事や問題を解決する力を高め、推論し実証した知識を持たせたい。

◎　単元展開のため、「ふしの河畔の立体模型を、うんと研究して作りあげる。」

①　地面はどのようになっているか。――理科学習の重要な現場。

② 竹笛を作って吹く。鳥瞰図の書き方。――図画・工作の重要な現場。

①・② は、「修正カリキュラム」構成の一断面図

③ （注。この項、原文のまま。）次に言語指導の計画に進んでみます。その場その場の、必要や興味に立って、きめ細かい指導を加えていきますことは、言語指導の原則でありましょうが、『ふしの川を下る』ことに、紀行の意味をもたせることはどんなものかと思います。社会や自自然の研究に出かける心構えと、詩作に出かける心構えとでは、相当へだたりがあるものと思われます。（中略）うさぎをそだてる計画を二学期からと相談して、そのことの算段もありますし、／ ◎ うちのほおじろ（国語　第四学年中）（ママ） ／ ◎ あぶらぜみ（同じ）／ の二つを通して、観察の底にひそむ愛情にふれていって、自分達の生活をふりかえってみる。そして、細々とした表現の中に、実は自分の持っている思想や感情をはっきりさせることができるのだということを、押しつめて行かせたいと考えているのであります。『放送ごっこ』という六月の国語の単元は、放送するという生活の中で、がっちりと教材に取組んでいきましたので、保護者の方も、意外と思われる程能率をあげることができましたが、うわすべりで、論理性のない、花火的な読解の幼稚な姿を、その時もみせつけられまして、なんとかこれはもっと質の向上をはからねばならないと痛切に感じたのでありました。文を読む、わかるというためには、かくかくの順序や方法があり、通読一ぺんをくりかえしていたのでは、私たちの心や表現はそだたない、ひとつ新学期のまっぱじめを機会に、どのような文を読み研究していったらよいかということを、計画を立てては進みながらかんがえていってみたい。こう考えて居ります。（後略）

**【資料8】　末広真之「［現地報告］カリキュラム実践の現状と二三の気付き」　同第9号　1949（昭和24）年9月15日刊　所収**

○ （前略）以上のような現実の状態からして、カリキュラムを構成するとするなら、次のような形態のものも特異な一つの型として比較的容易に而も、確かな教育をするために有効ではないかと思います。それは、学習者の生活の中心をなす主要な興味或は関心あるものをとりあげて、それを子

供の生活の体系に並べて行きます。つまり子供の切実な問題の系列を作るわけであります。これだけを眺めますと一応、生活カリキュラムの様な観を呈しますが、そうした生活課題解決の道程に、どのような教科的能力を与え経験させることが出来るかを拾って見ます。一方、教科研究部を中心にして、各教科的に見てどのような能力を育てゝ行けばよいのかの系列をはっきりしておきます。そして、前者の子供の生活体系の過程に達せられる経験の内容を、後の教科の能力体系表と照合して見て、能力表の中から抜きとって行きます。そうすると、能力表の中に、残って来る内容がたくさん出て来ると思います。つまり生活体系による経験では獲得することの出来ない、而も重要だと思われる内容が発見出来るわけです。この残されたものを、各科目別に生活体系によるカリキュラムより別個に組織立てゝ行く方法であります。（後略）

【資料９】　山口県阿武郡　国語同人会著『新国語教科書を基にした　小学校国語科教育課程の　構成と展開（中学年）』

「自序」　会長　小河正介　1951（昭和26）年５月16日刊

○　「国語カリキュラム」というようなことは、阿武郡の国語同人会のような小さなグループの到底為し得る業ではありません。然し「何とかして阿武郡の国語教育を」という気持ちから敢えてこの冒険を試みたのであります。／　新しい国語教育の方向が単元学習にむかっていることは事実でありましょう。しかしながら「これは本当の単元（題材）学習である」と示されたものは遺憾ながら未だ見当らないのであります。たとえ単元(題材)学習ということが論理的に説明出来たとしても、本当の単元（題材）学習は現在の段階ではまだ多くの実践上の問題が残って来ると思われるのであります。然し私達は実践の場に於いてその課題を解決する努力を怠ってはならないのであります。着実にしかも成るべく早くその問題をかちとらなければなりません。（後略）

【資料10】　同　第一章「教科カリキュラムか経験カリキュラムか」の結語

○　新教育が叫ばれると旧教育は全く無価値の如く考えることはきわめて危険なことである。／　カリキュラム構造に於ける統合と分析という二つの相反する概念は、どちらか一方に偏するならば混乱が生ずるのである。両者はそれぞれの特徴を認め、長短を追求して相互に関連をもつところに止揚された教育課程が生まれるのではないか。日本の現状を無視した、飛躍したカリキュラムの構成はなすべきではないのである。／　各教科がそれなりに、単元的に再編成され、それが相互に関連をもちながら、改造を重ねて行くという漸進的な改造であらねばならぬ。教科カリキュラムの伝統を是認しながら、これに経験的色彩を加味して行くところにあたらしいカリキュラムの行き方があると思うのである。

【資料11】　同　第二章　「国語教育課程」の作製手続き

○　カリキュラムと言う言葉はどんな事を（学習内容）（ママ）どんな風に（学習方法）（ママ）するかと言う「設計する」「組織する」ことである。

学校や先生の責任に於て地域や学校や各個人個人に即する学習指導の計画を樹てる訳である。その地域、その学校に即して、どんなことを学習内容とし､どんなふうにそれを組織するかはその教師に任されている筈である。そこで先づ国語の教育課程はどうして作製したか、その構成手続について述べることゝする。

①　教育全体構造に於ける国語カリキュラムの性格について考えて見た。

②　次にその教育全体計画の中で占める国語科の位置ずけ、すなわち国語教育の範囲を究めることとした。

③　教育の一般目標から導かれた国語科の指導目標を学年的系統的に考えた。

④　この指導目標を達成するためには、どんな経験を組織したらよいかという学習内容（単元又は話題の内容）決定した。

⑤　その組織した経験をいくつかに纏めて、年次計画を定めた。

⑥　更に之を如何に指導するかと言うために、児童の発達段階と言語能力を一応考えた。（これは実態調査に基づく科学的研究でなければならないが､実際はその様なものがないので､今迄発表された文献及洞察によった）（ママ）。

⑦　以上国語教育の範囲と排列の基準をきめ、各学年の学習内容と学年の指導目標を決定したのであるが、更に資料を如何にとり入れるか、即ち

単元と教科書との関係をどうするかと言うことについて、教科書研究を徹底した。

⑧　言語要素（発音、文字、語い、文法、修辞）(ママ) について系統的なものを定めて置くべきであると考えたが、これは言語作品の章で述べてあるように、検定教科書に依存した。(後略)

【資料12】　同　第四章　「国語教育の目標」(注　○印が、「新指導要領」)

①　表現意欲を盛んにし、活発な言語活動をすることに依つて社会生活を円滑にしようとする要求と能力とを発達させること。

○　社会生活に適応して自分に必要な知識や情報を得て行く為めに、他人の話に耳を傾ける習慣と態度を養い技能を磨くこと。(聞く) (ママ)

②　自分を社会に適応させ、個性を伸ばし、他人を動かす手段として、効果的に、話したり、書いたりしようとする要求と能力とを発達させること。

○　自分の意を伝えて、他人を動かす為めに、生き生きとした話をしようとする習慣と態度を養い、技能を磨くこと。(話すこと)

③　知識を求めるため、娯楽のため、豊かな文学を味わう為という様な色々な場合に応ずる読書の仕方を身につけようとする要求と能力とを発達させること。

○　知識や情報を獲得するために、経験を広めるため、娯楽と鑑賞為め、広く読書しようとする習慣と態度を養い、技能を磨くこと。(読むこと)

④　正しく美しい言葉を用いることによって、社会生活を向上させようとする要求と能力とを発達させること。

○　自分の考えを纏めたり、他人に訴えたりするために、はっきりと正しく、判り易く、独創的に書こうとする習慣と態度を養い、技能を磨くこと。(書くこと)

【資料13】　同　第四章　「国語教育の目標」中の「能力表」の項

能力表はコアカリキュラムの主張として、いわゆる「社会生活をして行く上に必要な能力、最低必要基準（ミニアム・エッセンシャル）を考えてカリキュラムを構成するために必要であるとされた。それは社会の要求に基いた教育目標設定ということが教育課程の編成又は改造になくてはならないものであるからである。（中略）／　国語の能力表が国語科の到達目標という使命があるのならばその内容をはっきりした具体的内容をもったものでなければならない。一応の到達水準といゝながらも現場で具体化されるものでなければならない。そこで作製に当っては、担任が受持ち児童の個々の実態に即して、現場の実績に於て具体的に構成したものがもっともよいと考えるのである。寧ろ構成というよりも動的なもの〻把握である。／　抽象的字句や数学的統計的なものは、動きつゝある子供、動いている学習には当てはまらない場合が多いのである。四年生で、この力をつけるのに、この様な条件があり、この様に工夫したからこの様になったという具体的な実践記録に基かねばならないというのである。／　即ち、一応は発表された文献としての多くの能力表を参考にはするが、個々の教師が個々の児童に指導した実践記録なり、評価の結果を累積して作られた、そうした具体的実践的記録こそ、もっとも立派な能力表であると考える（勿論これは厳密な科学的分析的基礎付けのある実態調査には欠けているが、）（ママ）こうした現場に立って作製されたものは、その児童の実情に即したものであり、単元展開の操作の上に、或は評価の上に最も実際的に活用されて行くと思う。更に之を実践の過程に於て漸次改造して行くならば一番よいのではなかろうか。／　勿論能力表は標準的のものでなければならないのであるから、文部省の中間発表の能力表に基くのが至当であると考えるのである。

【資料14】　同　第五章　「単元学習」　第一節　「単元学習の意義」

○　こゝで注意しなければならないことは、単元的方法であれ、規範無視、法則無視、体系無視で行くかということである。勿論そんなことはないのであって、経験中心、興味中心に編成するには、その内面に於て十分系統を考え、法則を考えていなければならない。この方法の一つは心埋主義、他は論理主義であると評されるが、論理主義に徹底しようとすれば、心理主義になり、心理主義に徹しようとすれば論理主義になることは、他の場合と同一である。それならどちらでもよいとか或は両者の折衷がよいという論が生れて来るが、そうではなく、学習はいつも具体的な経験に即して具体的な場に於て、興味をもって個人々々の力に即してなされるのであって、それは何時も心理的である。しかしそうした学習活動を準備し、教材を準備する教師の側には、体系的な計画、法則や規範の採り入れがあるべきで、それは、厳密に論理的である。この二つのことは同一の面にあるのではない。それを体系をむき出しにしたり、規範を露骨に示したところに従来の課章てき方法の誤があったのである。

**【資料15】　同　第五章　「単元学習」　第二節　「単元の計画と構成」**（加藤抄出）

①　単元の計画と単元学習

（前略）単元学習には何を学習するかということゝ、どう学習するかという問題がある。この二つのものは完全に一致して行かなければならないものである。単元計画と単元展開とを別々に考察することは誤りである。吾々は指導の実際を日々記録し単元計画改善に資して行くところに本当のものが生れるのである。

②　単元の計画

１、単元の組織　２、単元の内容決定　３、展開の計画

③　単元の選定と設定

一、子供の実態　二、国語力の現段階　三、子供の現在の生活環境　四、言語的環境　五、利用されるべき資料の状態　六、指導者の実力　七、要求すべき一般学力水準

④　単元構成の基準　（加藤注。以下（　）印は、ママ。）

１、現実生活の中からの学習素材選択　２、言語活動の具体的生活事実との有機的関連　３、社会的要求への即応　４　学童の学習（興味・要求・自主的問題解決・協力学習・個人差・力動的言語経験）５、知識の組織立て　６、反復練習　７、他教科との緊密な関連

⑤　単元の形態

１、生活単元　２、教材単元　３、言語技術単元　４、題材単元（教科書にある題材による）

⑥　単元一覧表の仮定

学習内容・学習目標・教科書及び資料の検討、決定。

⑦　単元展開の方式

1、単元展開の六段階（設定の理由・目標・内容・資料・学習活動・評価）　2、単元の発展過程（動機づけ・環境の設定・実態調査・問題の把握・計画・解決への発表・報告・調査・研究・作業評価・発表）

⑧　単元計画一覧表

○　〈学習目標と学習内容の設定〉

社会の国語教育に対する要求 ── 教育目的と国語科の一般目標の研究 ／ 地域社会の要求調査 ／ 言語生活の機能分析 ── ＊（注　＊印は、＊印につながる）

児童の言語生の実態 ── 言語生活の課題 ／ 言語能力の発達 ── ＊

＊ ── 国語学習指導の範囲 ／ 児童の言語の発達 ── 学年の学習目標 ／ 学年の学習内容 ── 単元

○　〈単元計画の改造〉

単元計画の立場 ／ 単元展開の実際 ── 実践記録 ── 単元計画の修正

（後略）

**【資料16】　同　第六章　「言語作品」中「新国語教科書」への対応の項**

①　昔の様に教科書は国定であり、方法は教科書の読解で終るというのでなく、学習の目標に基いて、子供に即した話題を提供するのであるから資料の選択は自由である。然しそこに教科書を部分的にちょいちょい利用したり、思つきの資料を引用したのでは、せっかく作った単元（学習内容）を完全にはたすことは出来ない。単元に即した教科書を作るなら、これに越したことはない。然しそれは不可能である。そこで国語学習内容には、先ず教科書を採り上げて之を研究し、之を基にして、之に即した単元を設定することにしたのである。

②　「新国語教科書」（光村）（ママ）のスコープとシーケンス

○　それ自身、単元的に構成されており、各教材は作業単元の展開えの媒介の役をするように出来ている。

○　しかも、その単元の一つ一つが互に緊密に関連し、言語経験を豊かにあたえるようになっていて、そのまゝでも単元学習が出来るように考えられている。

○　文字・語彙・語法というようなものが、きわめて科学的に研究されている。

一年（児童の身辺の生活）
　上　入学当初の学校生活と児童の行動
　中　諸資源の保護利用と人
　中　戸外生活
　下　家庭生活
二年（地域社会の生活）
　上　田園生活
　中　海と山
　下　都市生活
三年（地域社会生活）
　上　生活の視野の広い面
　中　動植物と人間の関係
　下　交通、運輸と人間の関係

四年（時間的意義の拡大）
　上　地域社会の現在と過去
　中　諸資源の保護利用と人間生活
　下　生産消費の基礎理解
五年（文明）
　上　自然と文明
　中　天然資源の開発
　下　現代日本、祖国再建
六年（文化）
　上　現実的文化生活
　中　文化の発達
　下　世界の平和

（以上、（　）印は、ママ）

**【資料17】　同　第七章　「国語教育の評価」**

○　国語教育に於ての評価は単なる国語のテストではない。もっと広く国語全体の全身の為に言語活動の総量をエバリュウション（ママ）しなければならない。然し乍ら評価の中核をなすものは、学習とその指導である。即ち、国語教育の目標に対して、どの様に有効に適切に指導がなされているか。即ち学習効果の価値的判断がなされることである。そこで注意しなければならないことは「……が出来たか、どうか」を判断するのではなくて、児童にどれだけの事がなされたか、又なされつゝあるかを発見することである。つまり成長の価値を見るのであって、遂行の結果や完成の如何だけを見定めるのではない。目標へもっとよく到達して行くにはんな新しい処置と技術を用いたらよいかを考えて行くことである。

【資料18】　同　第九章　「国語科学習単元一覧表」

| | 〈一年〉 | 〈二年〉 | 〈三年〉 |
|---|---|---|---|
| 四月 | 楽しい学校 | 二年生になって | 楽しい春 |
| 五月 | 楽しい学校 | つゆあけ | 子供の日 |
| 六月 | 水遊び | ことばしらべ | かんさつ日記 |
| 七月 | 七夕祭り・夏休み | うたあつめ<br>（お話会）（ママ） | 夏休みを迎えて |
| 九月 | お月見・運動会 | うんどう会 | まきば |
| 十月 | 秋の野山 | お月見 | 短い文 |
| 十一月 | 私たちのうち | 農家とお店 | ラヂオを聞いて |
| 十二月 | 紙しばい | 学級文庫 | 楽しい読みもの |
| 一月 | お正月・絵日記 | 郵便ごっこ | のりもの |
| 二月 | 学芸会 | 学芸会 | 映画会 |
| 三月 | 春をむかえに | もうすぐ三年生 | 三年生のまとめ |

（注。四年～六年分は、加藤省略。）

【資料19】　同　「単元展開案」中　３年生の例

(2)　〈単元展開案の例〉　三年

①　単元名・時間配当　　了供の日　二〇時間・五月上旬～下旬(四週間)

②　単元設定の理由

1、子供の日を中心とする五月の行事はそのまゝ国家的な行事とつながり多彩な祝賀気分の溢る月であり、大空に翻る鯉のぼりの勇ましさを仰ぎみて平和日本の将来とその重責を荷せられた子供への期待は特に大なるものがある。

2、子供こそ日本の運命を左右する大切な宝である。子供達のこの自覚と責任とを感得させると同時にともすると大人の概念から忘れられ様とする子供達の生活の中に食い込んで祝福してやることは日本の悲運をまねいた大人の責任でもあろう。

3、子供達は互に友愛と協力とによって平和日本の再建に努力するであらうことを信じてこの単元のもつ効果は大きいと思う。

4、教科書資料により言語活動の実際活用面と表現とを郵便とたんぽぽで学習し友愛の情を子供の日で学習しようとするものである。／　言語生活を通じて我々の感情や思惟はよりよく疎通するものであることを体得するであらう。

〈目標〉（加藤注。以下、本著では、一覧表になっている。）

話す

一、だんだん言葉づかいに気をつける様になる。

二、正しいことづけが言えるようになる。

三、一つの話題について話がまとまる様になる。

四、表現をつけて話せる様になる。

聞く

一、不明なところをとりだしてきく事ができる。

二、質問の要領がわかる。

三、わかったところと不明のところの区別がつく。

四、静かにきくことができる。

読む

一、内容を考えながら微音読が出来る。

二、手紙文の大意がわかる。

三、長い劇の脚本がよめる。

四、分ち書きの意味がわかるようになる。

書く

一、簡単な手紙が書ける。

二、相手にわかり易くかける。

三、よみ返して仮名づかいや漢字の誤が訂正できる。

四、文字の大きさが大体揃って書ける。

五、通信の規則が守られてかける。

文法

一、通信の規定がわかる。

二、仮名づかい、助詞のつかい方がわかる。

三、手紙文のかき方についての習慣が理解される。

〈予想される学習活動〉

一、子供の日についての話合い

１、日本の新しく定められた祝日について話し合う。

２、「子供の日」と言う祝日が設けられた訳。

３、我々の心構についての話し合い。

二、児童福祉週間の行事について

１、運動会の計画について話す。

２、身体検査の結果についての反省。

３、家庭訪問の日取り、注意等の話し合い。

三、子供会の行事の計画を立てる。

１、計画を立てる。

２、保護者や関係者に案内の手紙をかく。

３、発表会の準備や材料を集める。

４、子供の会の発表をする。

四、教科書の資料をよんで反省する。

１、案内状について教科書の文をよんで反省する。

２、郵便の使命とその利用や手紙、はがきの書き方の練習をする。

３、劇たんぽゝをよんで劇のしかたを研究する。

４、配役をきめて劇をする。

五、資料

○　子供の日の読解により基礎的能力を養う。

○　友愛の情を育む。

○　希望にみちた子供の日の歌について意見を言い合い曲をつけて一同でうたう。

〈評価〉

「話合」　観察　「発表の態度」　「案内図の書き方」　作品　「案内聞の書き方」ノート、作品　「発表」　観察　「綴方文」　作品　「表現」　観察　「読みの速さ」

観察　「書き方」　ノート

〈資料〉（注　この項記入事項なし）

〈他教科行事との関連〉

メーデー　子供の日　憲法記念日　児童福祉週間　八十八夜　家庭訪問
「音楽」　鯉のぼり　茶つみ　「社会」　憲法　郵便局　虫歯予防デー

【資料20】　小河正介「小学校低学年に於ける文法学習」　阿武郡出張所刊『阿武教育年報（小学校の部）』（注　「昭和二五」とのみあり、発行月日未詳）

○　小学校低学年に於ける文法学習

文法教育は小学校の低学年から入らなければならない。しかしそれは口語文法をばらばらに取り出して国語教育の中にさしみのつま式にそえることではない。低学年では特にことばの学習活動を通じて自然に子供の語法的現象をとらえて、それをつらぬく法則的なものを子供の経験に基づいて整理してやることである。その点低学年教科書の言語教材等が余程注意深く編集してあることがうかがえるのである。従ってその取扱いも文法的部分だけを取り出して説明するというようなことは拙いのであって、子供の言語活動の中に現代国語をつらぬいている語法体系をはっきりつかませることである。言いかえれば「規則を教えるのでなくくて、練習の中で規則をつかませる」ことである。（中略）然し乍らこのように文法指導は形式的知識的なものであってはならないのであるが指導する先生は一応系統的な知識や体系的な背景というものを持っていなければならないことは勿論である。しからば低学年の文法指導として国語文法の科学的体系的なものが示されているか。この問題については遺憾ながら現在研究されたものは皆無といってよいのである。そこでわれわれは学習指導要領にはどう出ているか、文部省の能力表はどう示しているか、教科書ではどういうふうに提出されているか等を研究してみるのが一番よい方法であると思うのである。

【資料21】　同『年報』　「教科書（光村図書）にはどう提出されているか、その指導はどう考えたらよいか。」の一覧表の「要素」欄

○　言語の有用性　○　共通語と方言、発音、アクセント、語勢、語調　○　話し言葉と文字言葉との関係　○　敬譲語　○　語いの拡がり　○　品詞別の具体的理解　○　現代のかなづかい、句読点、表記法　○　文の構造　○

文体　○　活用　○　其の他

〈3年生における例の一部〉、次のようである。

「品詞別の具体的理解」の「要素」

○　音便　咲いた（イ音便）　問うた（ウ音便）　死んだ（撥音便）
勝った（促音便）

**【資料22】　同『年報』　「学習指導要領及能力表（文部省中間発表）にはどう示されているか。」の一覧表の「特殊目標」の欄の一つ**

○　話すこと

指導の目標　○　正しいことばづかい、正しい語法、その場にあった声の調子、話の内容による抑揚、話の進行による変化、その他それぞれの内容や場面にあった自然の態度で話す。

指導の要領　　○　語いをひろげ、幼児語、方言、訛語、野卑なことばなどに気づくようにする。○　児童の特殊用語、流行語を調査しその上に立って指導する。

**【資料23】　同『年報』　小河正介「国語カリキュラムの構成に当って教科書（資料）をどう見るか。」**

○　（前略）明年度阿武郡で採択使用する光村図書の新国語教科書をよく検討してみると次のような編集ぶりがしてあるのである。

一、単元編成に必要な各種各様の文章がのせられている。

二、各種の言語経験がいとなめるように示唆が与えられている。

三、必要な言語要素が系統的に含まれている。即ち文字、語彙、語法、というようなものが極めて科学的に研究されている。

四、一般指導目標を目がけて作製されている。

五、その他心身の発達段階に即して、読書するための条件をそなえている。

即ち、教科書それ自身が単元的に構成されて居り、各教材は作業単元展開への媒介の役をするようにできている。しかもその単元の一つ一つが互に緊密に連関しており、言語経験を豊かに与えられるようになっていて、そのままでも単元学習ができるように考えられているのである。然しそれ自身単元的に組織してはあるが、これがすぐそのまま単元学習になるわけではないのである。教科書は地域の児童の興味欲求に合い、子供達の話題になり得るものであり、しかもゆたかな言語経験を与え得るものであるための資料にすぎない。作業単元構成のための資料としてどこまでも題材を見なければならないのである。一般的に構成に当っては低学年は教科書を砕いて生活単元的な単元を多くとり、高学年になるにしたがって、教科書の題材単元に近い単元を多くとるのがよいのではなかろうか。／　阿武郡国語同人会で構成した国語カリキュラムはその立場をとったのである。

**【資料24】〈一覧表〉(1)**

| 学年 | 一　年 | 二　年 | 三　年 |
|---|---|---|---|
| 主題 | 児童の身辺生活 | 地域社会の生活 | 地域社会の生活 |
| 上 | 入学当初の学校生児童の行動 | 田園生活 | 生活の視野の広い面 |
| 中 | 戸外生活 | 海と山 | 動植物と人間関係 |
| 下 | 家庭生活 | 都市的生活 | 交通運輸と人間との関係 |

| 学年 | 四　年 | 五　年 | 六　年 |
|---|---|---|---|
| 主題 | 時局的意識の拡大 | 文明 | 文化 |
| 上 | 地域社会の現在と過去 | 自然と文明 | 現実的文化生活 |
| 中 | 諸資源の保護利用と人間生活 | 天然資源の開発 | 文化の発達 |
| 下 | 生産消費の基礎的理解 | 現代日本祖国再建 | 世界の平和 |

〈一覧表〉(2)

| 巻 | 一　年 | 二　年 | 三　年 | 四　年 |
|---|---|---|---|---|
| 上 | かざぐるま | 子うま | たんぽぽ | そよ風 |
| 中 | はらっぱ | ごむまり | まきば | なぎさ |
| 下 | 日あたり | 友だち | みどりの手旗 | 足あと |

| 巻 | 五　年 | 六　年 |
|---|---|---|
| 上 | 緑の国 | わか草 |
| 中 | 地球 | 新生 |
| 下 | 日本の朝 | 希望 |

【資料25】　文部省著『小学校　国語　指導資料　新しい学力観に立つ　国語科の学習指導の創造』　1993（平成5）年10月15日刊（加藤要約）

⑴　基礎的・基本的内容は、一定の知識や技能を中心に考えるのではなくて、意欲・思考力・判断力・表現力等の資質・能力の育成を図るに必要なものである。

⑵　それは、自己実現に役立つものとしての工夫を求める。

⑶　そのためには、個性の重視の考え方に立ち、その資質・能力を発揮できる場・時間を位置付ける。

⑷　さらには、学習者の側に立った共感的理解・支援に基づく評価を進める。

【資料26】　倉澤栄吉「国語学習指導計画とその実践」　奈良女高等師範学校附属高等学校・中学校教育研究会編『中学教育』第2巻第4号　1950(昭和25）年4月1日　東洋図書刊　『倉澤栄吉国語教育全集』Ⅰ　「国語単元学習の開拓」　1987（昭和62）年10月20日　角川書店刊　再録

○　⑷　カリキュラムを作るとは、単元表を壁にはることではない。担任生徒ひとりひとりに、よりに、よりゆうこうな国語学習の経験を用意してやることである。新しいカリキュラムを作ることにせっかちになるよりも、現在自分が行っている指導の全体を、体系的に見直すべきである。さて、国語科では、教科書がカリキュラムの重要な位置を占めている。自分の採用している教科書について、その体系を十分に研究し、足らざるを補い生徒の実情に応じて適切な取捨を加えていかなければならない。そのためには、教科書検討のよりどころとして、指導要領や参考文献をよむ必要がある。／　私がここで私的したいのは、ある教科書を採用しておりながら、「自分はまだカリキュラムを持たない」という人の矛盾である。例えば文部省の『中等国語』が、⑴　教材カリキュフムに立ち、各種の古今東西の作にふれさせようとしていること、⑵　日常生活のことばを重んじようとしていること、⑶　ヒューマニズム・明るさ・協力などをテーマとしていることなどを理解する。その特質を生かしつつ、生徒の実力に沿うように、地域の生徒に応じて、子文や高い文学はさらりと通るとか、第四分冊や文法を一・二・三冊に融かしていくとか、ワークブックを補うとかに努力すべきである。自分は、「学習の手引」さえ十分に検討し、有効に活用していないのではないか。

**【資料27】　同　「国語科における単元学習」** 東京教育大学附属小学校内初等教育研究会編『教育研究』第6巻第8号　1951（昭和26）年8月1日　同上　再録

○　ところで、「教科書中心の単元学習」などは、矛盾している考えだといわれるかもしれない。教科書中心なら教科書法であって、単元法ではないというかもしれない。そういう人は、すべての教育を新教育と旧教育に二分し、すべてを単元学習と単元学習にあらざるものとにはっきり分けてしまう理論家である。現場の実践においては、生活単元と非生活（教材）単元とはっきり敵味方に二分することはできない。私がいつもいうように、単元学習はすべての良心的な教師がやれるし、またやっている。単元法は程度の問題なのである。単元学習の程度によって、単元指導者か非単元指導者かを分けることは困難なのである。／　そこでもし強いて単元を性格によって分けるなら、生活単元と教材単元と二分して新旧を代表させずに、次のようにその特質の上から三分して、れぞれは対立するのでなく、相助け補うべきで、それが日本の国語科のアメリカとちがう点であることを改めて確認したいのである。／　(イ)　日常生活にもとづく単元　(ロ)　他教科に関連する単元　(ハ)　国語の練習を主とする単元／　このようにわけるにしても、これに単元的方法がとられなければ、単元学習とはならない。／しかし、(ハ)のような、いわゆるドリル学習でも、生徒児童と学習意欲を起こすことができれば、継続的、または断続的な「練習単元学習」となるのである。国語科において、このように単元学習を広く解してきたのが、日本で生まれ育った考え方なのである。この三分法にもとづいて、教科書の各課を特色づけて展開し、時には、かくこと中心の単元指導なども図るようにしていくと、学力低下などはありえないのである。

**【資料28】　野地潤家著『国語科授業論』　「三　国語科教育の目標と内容」** 1976（昭和51）年6月1日　共文社刊

○　これまでも、国語科教育の目標は、さまざまな位相（水準）において設定されてきた。すなわち、学校別国語科ごとに、学年ごとに、科目ごとに、領域ごとに、あるいは単元ごとに、教材ごとに、あるいは時間ごとに、練習学習ごとに、設けられてきた。つまり、国語科の目標は、国語科教育（学習指導）の始終を通じて、各次元・各段階ごとに必要に応じて設けられてきたといってよい。目標こそは、学習・指導の内容・方法の源泉であり、根源であるからである。／　しかし、国語科の目標の設定とその真の認識とは、別のことであって、それらを混同してはならない。従来、国語科の目標がともすれば、かたちの上の羅列もしくは列挙に終わりがちであったことは否めない。並べられるもの、飾られるものとして、目標（あるいは目標らしきもの）が存在して、実質的には国語科教育の実践に深く密にかかわるところがなかったとすれば、目標はまったく等閑視され、黙殺され、無用視されていたことになる。実践者の当面の関心が国語科学習指導の計画・方法に注がれ、その根底にあり、そこから計画・方法が導き出されてくる目標そのものの検討・吟味をおこたり、その認識を甘くしてしまうということ、つまり、目標不在の国語科教育にならぬこと――国語科目標論の深刻な課題である。

## 第４節　手嶋倫典氏の「表現学習」指導

**【資料１】　平田與一郎「『学習指導要領国語科編』批判」**　『コトバ』1949（昭和24）年１月刊　所収

○　以上のような立場から、現段階においては、指導要領において単元構成の原理方法、手順というようなものを示して、教師が自由に構成できるようなしくみにするのがよいのではないかと思われる。総論においてこのような一般的説明をなしておいて、次に各段階についての学習指導の問題をとりあつかう場合に、学年ごとに予想される単元のいくつかを提示するというのが望ましい。その場合源泉単元の具体例を示すことはさらに適切であろう。具体例はそれをもって唯一の模範とするという危険をまねきやすいので、いろいろの場合を考える必要があろう。とくに教科書との関係をとくに（ママ）考慮して。ときには教科書と無関係なものがあってもよかろうし、また教科書教材を単元内にとりいれるという方法もありうるであろう。また、教材の一課を一単元とする扱い方――これは古い教材単元的思考にまた課業的方法に逆行しやすい危険がせあるが――これもあってよいと思う。

**【資料２】　手嶋倫典著『表現学習の進め方　国語教育研究』の「序文」**　山口師範学校男子部附属小学校主事橋本重治筆　1949（昭和24）年４月１日刊

○　国語教育は、道具としての国語を自由に使えるようにする役割をもつと共に、民主社会の一員として正しい生活を生活させ、正しい行動を行動させる為の一つの機会ともならねばならない。生徒の語る国語と、生徒の生活や実践とか、密接不離に相関しているとゆう（ママ）前提に基づいて、根のない口先だけの空語を使わないように、必ず生徒の生活や行動を言語に表現させるとゆうことと、読本などで生徒が学び読む言語や文章は之が又空文に終らないで、必ず生徒の生活や行動に表現され、そこで実践されるという風に、言語と生活とが互に転換され合わねばならない。

【資料３】　同　「自序」

○　（前略）　児童たち、又は児童は自分たちや自分にとってやりがいのある目標を発見すると、ことばの読み方や、使い方を進んで学び、且つ練習しようとするものであることを、私はこの年になってはじめて理会したのであります。／　やりがいのある目標とは何か――それはどうしてつかませるのか――その場合教材はどのような価値と効用とを持つものか――言語活動の練習はいかに生き生きとしてくるか――そうした具体的な姿と実態とを、私はこの小さな記録の中で懸命に語ろうと思います。／　結局一つのこと、即ち／　『何等かのかたちを創り出すために、言いかえると表現を中核とするようなことばの学習は、言語練習を児童のものとするすくにくとも有力な一方法である。』ということを九つの角度から説明するのが私の小著のねらいなのであります。／　表現せずにはおられない。創り出す冒険をしたくてたまらない。読むことでも、つづることでも聞くことでも、その為の苦労なら進んで求めていきたい。これが児童の本心なのだ――私は今このように信じています。その為に書いてもいくのです。どこから読まれてもかまいません。私の現在持っている理論はどの章にもにじみでていると思いますから。ただ気にかかりますことは、この九つの記録がいわゆる国語教育の全部を語っては決していないということをふと読者の方が忘れられるであろうということであります。国語教育のほんの一部を語るに過ぎないのであります。／　私自身いまある重要な岐路に立っていることを反省しています。／　例えば一斉読はいいものでしょうか。（ママ）とよく聞かれます。がこの一斉読の持つ意味と功罪とを、明瞭に示すことのできる科学的な資料の一つも私は持ち合わせていないのであります。／（これからは――）（ママ）と思います。そしてささやかではありますがこの小著をふみ石として、多くの優れた研究家の方々に遅れないように、新しい勇気を持って立ちあがりたいと思います。（後略）

【資料４】　同　「第三章」の見出し

○　児童の切実な言語経験を組み立てることが教材を有効に学ばせることになるという場合があります。／　これは単元「手紙」についての例です。

【資料5】　同　「第三章　国語の生活単元と表現学習 (一)」

○　それにしても、あまりにもことばを話し、ことばを読み、ことばをつづる必要を持つ生活が貧弱であるがために、教科書という怖いものを持たせて、なだめたりすかしたりして読ませたり話しをさせたりしているのが実情のような気がする。児童が教科書を厄介視していることや、作文などにいや気がさしてしまっていることなどは、生活すること問題を解決することに主きを置かないで、いまだに教科書のつめこみ主義が横行しているからではあるまいか。

【資料6】　同上

○　ある作業課程（目的又は結果を果すために営む児童の経験の系列）(ママ) のはじめ、途中、週末などにおいて、読んだり話したりつづったり聞いたりする言語経験の構成や拡充に興味や必要もち、そこに言語単元を派生して国語科の目標を果す諸活動が起った時の指導場面――第一過程――

【資料7】　同上

(1)　どたんばに来た時にどのような学習組織や指導原理が考えられるであろうか。

(2)　読書というような間接経験によって問題を解決させるのはまずいが、必要に応じてものを読みあてる力は、学校教育の諸目標から脱落はしない。

(3)　中心的な大単元の中で、児童が必要と興味を見出し、言語技能の獲得に意味ある経験を積んでいく全体的教科課程の立場はとる。

(4)　同時に、言語機能の発達や言語の社会性の上からの専門的操作が求められる。(以上、加藤要約。)

【資料8】　同上

○　児童の言語能力の生長や結集した興味又は必要によって、あるいは、教師の特に意図する目標などにしたがって中心単元（たとえば社会科など）(ママ) とは別途に、治療的単元や言語生活単元を設定して国語科の目標を果す児童の言語活動がおこった時の指導場面――第二過程

【資料９】　同上

(1)　使わせていくことばが児童にとってはたいへんこじつけであってはならない。彼等の世界で当然考えられることばの学習の機会でなければならない。表現することにも子供らしさが許される場でなければならない。

(2)　ことばの学習が面白いものでなければならない。読んだり書いたりする活動に生気を持ってかかるだけの楽しい問題が児童に持たれていることが大切である。

(3)　ことばの指導においては個人差の適応を考慮しなければならない。

【資料10】　同上（各見出しのみ加藤が抜粋）

(1)　とき（潮時）（ママ）をつかむ。

(2)　単元「手紙の書き方」は児童の要求に添うかを考慮する。

(3)　基礎調査・予備調査がなされる。

(4)　環境の整備も重要な手段である。

(5)　単元の計画に入る。

(a)　何のために手紙を書くのか。

(b)　どんな内容を持ったものであるべきか。

(c)　目的のためにどんな勉強が要るのか。

(d)　展開していく言語活動の順序と教材とがリストされて日課表に組み入れられ、自学的な学習場面・班学習や協同学習の場面・一斉学習の場面と指導の形式が、計画される。

(6)　単元の中核としての言語活動が他のいかなる言語活動によって支えられるかの検討と共に評価の具体的着眼点とその方法とが準備される。

【資料11】　同上

(1)　興味をもって創作活動をしたか。それともとおり一ぺん（ママ）の態度でのぞんだか。まったく嫌いで苦痛を感じたか。

(2)　書くまたはつづる力を十分に役立てようと努力したか、研究したか。積極性こそ足らないが、相当な表現はものにしているか。

**【資料12】　同上**

⑴　手紙を書く時に自分の気持ちを現す（ママ）ための用語は、どのように使いこなされていたか。

⑵　手紙を書くうえについての表記の約束はどの程度に理解できていたか、また守られていたたか。

**【資料13】　同上**

⑴　はっきりわかるように気持を書いていくためのことばず（ママ）かいに馴れる。

⑵　「、」「。」をはっきりしてまちがいのないように。

⑶　「態度」「基本的能力」「用語」「表記の約束」の四つを作文能力を評価するときの尺度として考えてみ、前の二者を一般的なもの、後の二者をこの単元独自なものとしてそれぞれ具体的に評価の計画をたてるべきであると説いたが、自分の考えではせいぜい四つくらいが山で十も二十も評価すると、かえってあぶ蜂とらずに終るような気がしているのである。

**【資料14】　同上**

⑴　福井地震で、慰問発送の相談が行なわれていた。

⑵　新聞の写真や記事が教室にはられ、児童の関心を呼んでいた。

⑶　三年生の教科書に、「心と心」という手紙文教材があった。

⑷　「私の旅」という手紙自身の擬人文もあった。

**【資料15】　同上**

⑴　予備テスト――質問紙法――（個人学習）（ママ）

⑵　手紙についての経験談の発表――話し方（全級学習）

⑶　「私の旅」を読む―┐
⑷　「心と心」を読む――┴―大体下記（ママ）の順による。

イ　読めるようにするために手引をつくる。（全級学習）――補導

ロ　読めるように努力してみる。（個人学習）――自学

ハ　協力しい（ママ）読みぶりをたしかめる。（班学習）――自学（全級学習）――補導

ニ　読み（音読）テスト
ホ　感想発表文の概括（全級学習）――発表
ヘ　研究問題（読解のめあて）を決定する（全級学習）――問答
ト　めあての解決をまとめる――自学
チ　結論を出す（全級学習）――討議
リ　語句と文字の練習をする（全級学習）――補導
ヌ　練習問題――自学

⑸　手紙を書く目的、内容を中心とし話を先生からきく――きき方――（全級学習）
⑹　手紙の下書きを書く――作文――（個人学習）
⑺　協同研究をする――読み方、話し方、きき方――（班別学習）（全級学習）
⑻　原稿に漢字をいれる――作文――（個人学習）
⑼　清書す――作文――（個人学習）
⑽　一人一通の割当てで機械的に交換し読んだ感想を発表する　――話し方――（全級学習）
⑾　封筒を作る――（全級学習）（個人学習）
⑿　発表係をきめて発表す　――（全級学習）

**【資料16】　同　「第七章」の表題と反省**

○　題材の学習から児童は表現の世界をいかに学ぶか。四年組みあわせを例にとって一般的原則を考えてみました。

⑴　教師になって何よりも苦しいことは、才能のある者が押さえられ、才能の足らない者が虐待されている結果を自分の指導法に発見した場合だと思います。

⑵　一人一人が全我活動をしている。ただそれだけではないのです。そこに適当なグループが構成されて助言、討議、援助、協力、親和など社会的生活様式が実践される場が欲しいのです。この場面が国語の学習指導では得難いという不満を持たれたことではないでしょうか。

**【資料17】　同　「理科的な経験を指導する場合」の構想**

⑴　問題や課題を自分の要求として持ち
⑵　計画を立て見通しを持ち
⑶　自力で
⑷　協力して解決体系を創り
⑸　修正し反省して
⑹　自分達の願う結末に達して
⑺　経験を再構成する。

**【資料18】　同　単元「日記のつけ方」の「学習活動」**

⑴　今頃どんなにして日記をつけているか話合う。
⑵　根気よく日記をつけるための工夫をする。
⑶　友達の書いた日記を読んでみる。
⑷　教科書の日記文を研究して記事の着眼や考え方まとめ方を学んでいく。
⑸　学級日記の文字文法等を訂正する。
⑹　特色ある日記の発表会を開く。
⑺　日記をつけてためになった体験談をきく。

**【資料19】　同　言語観と指導の「原則」**

○　言葉は表現コースと理解コースとにかかわらず内容の伝達を又受容を目的とするものであります。だから学習経験の手段として登場する時本来の機能を発揮します。国語を生活カリキュラムとともに指導していくことは、絶対の原則であります。

**【資料20】　同　指導法と「場面」**

⑴　一人一人が自分のことにして力一ぱい読んだり作ったりする場面
⑵　みんなが協力して言語行為をねりあげていく場面
⑶　しかも国語の力がかくじつに身についていく指導方法

**【資料21】　同　教材の「価値」**

⑴　児童は何を求めていたのか、その求めていたものをいかにこれから求め

ることができたか。

(2)　児童の中に潜んでいた言語行為の欲求と能力とをいかに善導し純化し新たなる生命体の活力構成にどんな効果を及ぼしたか。

**【資料22】　同　題材「組みあわせ」の取り扱い方**

(1)　四年生だから、いきなり文に直面させるよりも、読めない文字を抜き出して調べたりする自習の時間が、まず必要である。

(2)　この時間は、教師のいちばん忙しい時間であり、各人がどの程度に音読や黙読ができるかを診断、激励する。

(3)　文の概観を話し合い、面白いところ、わかったことなどを発表させては、文意のさぐりを入れてみる。

(4)　読みぶりをたかめていく班学習や全級学習を進めていく。

**【資料23】　同　「読解過程」**

○　「わかる」ということは、「わからぬ」ことが明瞭になることである。

(1)　紙は「かみ」だとわかった。

(2)　黄色というのはあんな色だ、とわかった。

(3)　二色の組み合わせは、変えると明るさに変化のあることを言っていることがわかった。

(4)　三色、五色とすれば、更にちがうだろうこともわかった。

(5)　この( )は、色の感じを言わなかった――なるほどそうかもしれない　　わかった。

(6)　しかし、果たしてそうだろうか。やってみてやろうか。

(7)　形の組み合わせだってあるだろう――そこはまだはっきりわからない。――

**【資料24】　同　「創造活動の展開」**

○　「先生オルガンをひいてみましょう」

「ことばの組みあわせはたしかにこの通りです」

と、まずこの文の通りやってみることが、いちばんわかることの近道です。一つの音だけでも、その音にはある感じがこもっているものです。

この音とほかの音をいっしょにひいてみると……　（ママ）／　以下、実演してみることが更に感銘を深めるでしょう。そして身近な一つのことに思索の眼を向けていって、いろいろ考えてみ、感じてみることのすばらしさを体験しようとするでしょう。
「ある感じがこもっているものです」
「まえとはちがった感じがします」
「さらにちがった気持ちがします」
「とけあった美しいひびきとなってきこえるにちがいありません」
と、段々層をもつ表現法は、具体的な直感と併合してはじめて理解でき、読むということがこれで空念仏の域を脱するのであります。

**【資料25】　同　「グループ活動における研究問題」**

(1)　ポスターの色はどのように組み合わされているか。
(2)　詩のことばはどのような感じを私たちにあたえるか。
(3)　私の持っている美しい箱の研究。
(4)　輪唱はどう組み合わせるとおもしろいか。
(5)　模様はどんな形の組み合わせからできているか。
(6)　その他

**【資料26】　同　「学力」観**

○　しっかり実力をつけたいと考えます。正しく而も考えて、鑑賞が、批判が、できるまでに読むことのできる児童にしたい。はっきり意見や感想が述べられるだけでなく、その場に生気を吹きこみ、人を動かしていく道理が話せる児童にしたい。単に文字が正しく美しいだけでなく、生活の見方感じ方が鋭く、表現技術が身についた児童にしたい。と欲は持つものの、余りにも　消極的なみすぼらしい児童に思えることはないでしょうか。

**【資料27】　同　「第八章　長文と表現学習」の見出しと葛藤**

○　長文の学ばせ方読ませ方を、理解の学習と表現の学習とにわけて考えてみました。／児童が、自分達で長文をこなしていく道についてのこれは一つの進め方と思います。

⑴　いったい読む即ち理解するということがつい簡単な操作や手順でできることなのか。読みとったことが表現にまでそだたないでそれを理解した、読んだと言えるのか。

⑵　同一題材を全児童にもってくるというやり方は、その精神を結局「練習場面の設定」というところに落着けなくては落着けどころがないではないか。素通り一ぺんの読み方指導（通読指導）でその目的を果し得るようなものは練習場面としては余りに構想が貧弱であって、それでは読書指導もしていない教師の罪をばくろ（ママ）することになりはしないか。

⑶　理解と表現とは別なものではない。言語活動の能力は読むとか話すとか作るとかということ単独ではそだ（ママ）っていかない。それらが全一的経験として児童の中に構成せられたときはじめてほんとうのちから（ママ）となるのではないか。

⑷　児童の欲求にそうこと、個性を生かしていくことを考えると、表現学習はどうしてもある教材の取扱いに入ってくるのではないか。

**【資料28】　同　「国語学習指導案」**

◎　題材　ものがたり　「うさぎさん」　三年　下

◎　児童と題材

一、児童をみつめて

社会科では「動物と人間生活の関係を理解する」単元の計画が進んでいて、

⑴　生きものの冬の暮し方を調べる。

⑵　兎を飼う計画をたてよう。

⑶　厚紙で動物園を作ろう。

⑷　働く動物の絵を書こう。

⑸　農事試験場を見学しよう。

⑹　動物についての本を読もう。

⑺　兎取りの話を聞こう。

二、教材の価値をみつめて（加藤要約）

⑴　文の組み立ての初歩を指導するには、もってこいである。

⑵　習慣や態度の助長を妨げる文字も語句もない。

(3)　典型的な構成が、息もつかせない場面でつゞられている。

(4)　五節を分担してラジオの「連続物語」風に演出すると、有効な「表現活動」となる。

(5)　紙芝居に脚色するのも、面白い。

(6)　文の筋をつかみ、内容を精査し、文字や語句の使い方に馴れるに止まらない積極的な「表現活動」が期待される。

**【資料29】　同　「学習の形態と組織とを決定していく」児童の感想**

○　「ひとのよい兎さんですね」

「たぬきさんはずいぶんずるいね」

「鹿さんは乱暴だ」

○　「負けることがわかっていながらどうして兎さんは鹿さんとスタートに並んだのでしょうか」

**【資料30】　同　「目標（期待される学習の効果）**(ママ)**」**

(1)　11の新出文字や既習文字がよく読めたり書けたりするようになる。

(2)　長文の読解に馴れる。

(3)　低音読と黙読の良い習慣がつく。

(4)　副詞的修飾語が使えるようになる。

(5)　文の組み立てについて学ぶ。

(6)　進んで他の物語を読もうとする態度が成長してくる。

(7)　感想発表のし方が上達する。

(8)　文の要約を学ぶ。

(9)　表現学習をとおして個性的な表現方法を体得し､創造力が育っていく。

(10)　場面を具体的に再現する能力が高まっていく。

**【資料31】　同　「評価」の「方法」**

(1)　観察　(2)　客観テスト　(3)　読書カード　(4)　制作品の提出・演出・検閲

**【資料32】　同　「指導計画」〈　〉はだいたいの**（ママ）**時間配当**

第一次　主として通読の指導

(1)　手引きの作成〈1〉　全学習　(2)　読みと診断〈1〉　自習　(3)　協力読み〈1〉　班別全級　(4)　主になれない（ママ）語句になれる学習〈1〉　全級学習　(5)　大意をまとめる指導〈1〉　全級学習　(6)　思ったことの発表・会話・全級発表

第二次　主として精読の段階

(1)　第一次問題学習　自習及全級学習〈2〉　(2)　第二次問題学習　班別学習〈1〉　(3)　第三次問題学習　全級学習〈2〉　(4)　長文要約の指導〈1〉　全級学習

第三次　表現学習の段階

(1)　着想、計画〈1〉　(2)　分担、実現〈1〉　(3)　反省、評価〈1〉

第四次　綜合評価の段階

**【資料33】　同　「指導上の留意点」**（加藤要約）

（その一）

(1)　声や姿勢に注意を与えつゝ静かにあちこち聞いてまわる。「よめない文字があったら板書してごらん。」と板書する。

(2)　「いっかいよんだ人は、まだよめない人のところにいっていっしょによんであげませんか。」と、黙って板書する。

(3)　読み一式の四十分——板書に注目させる。書かれた漢字を読んでみる。木の字形と較べてみる。使い方を自由に発表してみる。「ノート に書いておこう。」

(4)　全文の概観を補足的に問答していって、終わる。

（その二）　組を二つに分けてV字型に並び、読みぶりの高め方を相談する。

(1)　動物の言った言葉を先ず分担する。次に地の文を分担する分担読みの計画。

(2)　○から○までを読んで次に渡し、どんどん人の移っていくリレー読みの方法。

(3)　とくに難しい箇所を教師が範読し、何人もがそこを読んでみる範読模唱法。

（その三）　思ったことの発表時間。児童の個々を知る診断時間。

(1) 面白かったこと (2) いやであったこと (3) にくかったこと (4) おかしかったことなど

（その四）

(1) 「それはおもしろい。」とどうして言えるのか。

(2) 「はじきだす」とはどんなにするのか。

(3) 「あなをつづけよう。」と言ったのは穴の中でか外でか。

(4) 「ころがりこんだ」と言うのは下に穴でもあったのか。

(5) たぬきがま顔になったわけは。

(6) たぬきは穴を占領したがその晩ねたかどうか。

(7) 種々雑多、光る問題もあるが愚問もある。それでいい。教師は落着いてかけり廻る。問題のヒントを与える。面白く答えてやる。

（その五）　班学習　こゝでは自分達が全級学習に出す中心問題決定の話し合いがかっぱつに（ママ）行われる。第四節ではどのような問題があるか。

〈Ｂ班の話し合いぶりの速記〉

「まるく並んで話をしたのはなぜでしょうか。」

「そうだんするためです。」

「かけっこはどうして兎さんたちのおとくいなのですか。」

「足が長くて丈夫だからです。」

「鹿さんは、よういどんと何故元気のいい声をだしたのでしょう。」

「きこえないからです。」

「そうではありません。自分で勝つことがわかっていたからです。」

「兎さんは負けるのがわかっていたのにどうしてやめなかったのですか。」

「………。」

「こんな（ママ）書いておきましょう。」

「鹿さんが着くまで兎さんはなぜまたなかったのですか。」

（その六）　この物語はどうしてみることが面白いのかについて、討議する。次の三つに絞られた。

(1)　こんど誕生会もあるし学芸会もあるし、「うさぎさん」を劇にしたらどうか。

(2)　りっぱな紙芝居を作るとどうか。この文はそれができるようになっている。

(3)　マラソンを計画しよう。鹿さんのようにかけなどしないで仲良くマラソン大会を開こう。

なお、「みつばちさんがやさしく言葉をかけてから兎さん達はどうしたか、この物語の続きを創作しよう。」もあったが、次の問題学習や要約指導ででもできると判断した。また、(3)は、体育の時間に取り組むことにした。

○　長文の読解力をつけ、長文によって学ぶ言語の理解力と表現力とをいかなる角度からいかなる方法でいかに具体的に児童の身につけていくか。この教材の学習に入ってこの辺があらためて指導計画を充実するためのポイントとなるところであろう。目標をふりかえり、強力な自発の原動に励む児童をみつめて、的確な「より深い理解」のために「ことばの生きた力」を学ぶために、ぐっと締めつけて考えなければならない。

（その七）　会話的討議の中で、充分文意を把えた。（具体例、加藤略。）

（その八）　要約の指導。紙芝居や劇に表現学習を伸ばしていく手前に「長文要約の要領」を学ばせる。「懸賞募集」の方法を取る。百字詰の原稿用紙いっぱいにこの文のあら筋をまとめる作文。

(1)　漢字は使ってよろしい。(2)　。や、は一字として計算する。(3)　百の四角をたくさん空ける程まずいものとする。ちょうどになったのが一番よい。(4)　選はグループでより、更に全体にかけるが、六等まで入選とする。(5)　賞は学習部で考える。

**【資料34】　同　「要約例」**

(1)　兎たちははじめりすとたぬきに自分たちのものをわけたりゆずったりしました。心のやさしい兎たちはしかにもかちとらにもたべられずにたすかりました。やっぱり兎たちには、野原が一ばんたのしいあそびばであったのです。

(2)　うさぎさんはどんなことがあっても五ひきがいっしょなのでいつもけが

などせず助かってきました。たいへんやさしいなかのよいうさぎさんたちを神さまもたすけてくださったのでしょう。やさしいどうぶつのはなしです。

⑶　うさぎさんたち五ひきはとてもしんせつで、人にすかれるともだちおもいのうさぎさんなのですから、しかさんに負けると思っても「やろう」という気持ちをもつのでしょう。そのがまん強いところがたいへんすきでした。

**【資料35】　同　「評価」**

○　組を二つのグループに分けて各グループが自分達のグループの名前を全部書いて一々読ませて採点させたのである。Ａグループの一員が読む時はＢグループの二十三名が採点する。Ｂグループの一員が読む時はＡグループの二十三名が採点する。最後に計算して教師の処にに出させたがずい分面白くいく。聞く力を教師はそばで採点すればよい。

（その九）　紙芝居班は自分達の計画を進めていく。

〈目標〉　一枚の分担した絵（場面）を、教師や教科書にすがらず、いかに説明していくかという作文能力である。本の文を裏に書かせてはいけない。(加藤要約)

（その十）　(著者略)

**【資料36】　同　「第九章　不断の指導と表現学習（日記）」**

⑴　これは理科や社会科などの学習でうんと指導されていいと思っていますが、自分の日記帳を持ち、一年間かかさぬように努めて書いていく態度・習慣・能力というようなものは教育的にみてやはり価値のあるものではないかと思うのです。

⑵　どの単元にも共通することでしょうが、その単元が、社会の要求からみて、どんな意味を持つものであるかを、細かに分析しておくことは大切ですね。

①　漢字を覚えていない。(圧倒的に多い。)（ママ）　②　字の書き方があらまし（ママ）だ。③文のまとまりが充分でない。④　書くことがつまらない。⑤　みじかすぎる。⑥　見方・考え方が浅い。

⑶　毎日昼休みの時間や朝会前に読んでは、気ず（ママ）きを話したり書いたりしてきたわけです。その際、いずれまとまった指導の機会にと思ってためた資料が、単元の計画に役立ったわけです。

**【資料37】　同　「日記」の実態の調査項目**（加藤要約）

「ある一日の日記を、全児童に書かせて、それを念入りに調査」し、

①　総字数と漢字数との割合い　②　語の重複の回数　③　脱字、誤字の数　④　句読点の正確の度合い　⑤　助詞の使い方の共通欠点　⑥　思想・記事のまとまり「など調べておいて、単元終了後のある一日の日記と比較」することによって、「単元の持つ具体的な効果」を捉えることができる。

**【資料38】　同　「一つは日記を読んで、一つは児童に尋ねてだいたい次のことがわかった」**

①　漢字を使おうとつとめる児童は六七名で大部分はなんとも思わない。

②　平仮名は正しく書けるが、その形は充分とは言えない。

③　句読点の間違いは少なく、うつ者はだいたいただしく、うたぬ者は全然うたない。

④　毎日はんこでも押したような日記も相当あるが、要所々々をとらえてまとまったものも五割くらいはある。

⑤　日記を書いていない者は四人。

⑥　親から叱られなくてはつけない者は九人、進んでつける者十人、残りは時々注意を受ける。

⑦　つける時刻は、夕食後と寝る前が大部で家庭はそれを希望している。

⑧　すぐに書き始める者と、ちょっと考えて書き始める者とは相半ばしている。

⑨　思ったことの文よりも、したこと遊んだことそのままの記録に大部の興味があること。

⑩　日記を書くと、漢字をおぼえるのに都合がいいと思っている児童が二十八名に達している。

⑪　読んでみたい日記は、外国の子どもの日記が一位、友達の日記が二

位、上の学年の日記が三位、先生の日記が四位、国語の本の日記が五位となっている。

⑫　修飾語がだんだんうまく使えるようになっている。

【資料39】　同　「単元の可能性・有効性」

①　その日のできごとや、行動をふりかえって反省していく態度と習慣を養うこと。その際ひとつのマンネリズムにおちいらないよう、取材の態度をひろげ、自分を深く広くみつめ、且つ確立していく、人間と共に育つ日記を創る気持を育てること。

②　人が日記を書いていく意味を、自分の問題として、できるだけ理解させること。

③　ありのままを、ありのままの言葉で書いていくことに馴れさせること。

④　漢字を意識して使う態度を育てること。

⑤　一日の生活を、きまり正しいものにしていく良い習慣を、動機ず（ママ）けるようにすること。

⑥　句読点の使い方を練習して身につけること。

⑦　書く前に考える、即ち構想の能力の基礎に培うこと。

⑧　それから調や、そして調をなおし、語の重なりに注意する、読み直すちからを養うこと。

【資料40】　同　「誘導と計画」

①　家庭との連絡や、この単元の予備調査などで、児童の日記に対する関心はだんだん深まってくること。

②　集っ（ママ）た日記の展覧をして、感想など話合わせていくこと。

③　いわゆるよい日記、わるい日記と教師が考えるものを、一週間くらい前から読んで聞かせ、日記の書き方を学ぼうとする意欲を起こしていくこと。

④　できれば、いろいろの絵本・雑誌などそろえること。

⑤　上級生の日記なども見せること。

【資料41】　同　「学習活動の展開」と「児童の目標」

①　友達の日記から何を教えられたか。

②　上級生の日記は私達のにくらべて、どこがすぐれているか。

③　よその土地の人人（ママ）は、どのような日記を書いているか。

④　私達の日記は上級生や先生から、どのような注意をうけているか。

⑤　学級日誌はどのような形式がよいのか。

【資料42】　同　問題点

○　あるグループが、一つの日記から、いろいろ学ぶべきことを書きとってまとめている。それがまことに急所をついていた時は、きっとそれは全級の前にとり出されるでありましょう。自然に展開していくということになるのでしょうが……（ママ）。

○　私達は、やはりほんとの練習というものを、もっと動的な構造の中にみつけていく、（ママ）そして其処を確実につかんでいくことが、必要ではないでしょうか。

○　私が評価しようとする重点は、一口に言って、作文の態度や能力が、この単元によって、どんなに進歩したかという実相をつきとめることだと思います。その一つの方法は、現に毎日読み続けている児童の日記を、これからも読んでいって、個々の児童が、どんな進歩の証拠を示すか根気よく探していくことだと思います。第二の方法は単元終了後のある日の全児童の日記、これを集めて、指導前のものと比較し、そこに幾つかの進歩のあとをみつけることだと思います。やり方によっては、この作業を児童にやらせることもできると思いますが、とにかくこれだけ進歩したのだという。（ママ）具体的統計なり資料なりを、はっきり見せることが極めて大切だと思います。

○　（進歩の証拠は、）次の７項目などで、尺度法などで、最後には綜（ママ）合採点をしていいくべきだと思います。

①　日記を書こうとする態度　②　観察や記録を正しい表現で順序よくまとめて書いていく綴る力　③　句読点・改行などの表記　④　記述量　⑤　取材の態度及び広さ　⑥　誤りの数　⑦　彙語（ママ）　⑧　文字（漢字の使用数）

【資料43】　同　結論

○　この頃いわれている綜（ママ）合教育をしていく場合、社会科などの中心単元があって、その学習活動の一環として、国語の学習が行われる場合があると思います。その際もそれを国語の単元学習と言っていいのでしょうか。

○　かりに、冬の暮し（ママ）というような単元の過程で、雪国の冬について知るために本を読み、その指導も教師から受ける。又雪国の学校に手紙を書く興味や必要から、手紙の書き方を学ぶ。　そんな場合のことだと思いますが、これは、広い目でみると、やはり国語の単元学習と言えると思います。しかし私は、これは、偏見かも知れませんが、そういう場合の国語の学習の全体を、幾つかの国語の単元が連鎖してできあがるいわば、大単元とでも申したいと思います。指導上のポイントは、むしろ、その「本を読む」「手紙を書く」という目的に関連しておこる言語生活の諸想（ママ）のまとまりにあるので、そのまとまりの急所々々をついていかないと、確実な国語力はついていかないと思います。

【資料44】　同　「第一章　社会科と表現学習」

○　国語教育というと、教科書の読解と形式的な練習を思いうかべていた昔と違って、このつくるという活動を児童の望むままにあたえることによって、うんと言語教育の効果をあげていこうとする今日では、考え方も相当にかえてかからなければなるまい。

# 第Ⅲ章　「個性尊重」の実際

## 第1節　「生野教育」の「学習誘導案」

**【資料1】　文部省著『小学校　国語　指導資料　新しい学力観に立つ　国語科の学習指導の創造』**　1993（平成5）年9月刊

一つには、国語科における基礎的・基本的な内容を新しい学力観しの関係においてとらえ直す必要があるということである。（中略）

二つには、上記のように基礎的・基本的な内容についての指導を充実し、子供一人一人が自己実現に役立つようなものとして身に付けるようにすることである。（中略）

三つには、子供の自ら学ぶ意欲や思考力、判断力、表現力などの資質や能力を育成するためには、子供一人一人のよさや可能性を生かすことが重要であり、それは、子供一人一人の個性を尊重する教育そのものであるという考え方に立つ必要がある。（中略）

四つには、子供非違り一人が基礎的・基本的な内容を生きて働く国語の力として身に付けるためには、子供たちが自分の言葉で考えたり、想像したり、表現したりすることを、子供の側に立って共感的に理解し、支援するという考え方に立って評価を進める必要があるということである。

**【資料2】　浜本純逸著『国語科教育論』　第三章　国語科で育てる学力　三　学力の構造**　1996（平成8）年8月5日　溪水社刊

○　（前略）国語科で育てる固有の学力は、①言語事項の知識と活用力、②言語活動力、③言語文化を享受し、創造する力、である。／　①言語事項は発音・文字・語彙・文法・文章に関する知識とその運用力である。／　②言語活動力とは、聞く力・話す力・読む力・書く力である。／　③言語文化を享受し創造する力とは、あいさつなどの言語習慣、知恵の凝縮したことわざや故事成語、優れた表現である文学作品などを継承し発展させる力である。　3　全教科で育てる学力　／　全教科で育てる基本学力を、さらに①認識諸能力、②自己学習力、の二つに分けて考えたい。／　①認識諸能力とは、観察・感受・分類・比較・想像・選択・分析・総合・構造化などの、認識に至る探究の過程に働く能力である。認識のための方法的諸能力と捉えることもできよう。／　②自己学習力の内容についてはいろいろ考えられてきたが、私は、①学習意欲、②問題発見力、③学習構想力、④情報操作力、⑤自己評価力、の五つの要素に分けて捉えている。

**【資料3】　山口県下関市立生野小学校著『生野教育の建設』**　1952（昭和27）年2月16、17両日の研究大会で発表した以外は、未詳。

「和の生活」

⑴　和の対象　自己との和・他人との和・真理との和・物との和

⑵　和の姿　人間性凝視・人格尊重・真理追究・環境整備

⑶　基本法第一条の人間像との関連　自主精神に富む・個人の価値を尊び・真理と正義を愛し・勤労責任を重んじる

⑷　週行事展開の根基　自治・敬・愛・整美　反省・希望　実践（考）（ママ）

⑸　理念との関連　同行考・帰依考・随順考

**【資料4】　同　「本校教育原理展開の姿」**

◇　朝に希望…希望の会（朝の集い）（ママ）…希望の栞（教育課程）（ママ）

◇　夕に反省…日々の教育記録…反省の栞（日々の記録）（ママ）

**【資料5】　同　「郷土の声（世論調査）（ママ）」からの「課題」**

⑴　改善の着眼　1　生野校運動場の拡張　2　サイレンの取付　3　科学の振興　4　図書館　5　視聴覚教育　6　動植物園　7　校舎の完備　8　育友会教養部の活動　9　公民館の設置　10　幼稚園の完備

⑵　その理由　1　生徒数から考えて狭い、児童体位向上のため　2　打鐘では不徹底　3　児童の将来に於てその振興こそ再建日本に必要　4　読書により自己の伸張と独学の習慣を養う　5　教育の能率的効果　6　市内に現在その施設なし　7　不完全、不十分　8　教養部の活動にまつ点が多い　9　文芸方面にかたよらず、農工商方面に重点　10　生活困窮者こそ託児的

意味で利用させたい

(3)　どの様に改善したらよいか　1　運動場周囲の家に交渉、関係方面と接渉　2　経費の面を関係当局に折渉　3　科学室の設備を完備する　4　図書室の充実、図書室の利用、一般市民の向上　5　幻灯、映画、模型、標本、楽器、整備　6　児童のしたしみ得る憩いの場がほしい、市営で設備　7　市の予算による、市教育課の現地視察　8　教養部主催で父兄の教養向上の催しをする　9　工芸部、農園等の設備も併せ備える　10　生活困窮者より月謝をとらぬ、設備を拡充

**【資料6】　同　「子供の生活の場（環境実態調査）(ママ)」**

1　児童の本籍調査　2　児童家庭職業分布　3　家族数　4　父母の年齢　5　教育程度（父母）(ママ)　6　生活費　7　居住　8　引揚・戦災　9　家庭行事　10　娯楽衛生施設　11　新聞雑誌　12　宗教　13　家畜　14　近所の風紀　15　児童将来の希望職業　16　子供の生活　でよくなった点　17　どんな子供になってほしいか　18　家庭学習は誰が見てやるか　19　勉強部屋　20　参考書　21　食糧事情　22　金銭　23　衣服の好嫌　24　遊びの場所・「テスト二つ」(「大伴知能テスト」・「田中B式知能検査統計」)(ママ)・「学習え（ママ）の関心」

**【資料7】　同　「国語科」に関する調査**

(1)　山口県国語標準テスト成績比較表（加藤注。1　読字　2　書字　3　語意　4　語句使用　5　文章理解――からなる。）

〈結論〉全国都市に比較して、①　普通　②　五年が読字と書字に稍々優れる。③　五、六年の差よりも四、五年の差が大　④　全県との比較に於て読字書字は優れている　⑤　語意語句使用文章理解の力が不足である　⑥　内容探究に一層力を注ぐ

(2)　本校児童の教科に対する傾向（好きな教科）

〈国語〉については、「二年　八九・四、三年　七〇・三、四年五四・八、五年・五八・六、六年　六八・二」とその百分率が示されていて、その理由の欄には、「漢字をかくこと、読むこと、理解できるから、作文がある」と、また、逆に、「きらいな理由」としては、「漢字がむづかしい、よくよめない

から、内容がよくつかめない、かくことが多い」

【資料8】　同　「学習の方法についての児童の関心」の調査と「結論」

①　先生の説明をきく学習　②　自分達の班で相談する　③　先生の説明をノートに書く　④　参考書や実際に調査にゆく　⑤みんなで討論する　⑥先生に質問する

〈結論〉(1)　指導に於ては導入と等しく終末に於て児童の関心を失しないよう注意する　(2)　教科については好きな理由、きらいな理由を夫々充分取上げて指導の要　(3)　学習形態に於て　は自学の態度をつけると共に教師の補説補導を絶えず行う要

【資料9】　同　金田単次報告「本校教育課程について」

(1)　教育課程研究の経過　昭和二十二年度　昭和二十三年度　昭和二十四年度　昭和二十五年度

(2)　教育課程の構成　1　実態のしらべ　2　日常生活課程　3　各教科生活単元　4　関連して行はれる課程　5　分科の課程　6　学習の目標　7　計画と反省、実践記録

(3)　品性教育と教育課程

(4)　研究の方途

【資料10】　同　「関連されて出来た単元名一覧」

［第三学期］三月（加藤注。一部二月から引き続き。）

○　行事行動——ひなまつり　彼岸入り　終了式　遠足　春分　終業式

〈一年〉おひなまつり（国・社・図・音）（ママ）

春をむかえに（算・理・体）計四一時間中四一時間

〈二年〉春が来た（国・社・理・音）五八時間中一九時間

〈三年〉三年生のまとめ（社・理・音）六八時間中三〇時間

〈四年〉四年生の反省（社・理・図）七二時間中一三時間

〈五年〉卒業生を送る（国・社・音・図・家）五八時間中二一時間

〈六年〉六ケ年の反省（社・音・家）六〇時間中〇時間

**【資料11】　同　「国語」の「目標」**

《第二学期》（加藤注。《第一学期》の一覧は、ない。）

〈一年〉○　一家団らんの喜びや楽しさ味わい豊かな心情を培う

○　われわれは社会生活の中で個人の幸福な生活を享受し得ることを子供なりに理解させる

○　気候や土地や其他いろいろな条件によって習慣や生活態度のちがうことに気付かせ、よりよい生活の建設にめざす

〈二年〉○　ことばへの関心を高めことばを集める

○　ことばのもつおもしろさ

○　物語の中にひそむ人情の美しさ

○　なるべく長い文を読むことをよろこぶ

○　ことばづかいに関心をもつ

○　文字による表現の必要と価値

○　自然的な生活対象の中に詩情のひそんでいることを見出しこれを自然に叙す

○　話の要点を要約してかきとる

○　文字表現力の養成

○　書いたものが役に立つよろこび

〈三年〉○　よみぶりを練習し誰が言っていることばであるかを理解

○　愛情協同の精神をよみとらせる

○　表現能力をのばす

〈四年〉　（加藤注。該当記述なし。）　〈五年〉　（加藤注。同左。）

〈六年〉○　読書により未知の世界や経験を得ようとする態度

○　書物の選択態度がはっきりしてくる

○　文全体の構想が早く確かに把める

○　物語のもつ文学的な人生の美しい面にふれて語ることができる

○　物語を中心に流れる人生の哀楽愛情をよみとらせる

○　大勢を相手に方便物を効果的につかって話す

○　報道機関に真実を伝え正論を主張する

○　辞書を活用する

《第三学期》

〈一年〉○　作文し文集を作ってみる

〈二年〉○　表現のうまみが味わえる

○　カタカナが全部よめる

○　漢字が九二字ぐらいよめる

〈三年〉　（加藤注　該当記述なし。）　〈四年〉　（加藤注。同左。）

〈五年〉　（加藤注　同上）

〈六年〉○　よいことばの美しさと価値を知る

○　偉人の人格にふれ、自分の生活を反省する

○　一つのものを平盤に観察するだけでなく、之を深化し、自分の考えを加えて発表する

○　哲学的思索的なものにも主題を求めることができる

○　正確な質問応答が出来る

○　正論を述べ意見を積極的に言う

○　相手が言おうとしている所を確かめながらきく

○　要点を確かめながら聞き必要によっては覚書をとる

**【資料12】　同　「本校に於ける国語学習のねらい」**

(1)　言葉の倫理性

ことばの個人的はたらき

ことばの社会的はたらき

(2)　生活国語の領域と学習形態

言語教育の領域　（注　この項については、「言語生活の基盤」としての「きく」「話す」の上位に「よむ」「かく」「作る」が、さらにその上位には、「文芸」が、位置づけられている）

独立的関連学習

単元学習

(3)　学習活動の一考察

生活的言語学習

修練的言語学習

力動的言語学習

**【資料13】　同　「国語学習のねらい」の構造**

○　　　　　　　おぼえる　　　ねる

なまのことば　わかる　　　　なれる　　　　生かす

| 言　　語 | → | 事物　行動 | → | 言語活動 | → | 生活の経験　拡充 |
|---|---|---|---|---|---|---|

**【資料14】　同　三宅久蔵報告「指定学習誘導案」**

第三学年二組　指定学習誘導案　教諭　三　宅　久　蔵

単元　私たちの研究（関連課程）

誘導観　本学級の児童達は漸く主客未分の立場から次第にすべての事象を客観的に観察し事物の普遍妥当（注　二字判読不可）結論を見出すことに興味と関心を持ち始めてきた。この様な科学的な観察考察の態度が進むにつれて、より一層自然的社会的な諸現象に鋭い観察の眼をはたらかせ科学的に物事を解決していく態度能力を哲学することは極めて大切である。従って人間と自然と自然の基本的関係や社会生活の根本的構造を理解させ社会に於ける自己の立場を見出し自主性を尊重する眼を開くために観察記録文の読解や、生物が自然環境に適応する様子或は科学的造形品の製作をするなど各方面にわたる学習活動を通して児童の社会的科学的経験を豊富にさせる題材をとらえ学習を誘導することは価値の多いものであると思う。更に四年生から新しく加わるクラブ活動の自主的研究に発展させ連絡をもつ意味も忘れることは出来ない。児童の興味と要求を重視しながら本単元を展開することにより児童の生活領域の全面にわたってさまざまな経験の伸張と拡充を意図し、より価値的な生活態度と能力を啓培する素地を培いたい。

目標　１、話し合いの意義と要領を理解させる。

２、探求的な観察の興味と創造のよろこびを味わせ朗読に習熟させる。

３、観察したり計画したことの記録が書ける。

４、自主的な学習態度に基く積極的な（加藤注。一字分欠。）語発表になれる。

５、自然的条件は私たちの生活様式と深い関係のあることを理解する。

6、観察研究の記録文を書く。

7、冬の自然現象、社会的事象を継続的に調べる。

8、生物の生活がうまく環境に適応していることを理解する。

9、生きものゝ冬ごしの様子を観察する。

10、季節だよりをまとめる。

11、事物を製作することにより科学的実践的態度を育成する。

12、作品を構成する材料の良否、構成方法の適否を理解する。

13、創造力をねり科学的実践的態度を養う。

14、電気の力が人間生活にもたらす働きを理解し節電に協力する。

15、懐中電灯の内部構造をしりその他の電熱利用の道具を理解する。

予備調査○　児童の研究したい事項

たこの研究　二二人　　冬の病気しらべ　一一人

石炭からとれるもの　七人　　生物のふゆごもり　五二人

電気について　九人　　木炭が家にとゞくまで　五人

冬のお天気しらべ　一二人　　冬ののりもの　七人

○　家庭で使う電気用具

電気アイロン　二五　　電気スタンド　一一人

電気こたつ　二　　ラヂオ　三三　　電蓄　三人

電気ミシン　一　　電熱器　二

○　グループ学習構成の資料

学習計画……………………………………………………………五七時間

| | | |
|---|---|---|
| 一、単元設定とその大要の話し合い | 社会 | 三時間 |
| 二、「たこ」の文を学習する | 国語 | 七時間 |
| 三、たこを製作したらばなぜあがるのかを考える | 図工 | 六時間 |
| 四、学校医に冬の衛生の話をきゝ病気しらべをする | 社会 | 五時間 |
| 五、冬のお天気しらべをする | 理科 | |
| 六、研究記録の文を学習する――ぼくの発見<br>だれの力 | 国語 | 一三時間 |
| 七、生物の冬ごしを観察　研究する | 社理 | 一〇時間 |
| 第一次　校外に出て自然の観察をする | | 四時間 |
| 第二次　生物の冬ごしの様子を話し合う　一時間……………………本時 | | |

◎　本時の学習誘導

題材　生物の冬ごし

主眼　生物がどのようにして冬を越すかを話し合い動植物が自然的条件に適応していることを理解する。

準備　野外で蒐集した資料、参考絵画、図書、観察区域の略図

学習活動の展開

一、付近の野山で観察したことの話し合い

○　活動しているもの　○　冬ごもりしているもの

二、生物によって冬ごしの様子のことなることを理解する。

○　動物………冬眠、幼虫、さなぎ、卵

○　植物………保護された木の芽、種、地下茎

三、研究の方法についての話し合い

第三次　グループ学習によって観察研究する。　三時間

第四次　研究発表のまとめ　二時間

八、望遠鏡を製作する　図工　三時間

九、電気や懐中電灯の研究をする。　社会　五時間

一〇、観察記録をまとめて私の研究の第で作文を書く。　三時間

一一、学習効果の判定と反省

反省と評価

○　各自目標が達せられたか。

○　冬の気候について関心を深めそれが生物に大きな影響を与えていることが理解できたか。

○　観察記録文を書く能力が培われたか。

○　創造力をねり科学的実践的態度が養われたか。

【資料15】　同　「教科課程国語科」の「学習誘導案」

第三学年一組　指定学習誘導案助教諭　嶋　田　友　二

単元　紙芝居と劇（教科課程国語科）

誘導観　三学期といえばどこの学校でも学芸会が口にされる様になってくる。自分のクラスでも本年度最後の良き思い出として残る様に、父母を招き、一ケ年の足跡に一応のしめくゝりをつけると共に、親子

揃って楽しい和やかな一時を過す「クラスの集い」をもちたいと計画している。その素地を築くと共に、彼等の興味を集め、この方面の理解を深くして行く事に役立つことを願う。

この単元に含まれる二つの教材は何れも長文であるから、こゝでしっかり長文を読破する能力をつけておく事も大切な事と思われる。実社会には読まねばならぬ本がたくさんある。しかもそれらの本は長文が多い。従って長文を読破する事は人間の思想を高め、教養を身につけ、人間として正しい生活をする事の重要な要素である。

こゝに出てくる「うさぎさん」では、その中に読みこまれている平和、争いのない生活、他（注　2字判読不可）事のない世界、平和境は、今日国家が求めている世界あり、否恐らく全世界全人類の理想であると思う。そしてそれを表現しているものも児童の最も親しみ易い動物達によって興味深く描き出してある事も見逃せない。「つりばりのゆくえ」も、古来「海幸、山幸」として有名な神話伝説であり、説話はすこぶる童話的興味に富んでおり、この課としては児童劇的表現のしてある事から考えあわせて、両教材とも児童の興味にマッチしてくるものとおもわれる。

従って、これを機会に、現在短文、まんがの領域に停滞している彼らに読書に対する興味を深め、その能力を養い、社会性の発達に大きくプラスとなるようにしたい。

目標　1、長文を読破する。

2、短時間のうちになるべく多量の本が読める。

3、要点をまとめて話ができる。

4、よく話しよく聞く事ができる。

5、神秘なものに対しては弱い人間の力では解決出来ない科学以上の世界のある事を知る。

6、人間の力の及ばない偉大な世界がある。それは自然界であるという事を知る。

7、宇宙でも大地でもその堂々たる力の前には全く人間は無力である。無力であるという事を人間が知る時、偉大なもの、神秘なものに対するけいけんな人の心が生まれるという事を知る。

予備調査　読書に関する調査（昭和二六年一月一三日現在）

○　好き　三五　嫌い　五（理由＝面白くない。意味がよくわからない。字がむつかしい等。）嫌いでないが読む本がない　六

○　今まで読んだ本の中で最も面白かった本。小学三年生（一五）漫画（一五）国語の本（七）幼年クラブ（三）たんてい（三）しょうじょ（一）野球雑誌（一）安寿と厨子王（一）

○　これから読みたい本

　まんが（一六）童話（一二）小学三年（八）国語の本（四）銀の鈴（三）幼年クラブ（二）　よい子の友（一）おもしろブック（一）

○　家庭講読雑誌

　小学三年　（一三）銀の鈴（一〇）幼年クラブ（四）少年クラブ（二）よい子の友（二）とらない（一五）

学習の計画　一三時間

一、うさぎさん……………………………………………一三時間

第一次　導入…………………………………………二時間

第二次　読みをすゝめる……………………………三時間

第一時　通読して話の概要を判る…………………本時

本時の学習誘導

題材　うさぎさん

主眼　話の要点をまとめて話すことができる

準備　場面を説明する絵

学習活動の展開

一、新出文字の読み

二、文の大要を把握する

三、精読

四、場面・で（ママ）てくるお友達について話し合う

五、要点をまとめて話してみる

六、次時予告

第二時　第三時――朗読を指導する

第三次　内容を探求する……………………………四時間

第一時　第一・第二・第三（さる・りす・たぬき）の場面

第二時　第四（しか）の場面

第三時　第五・第六（とら・みつばち）の場面

第四時　全体をまとめて

第四次　表現活動……………………………………………三時間

場面を紙しばい（ママ）やかんたんな劇表現にしてみる

第五次　発展的取扱い………………………………………一時間

読書会……………長文を中心として

二、つりばりのゆくえ…………………………………………一五時間

反省と評価

○　読む事

○　長文を読破する事が出来るようになったか。

**【資料16】　山口県玖珂郡本郷中学校著『本校の学習指導――基礎学力の指導――』**　表紙に「昭和二十九年度　山口県教育委員会研究指定校」とあるのみで、奥書を欠く。

①　問題解決の学力――実践的能力　上層

概括的認識が実感的に達成せられるとその認識内容を実現しようとする行為的態度に添加しかたまってゆくものである。即ち真に知ることによっていきおいかく行為せざるを得ない状態におかれてくる。

②　基礎学力――(1)　概括的能力　中層（事物の本質）

個別的な諸経験のなかからそれらの経験をつらぬいて法則を発見する能力である。

(2)　要素的能力　下層（事物の現象・断片的素材　(イ)　知識　(ロ)　技能）

## 第２節　高水小学校の「国語指導計画」

**【資料１】　文部省著『小学校学習指導要領　国語科編［試案］』　「まえがき」第二節　国語の教育過程はどんな方向に進んでいるか**　1951（昭和26）年12月15日刊

① だんだんと広い社会的要求に応じることができるものになろうとしている。

② 国語についての知識を授けるよりも、まず、豊かな言語経験を与えることを目標としている。

③ 読み方・書き方、というような科目に分れず、学習活動は、中心的な話題をめぐって総合的に展開されるように組織されることが望ましい。

④ 他の諸教科から孤立することなく、全体の学校計画の中で、固有の地位をしめなければならない。

⑤ めいめいの児童の個人的必要に応じうるように用意されなければならない。

⑥ 評価の体系を備えているべきである。

**【資料２】　高水小学校著『昭和二十七年二月　本校の国語指導計画』**（注　この表紙の記述以外に、奥書等はない）**「本校の国語教育について」「国語教育の課題」**

(1) 文盲（ママ）を無くすこと

すべての人に日常生活に必要な読み書きの力をつける。ことばを働きとしてでなく物として静止的にみる。(訓練)

(2) 標準語を確立したり国語を純化する。　文学主義

同じ社会でちがうことばが行なわれていては不便である。また一つの音声が人によっていろいろ違った意味をあらわすようでは意志は通じないという所から標準語の普及に重点を注ぎ、またその社会の共通の考え方感じ方が個々の表現のしかたの中に含まれているという立場から国家統一の一つの根本的な手がかりとしした。即ち国語を神代以来承けつがれた何か神秘的な精神財と考え国体思想を子供の頭にたたきこむこと或は文学教育とし

て国語は存在すると考えことばと心との結びつきを主張した。

(3)　各自の言語生活を高めること　豊富にすること　言語機能主義

言語は社会的適応の手段であって、これを知らないと社会に参加して有効な活動をすることが出来ない。この人間の成長に絶対欠くことのできない言葉の働き、意義、価値、機能（表現　伝達　認識）を考えて、それにあった言語活動を導き出し価値ある言語経験を与えることによって言語生活の改善向上をはかり、またこれにこれに（ママ）よって社会のコミニケーションを容易にする。

**【資料3】　同　「国語教育の目標」**

(1)　教育全目標と国語教育

- よき社会人
  - 社会形成……………………………言語は社会成立の基礎
  - 個人形成……………………………人は文なり
  - 文化獲得創造（職業）…………知識の涵養

(2)　国語教育一般目標

義務教育九年間を通じて聞くこと、話すこと、読むこと、書くくことに関して好ましい習慣、態度、能力を養い必要な理解、知識をつけことばの使用を効果的にすることである。

(3)　国語教育の範囲

- 言語
  - 音声言語
    - 話すこと
      - 話す態度
      - 考える力強化
    - 聞くこと
      - 聞く態度
      - 語彙の拡大
  - 文字言語
    - 読むこと
      - 字形の認知
      - 各種の文の理解（語い）（ママ）
    - 書くこと
      - 字形の書写
      - 各種の文の記述
    - 文法
    - 文字
    - 語句
    - 表現法

二面（知）（ママ）　四対（技能）（ママ）

（加藤注。この図は、「言語教育・文学教育」でくゝられている。）

【資料４】　同　「単元的学習の必要性」

国語指導は生活からうきあがった観念としてのものではなくもっと日常的なところでそだてなければならない。「作文」「講義」「文法」と別々に指導して行くのではたゞばらばらな知識を授けるのみである。／　一つの機能的主題をめぐって学習活動を自然の場に於いて展開し児童の現実の生活に即して必要な言語技術を練ることによってはじめて各自の身についた言語となる。この立場に於て、いかに読むこと、聞くこと書くことについて主要な経験を与えるか――言語経験の組織の方法として単元学習がある。

【資料５】　同　「本校単元構成の立場」

一般に単元の構成は児童の興味、必要、能力、学習活動の均衡――この四条件を基準としておこなわれるがこれを次の二つの面から考察することができる。

⑴　生活の面から　⑵　国語の面（教材の面）から

生活単元の場合、生活をどう考えていくか。したがって生活単元をどう考えていくかといいうことはなかなか簡単ではない。児童の興味必要を主に社会の要求、国語陶冶の系統をどの程度かみ合わせて単元を構成するのは（ママ）困難である。

そこで本校としては教材単元とし之が欠点を補うべく子供の生活を取りあげて興味深くし実践化してげんじつの生活を価値的にするように単元を取扱う。

即ち教科書で本校の指導目標をどのように言語経験させるかという点から単元を考え、学習活動をしていく場合その素材として表現形式を言語のはたらきを内的に支持しているものとして言語要素を考察し学習の均衡をはかるようにした。

「本校国語学習の構想」

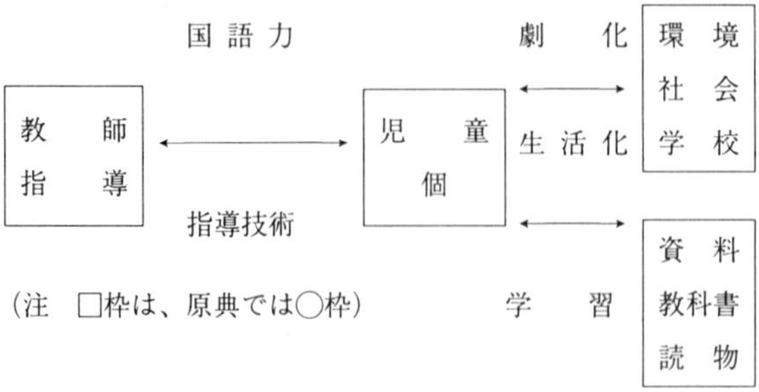


（注　□枠は、原典では◯枠）

**【資料6】　同　「本校国語指導の留意点」**

A　一般的

1　児童の生活経験に即した学習をさせる。

2　国語環境を整備し活動を組織する。

3　能力に応じた指導に徹する。

4　教師自身基礎的教養を高め学習指導法を錬磨する。

B　各要素については

1　聞くことの指導

(1)　聞くことを、話すことを切りはなさないで指導する。相手の話に耳を傾け理解しようと努めるように、又必要によっては理解したことについて話が出来ることが大切である。このため朝の会、児童会その他の集会をとり入れる。

(2)　ラジオ映画の指導に留意し、よい話し方を鑑賞させることに努める。

(3)　難聴児、注意散漫児の取扱いに注意をつける。（ママ）

(4)　聞くことは単語の意味の発達と深い関係にあることに重きをおき正しく聞くように注意する。

2　話すことの指導

(1)　聞くことに関連して指導する（はっきりとした言い方）（ママ）学校生活の場を最高度に利用する。

(2)　話題の選び方、話題への取組み方、まとめ方の指導に留意し、話し方の向上をはかる。

(3)　漸次共通語を話せるように導く。

(4)　吃音児、話の出来ない子供に留意する。(ママ)

3　読む

(1)　文字教育に徹底する。

(イ)　文字を読むことの意義　文字指導の眼目について知識をもち読みの為の準備教育として価値あらしめる。

(ロ)　図形としての文字の認知に努める。――視覚的

(ハ)　文字指導法について教師の研修を深める。

(2)　読解力の要請に努める。

(イ)　読む目的によって読む能力をのばす(文章種別による読みの指導)(ママ)

(ロ)　学級文庫の利用

(ハ)　黙読・音読の長所をいかす指導

(ニ)　書く機能を読みに参加させる。

(ホ)　読みの落後者の救済につとめる。

4　書くことの指導

(1)　書くことに興味を覚えさせる。

(2)　人にわかるように正しく書くことの指導に留意する。

(3)　必要な文が必要に応じて書けるようにする。

(4)　書く力の拡充をはかる。

**【資料7】同　「国語学習指導目標」**(注　第一学年の場合)

①　聞く

1、なかまに入って話をきくことができるようにする。

2、話す人の顔を見ながらきくことができるようにする。

3、話がおわるまでだまってきくようにする。

4、かんたん(ママ)な伝言が復唱出来るようにする。

5、ラジオをしずかにきくように導く。

6、たのしんできくようにする。

7、かんたんな話の大体が言えるようにする。

②　話す

1、人の前でおじけないで話せるようにする。

2、相手を見て姿勢よく話せるようにする。

3、はっきりと大きい声でいうことができる。

4、なかまに入って話すことができるようにする。

5、絵の話ができるようにする。

6、自分の遊びやおもしろいできごとがはなせるようにする。

7、かんたんな伝言がいえるようにする。

8、はっきりと正しく発音するようにする。

9、日常かんたんなあいさつができる。

③　読む

1、正しく行をたどって読むようにする。

2、ひらがなが自由に読めるようにする。

3、本の持ち方、ページのくりかたになれさせる。

4、指でささないでよむようにする。

5、自分の経験と文字を結びつけることができるようにする。

6、声を大きくしてはっきり音読できるようにする。

7、文字板を読むことができるようにする。

8、身体的表現によって読みを深める。

9、書いてあることが大体読みとれるようにする。

10、新しい漢字およそ四〇字がよめるようにする。

④　書く

1、ひらがなが正しく書ける。

2、五分角ぐらいのけい紙のますからはみださないように書くことができる。

3、視写によって写画を整えることができるようにする。

4、筆順をまちがえないで書くようにする。

5、書くことの学習に興味がでるようにする。

6、かんたん（ママ）なことが聞いて書くことができる。

7、書くときの姿勢、鉛筆の持ち方、紙のおき方を適当に指導する。

8、新しい漢字がおよそ三〇字書くことができる。

⑤　作る

1、話そうとすることが絵にかけるようにする。

２、書きたいことがはなせるようにする。(口頭作文)(ママ)

３、身近に経験したことを思い出すままに書けるようにする。

４、絵日記が書けるようにする。

５、綴ることを楽しむようにする。

６、ものに名をつけたり、文字板に単語が書けるようにする。

７、およそ二〇〇字程度の文がかけるようにする。

⑥　語法

１、音声と文字が結びつく。

２、ことばのまとまりがわかる。

３、経験と結びつく単語の数が増加するよう導く。

４、休止、句読点がだんだんはっきりするようにする。

５、主語と述語の関係がわかるようにする。

**【資料８】　文部省著『小学校学習指導要領［試案］国語科編』　第三章　第三節　国語能力表　―　聞くことの能力**　1951(昭和26)年12月15日刊

(注　第一学年の場合)

１、仲間にはいって、聞くことができる。

２、いたずらをしたり姿勢をくずしたりしないで聞くことができる。

３、相手の顔をみながら、静かに聞くことができる。

４、物語を語を読んでもらって聞くことができる。

５、返事ができる。

６、簡単な問に答えることができる。

７、簡単なことを聞いて、動作がわかる。

８、短い、簡単な話なら、復唱ができるように聞くことができる。

９、簡単な話なら、その内容がわかる

10、三千語から五千語のことばを理解することができる。

［二学年］

１、話を楽しんで聞くことができる。

２、放送を聞いて楽しむことができる。

３、話の筋をつかむことができる。

４、かわるがわる聞いたり、話したりすることができる。

5、話しぶりのよしあしがわかる。

【資料9】　『昭和二十七年　本校の国語指導計画　高水小学校』　四年

① 聞く

1、注意を持続してしずかに聞くようにする。

2、話の要点をつかみ正確にきくようにする。

3、話のあらすじが言えるようにきき話をまとめるようにする。

4、耳を傾けじっと聞きあいづちやことばの返しかたがごく自然にできるようにする。

5、聞いたことについてのかんたんな感想がのべられるようにする。

② 話す

1、思っていることを自分から進んで自由に話せるようにする。

2、話すことがらをまとめてすじ道が通るように話すようにする。

3、会話や学習事項についての話し合いができるようにする。

4、方言を使わないで正しいことばで話そうと考えるように導く。

5、話すことの内容に応じてことばづかいや態度をかんが（ママ）えるように導く。

6、読んだ本や聞いた話についての感想や意見が文に書けるよう

③ 読む

1、文に対する感想や意見が述べられるようにする。

2、文中から未知の文字やことばを見つけるようにする。

3、いろいろな学習のために読むようにする。

4、学級文庫の本を楽しんでよむようにする。

5、黙読ができるようにする。

6、ローマ字が読めるようにする。

7、読んだことを書きとることができるようにする。

8、進んである箇所をよみ返すようにする。

9、新しい漢字およそ二八〇字がよめるようにする。

④ 書く

1、だんだん早く書けるようにする。

2、不完全なところに気づいて練習するようにする。

３、手紙やはがきの書式になれさす。
４、学習帳のつかい方を工夫させる。
５、横書きができるようにする。
６、ローマ字が書けるようにする。
７、文字のほかの諸記号が正しく書けるようにする。
８、新しい漢字のおよそ二三〇字がかけるようにする。

⑤　作る

１、長い文が気楽に書けるようにする。（長文の指導）（ママ）
２、ことばを正しく使って書く。
３、いろいろな標語がつくれるようにする。
４、紙芝居の脚本がかけるようにする。
５、共同で文集を編集することができるようにする。
６、読んだ本や聞いた話についての感想や意見が文にかけるようにする。
７、児童会などの記録がかけるようにする。
８、方言と標準語のちがいを知ってかくようにする。
９、およそ八〇〇字以上の文がかけるようにする。

⑥　語法

１、過去現在未来の使いかたがわかるようにする。
２、方言と標準語とをわからす。
３、敬体と常体の区別をわからす。
４、表記法が正しくなるようにする。
５、正しい文とただしくない文とが区別できるようにする。

**【資料10】　文部省著『小学校学習指導要領［試案］国語科編』　第三章　第三節　国語能力表　一　聞くことの能力**　1951（昭和26）年12月15日刊

（注　第四学年場合）

１、映画をみて楽しむことができる。
２、相手の気持をのみこんで、聞くことができる。
３、相手の意見を尊重して聞くことができる。
４、儀礼的でなく、知識を求めるために聞くことができる。
５、話のよりどころを考えながら、聞くことができる。

6、話の話題と内容を考え合わせながら、聞くことができる。
7、音のよく似た語を区別することができる。
8、聞くことによって、語いが豊富になる。

【資料11】　同

○　話しぶりのよしあしがわかる。（第二学年）（ママ）
○　相手が話しやすいような態度で聞くことができる。
○　進んで新しいことを知るために聞くことができる。（第三学年）
○　簡単な作法を守って聞くことができる。（同）
○　自分の経験を思い出しながら、聞くことができる。（同）
○　話のたいせつな点をわすれないように、聞き取ることができる。（同）
○　感想や質問をもつように聞くことができる。（同）
○　相手の話を率直な態度で聞くことができる。（第五学年）
○　あらかじめ準備して、聞くことができる。（同）
○　聞いたことをうのみにしないで、疑問の点は聞き返すことができる。（同）
○　要点をまとめながら聞き、必要によっては、メモを取りながら聞くことができる。（同）
○　聞きながら、自分の意見をまとめることができる。（同）
○　ことばづかいのよしあしを聞き分けることができる。（同）

【資料12】　同　第三章　第二節　国語能力表とは何か

一　国語能力表とは、どういうものか。

国語能力表というのは、国語のさまざまな能力を、児童の発達段階に照らして、学年別に、一つの表として、組織・配列したものである。

教師がそれぞれの児童に適応した学習指導計画をたてる際には、まず、具体的な学習指導目標を考えなければならない。この具体的な学習指導目標を考える場合に、その基準となるものが、この国語能力表である。最近国語の学習指導において国語能力表が取り上げられるようになったのは、主として、次のような理由からである。

1　学習指導目標は、とかく教師が児童に教え込む目安と考えられやすいのに対し、児童中心の新しい教育においては、児童の立場に立って学習の目安が考えられるようになって、能力表が取り上げられるようになってきた。

2　学習指導目標というとき、教師の学習指導の方向が考えられやすいのに対して、能力表では、児童の学習活動の結果が主となっている。

3　学習指導目標というとき、教師が指導を予想する内容のすべてが考えられやすいのに対して、能力表では、児童の学習の範囲や程度に幅をもたせている。

4　能力表でいう能力とは、いわゆる能力心理学でいうような特定の固定した能力をさすのではなく、学習が可能になる一般的な力を意味している。

5　学習指導目標は、指導の目標という点に意味が限定されているので、全国一様の教育課程が行なわれていた場合はよかったが、今日のように、地域社会やそれぞれの学校の特殊性を取り入れる傾向になった教育課程では、いっそう広い意味をもつ能力表のほうが、必要であり、便利になってきた。

二　国語能力表は、どんな性質をもっているか。国語能力表は次のような特質をもっている。

1　国語の能力が自然に発達することを予想し、学習が可能になるだいたいの力が取り入れられている。

2　学習指導によって到達され、発達すると予想される力が取り入れられている。

3　現代の社会が要求する学習内容の種類と範囲とが取り入れられている。

4　以上の三つが、各学年に配当されている。

5　各学年の指導の重点的な項目が示されている。

三　国語能力表は、どのように利用したらよいか

国語能力表は、さきにも述べたようにさまざまな性質をもっているものであるから、学習指導計画をたてる場合、じゅうぶんにこれを利用することが望ましい。具体的な利用のしかたは、次のようである。

1　各学年の具体的な学習指導目標をたてる際に、能力表をもとにして決

定する。

2　各題材なり、単元なりを決定するときには、この能力表に準拠して決定する。

3　国語能力表によって、指導の重点を知る。

4　国語能力表によって、その学年の最低水準を知る。

5　国語能力表は、日常の学習に際して、評価の範囲と基準とを知る。

四　国語能力表を使用する上に、どんな点に注意したらよいか。（注　この項8項目省略）

【資料13】　『昭和25年度　研究紀要　1　能力表』　山口大学教育学部附属小学校刊（注　この表紙の記述以外に奥書等はない）

○　小学校教育の目標を達成するためには児童に最少限度如何なる程度の能力を発達させたら良いであろうか。（加藤中略）小学校教育に於いては此等の能力を教科の枠で分類し直した方が実際に利用し易いという見地から、我々の能力表は教科的分類をとることにした。従って小学校の八つの教科は恒常的生活場面に於て要求せられる凡ての能力を包含するように工夫されねばならなかった。個人の生活増進の生活場面を体育科に、自然的物的環境の処理場面を理科に、社会的環境場面を社会科に、国語生活の場面を国語科に、数量的生活場面を算数科に美的生活場面を音楽科､図・工科に、家庭生活場面を家庭科に分類することによって、生活場面的分析を教科の枠の中に取り入れることにした。（中略）

本能力表は学習指導要領の教科を基準として作製されているから、教科カリキュラムの型（ママ）式をとっている学校に於てはそのまゝ利用することができ、生活単元の導入によって、修正されたカリキュラムを実施する場合は、如何なる能力態度が生活単元によって習得せられ、如何なる能力態度は教科学習によって習得せられるかを明確にすることができる。又生活カリキュラムやコア・カリキュラムの場合は、中心課程に於て如何なる能力態度を配当し、日常生活課程に於て如何なる生活態度を養成するかを明らかにすることができる。

同「国語科能力表」第一学年

| | |
|---|---|
| 話をおしまいまで聞く | ○静かに聞く |
| 人といっしょに聞く | ○仲間にはいって聞く事が出来る |
| 聞きながら場面や行動を思いうかべる | ○他の人と同じような経験が話したく |
| 話のなかみを正しくつかむ | ○相手を見ながら聞く<br>○話のあらすじをつかむことができる |
| 話す人の気持ちを理解して聞く | ○人の話を楽しんで聞く |
| 目的にかなった聞き方ができる | ○指示されたことを実行に移す |
| 聞こうとする意欲がつよい | ○お話を聞きたがる |

**【資料14】　高水小学校著『昭和二十七年二月　本校の国語指導計画』**（注　この表紙の記述以外に奥書等はない）

①【月】　十月一週～十月二週（注　第一学年の場合）

【単元】　一・うんどうかい

【単元の意義】　幼い頃より印象づけられていた運動会であり一年生になって初めての最大な行事である。この運動会を実際に体験することであるから子どもに取っては最大の楽しみであると思う。ここに於て小学校教育上、大きな役割をもつ行事は子どもの教育上見のがしてはならない機会だと思う。十月に入ると全国津々浦々何処の学校でも運動会をやる。これらの意図により、この単元を取りあげたのである。

【目標】⑴　内容的　本単元の扱いを通して運動会の楽しさ、面白さをわからせ、一層運動に親しみを持ち運動する精神の明朗さを子どもの心に培っていきたい。⑵　言語活動として　聞く――・話す人の方を見ながら静かに聞く　話す――・元気にはずかしがらずに簡単に絵の説明をさせたり自分の経験をまとめて話すことが出来るようにする。　読む――・黙読によって重点がつかめるようにしたい。　書く――・漢字を順序正しく書けるようにし又難語句が書けるようにする。　作る――・自分のした種目のうち一つについて思い出すままに素直に書かせる。

（注　以下、表のまゝ）

| 言語作品 | | ㈠　思索記録<br>たまいれ<br>（生活文） | ㈡<br>かけっこ<br>（同左） | ㈢<br>つなひき<br>（同左） |
|---|---|---|---|---|
| 言語要素 | 発音 | ・ぴーっ<br>・きょうそう | ・じゅんばん<br>・よういどん<br>・人 | ・つなひき<br>・ふる |
| | 文字 | ・手　・中 | ・人 | ・力　・上 |
| | 語い | ・うんどうかい<br>・わかれました<br>・きょうそう<br>・手をうちました<br>・いっしょうけんめい | ・はたとり<br>・じゅんばん<br>・すむ<br>・はじまる<br>・はた | ・げんき<br>・力<br>・ふる |
| | 語法 | ・かご　・うつ<br>・たま<br>・はいりません<br>・なかなか<br>・すこしずつ | | ・げんきをつけた |
| 指導時間 | | 三時間 | 三時間 | 四時間 |

（注　以下、加藤整理）

「学習活動」　《導入》　自分の実際にやっただるま運びやかけっこなどでいろいと思い出すことを話し合う。「つなひき」は学校に綱がないことの残念さを子どもたちに持たせ　要求感をおこさせる。

㈠　《導入》　たまいれを見た感想を話し合う。

《展開》　挿絵について発表する。

・一年生らしいことがわかるのはどこをみるか。

・かごを持っているのはだれか。

・いっしょうけんめい入れようとしている。

・いつになったらやめるのか。

・どうすればたまがよくはいるか。

文をよみ文の筋を話し合う。

・黙読で一度読ませる。

・同上　二度目に二つの問題を出してよみとらす。

・白・赤組になってよむ。

話し合いをして全文を簡単にまとめる。

難語句を書く。

《評価》

・読み方を調べる。(誤読　速さ)

・書写す能力を見る。

・数えることができるか。

《連絡》　体育　「たまいれ」

・数えること

(二)　《導入》　経験の話し合い

挿絵の話し合いをする。

・はるおくんは何等になったか。

・一等はだれというのか。

・旗を持っている人は何年か。

・何人で走ったのだろうか。

文を読む

・新字　人　ひと

・音読　すらすら発音に注意する。

・黙読　文の筋をつかむようにに。

文の内容をしらべる。

・何組の次にかけっこがあるか。

・はるおは何等になったのか。

書き方のけいこ

・漢字　かけっこなどの語い

《評価》

・はっきりした発音で早くよむことが出来ただろうか。

・ひろいよみの子どもはどのくらいか。

《連絡》　体育　「かけっこ」

(三)　《導入》　挿絵をよくみながら話し合う。

文をよみ、文の筋をつかみとらせる。

・自由読――文がすらすらよめるまで。

・指名読――どんなところがよいか。

自分のよみとくらべる。

・順番読――全員によませる。

・黙読――筋をつかむように

挿絵の話し合い

・つなひきがやりたいと思うか。

・どうしてやったらよいか。

・人の力によってどうなるか。

・あかいひもはなんのためか。

・せんせいは何をしていられるか。

文の中より新字　語いを書く

まとめ

《評価》・内容をよく掴んで読んだだろうか。

・絵と文が結びついた発表ができるか。

《連絡》　体育　「つなひき」

**【資料15】　文部省著『小学校学習指導要領［試案］国語科編』　第四章　国語学習指導の具体的展開例　第二節　うんどうかい（第一学年の例）**（ママ）　1951（昭和26）年12月15日　刊

題材　うんどうかい

一　この題材をとったわけ

1　運動会は、児童たちにとって、楽しい生活経験である。どの児童も、興味をもって参加し、力いっぱいはねまわる。この経験を話題として、話し合ったり、作文を読み合ったりすることによって、豊かな言語活動を指導することができる。

2　運動会は、それぞれの児童の共通経験であるから、話題として取り上げるのに適当であり、しかも、豊富な話の内容が提供され、また、それぞれの児童の能力に応じて、学習指導を進めていくことができる。

3　この題材の学習において、運動会における共通経験を話し合ったり、読んだり、書いたりしていくうちに、保健衛生の面や、運動精神について、初歩的な理解ができる。

二　目標

この学習では、次の目標が考えられる。

1　運動会を話題として、簡単な話ができるようになる。

2　相手の顔を見ながら、話したり、聞いたりすることができるようになる。

3　はっきりした発音で話すようになる。

4　運動会の絵について、簡単な文を書くことができるようになる。

5　運動会の日時を家庭に知らせるための、簡単な伝言をはっきり書くようになる。

6　運動会について書いた、簡単な文を読むことができるようになる。

三　内容

1　運動会を話題として、その経験を話し合う。

2　運動会を父母に知らせる伝言を書く。

3　運動会を話題として絵をかき、絵について話し合う。

4　かいた絵について、簡単なことばを書きそえて、それを読み合う。

四　資料

1　運動会を表した、いろいろな絵。

2　運動会を主題にした作文。

3　運動会を主題にした、いろいろな文。（教科書を含む。）（ママ）

五　学習活動（約十時間）（注　この項、抄出）

1　運動会の絵を見て話合いをさせる。

○　運動会の全景。○　かけっこしている絵。○　たまいれをしている絵。○　ゆうぎをしている絵。○　つなひきをしている絵。○　その他いろいろな場面の絵。

これらの絵を見て、次のようなことについて話し合いをさせる。

(1)　している事がら。(2)　こどもの様子。(3)　運動会でしたいと思うこと。

1　運動会の案内のために、伝言のメモを書かせる。

運動会をする日時や、種目について話合いをさせ、父母を案内するための伝言を書かせる。

あした　うんどうかいを　します。　みに　きて　ください。

正しく書写する練習をして、家庭に持ち帰らせる。

7　絵にかいた文を読み合って楽しませる。

五、六人のグループにして、読ませる。

8　作文をプリントして読ませ、経験の順序に書くことを指導する。

9　運動会の絵本を編集して、家庭に回読するために、作文を清書させる。

六　評価

1　自分の経験した運動会の話をはっきりした発音で、話すことができたか。

2　相手の顔を見ながら話したり、聞いたりすることができたか。

3　運動会の話題で、簡単な話ができたか。

4　絵について簡単な文が書けたか。

5　運動会の文がよく読めたか。

6　友だちの作文が読めたか。

7　文字は正しく書けたか。

**【資料16】　高水小学校著『昭和二十七年度　本校の国語指導計画』　「第四学年」「十一月上旬まで」単元「学級新聞を作ろう」**（注　この表紙の記述以外に奥書等はない。）

①【月】　十一月上旬まで

【単元】　（三）学級新聞を作ろう

【単元の意義】　三年生ではかべ新聞を作り、お互にそれを見る事によって、情緒的、知的、社会的、身体的に健全なよい子供に育つよう意図された。このかべ（ママ）新聞経営は、学級生活の中で行なわれてきたのであるが、四年生としては、従来のかべ新聞をより価値的に考察し研究して、生活勉強の道具として、とくに「作り方」に重点を置いて、学級新聞という題のもとに、集団的に発展することにして、この単元をえらん（ママ）だ。

【目標】(1)　内容的　○　文体は崇敬体である。○　共同の仕事に喜んで協力するような気持を養う。　○　学級新聞を作る時は、すべて（能力表）（ママ）綜（ママ）合的に養う。⑵　言語活動として　言語活動が（ママ）綜合的に行う　聞く――・聞いたことについての簡単な感想がのべられるようにする。・相手の意見を尊重して聞く。　話す――・方言を使わないで、正しいことばで話そうと考えるよう導く。・グループ等の司会ができる。　読む――・文の組みたてがわかるようにする。・文の段落がわかり、その要点がつかめるようにする。・行動化する前の読みとして役立つように読む。・子供のための新聞雑誌を楽しんで読む。　書く――不完全なところに気づいて練習するようにする。・字の大きさ、配列に気をつけて書く。　作る――敬体と常体の区別をあらわす。・かべ新聞などの記事をつくり、編集する。・共同作業で文集を編集することができる。

| | | |
|---|---|---|
| 言語作品 | | 記録文・会議記録文（学級新聞を作ろう） |
| 言語要素 | 発音 | なぞなぞ・など・そうしよう |
| | 文字 | 詩・賛成・順序・学芸会・質問・第・校門・職員<br>文章・戦（せん・たたかう）・分量・伝言・投書 |
| | 語い | 進行がかり・リーグ戦・たちまち |
| | 語法 | 何は・も・まちまち・です・し・しらせるものでしょう・　だから・だめだなあ・うれしくてたまりません・なので・　きめてもらった・したら・こんなに・ないか |
| 指導時間 | | 六時間 |
| 学習 | 導入 | １、今まで作ったかべ新聞について話し合い<br>○　どんな事をかいたか　○　ていさい　○　おおきさ　○　誰が作ったか　○　名前　○　月に何回　○　できばえ　○　ためになったか　○　どこが　○　これからもやりたいとおもうか<br>２、他の学校のかべ新聞・学級新聞等集めたり、掲示したりしておこう<br>３、この記録文を読みとって、学級新聞の作り方を知る。<br>⑴　よみとる<br>(ｲ)　作者のクラスでは、どんな新聞をつくっていたか。<br>新聞の名前はまちまち　大きさもまちまち　書いてあることもまちまち |

| | | |
|---|---|---|
| 活動 | | ㈺ 五はん（ひなどり新聞）では、どんなことを発表しましたか。<br>・スポーツ　・学校　・詩、物語、絵<br>㈩ 先生に見せてもらって、どんな相談をしたか。<br>㈡ 相談のしかた　・進行がかり　・　相談の事柄<br>㈭ 「小ばと」第一号は、どんなものを作りましたか。・ニュースらん　・学芸らん　・スポーツらん等、編集の内容について話し合い<br>(2) 実際に学級新聞を作る<br>・相談会　各グループ　各組の係をきめる<br>・読みとった事を参考に、自分達でも独自の学級作るように行動化しよう。<br>・どんな新聞を作るか、どんな内容のものを作るか、よく相談しよう。<br>・作る　各はん（ママ）とも中間発表し、話し合い、仕上。<br>(3) ドリル学習 |
| 評価 | | (1) 共同の仕事について、喜んで協力するようになったか。<br>(2) 記事を要領よく書けるようになったか。<br>(3) 編集の仕事などに興味をもつようになったか。 |
| 他教科との関連 | | 社会科 |

**【資料17】　文部省著『小学校学習指導要領［試案］国語科編』　第四章　第七節　学校新聞を編集しよう（第六学年の例）**（ママ）　1951（昭和26）年12月15日刊

一　この題材をとったわけ

1　新聞をつくる仕事は、国語の学習、特に作文の学習にとって効果の大きいものであり、児童の社会意識を育て、編集・報道・公告・絵画・写真などについて、いろいろのことを知り、学習をを家庭・社会に広げ、それらについての理解を深めることができる。また、新聞に載せられる記事は、国語に限らず広く生活全体、他教科とも関連があり、作業を通して、総合的、発展的な学習をさせることができる。

2　児童は、自分たちの作文や創作・詩歌・ニュース・研究報告、その他の新聞に載ることとに興味をもち、いろいろな形、さまざまな内容の文を読むことによって、読む力を広げ、知識を豊（ママ）にし、また新聞をつくる興味（記事となる文を書く興味）を増し、継続研究の態度が養われる。／　児童は、中学年のころから、すでに「学級新聞」や「壁新聞」をつくってきた経験があり、新聞の編集については、一応のりかいと興味をもっている。小学校の最高学年としての六年生は、さらに一歩を進めて、「学校新聞」に発展させ、しだいに本格的な編集に進ませるとともに、学校生活全体に関心をもたせ、自主的・建設的にそれを高めるように導くのである。

3　六年生の児童は、生活経験がしだいに広がり、学校・家庭から社会のいろいろな問題について、だんだんと関心をもってくる。それらを「学校新聞」に反映させ、物事について正しく理解することや、批判的な考え方を養ったり、真実を伝え、正論を主張し、社会的責任を高めることができる。また、記事の内容が多方面にわたるから、その選び方や、効果ある表現のしかたを学んだり、また、実際に新聞を印刷する技術を身につけ、できあがった新聞を学友や家庭に配ることによって、新聞編集の効果、新聞の社会的機能について理解させることができる。／　新聞を協力して編集・発行することによって、児童に協同・友愛の精神を深め、自分の才能や個性を自覚させることもたいせつな面である。

二　目標

1　新聞の種類や、よい新聞の備えるべき要件がわかる。

2　新聞はどんな順序でつくられるかがわかる。

3　新聞編集の初歩的な技能を身につける。

4　人の話を聞いて、その要点をメモし、また、それをもとにして、文に再現することができるようになる。

5　新聞に載せる記事の種類を知り、それぞれの内容や表現に応じ、それを早く効果的に読み取ることができる。

6　新聞を読んで、効果のある、よい記事を見分けることができるようになる。

7　読んだ記事について、感想や意見を書いたり、話したりすることができるようになる。

8　記事の見出しを人の目につきやすいように、くふうしてつけることができる。

9　編集しやすいように原稿が書ける。

10　決められた分量の中で、要領よく記事を書くことができる。

11　原稿を読んで、取捨選択し、また誤りを正したり、効果的に訂正したりすることができる。

12　いろいろなことばを理解し、語いを豊かにする。

13　いろいろな文の構造や表現についての知識が増す。

14　辞書の使い方や、参考書の読み方に慣れる。

15　新聞やラジオ放送を注意深くよんだり、聞いたりする態度ができてくる。

三　内容

1　新聞についての知識や、新聞を読んだり、つくったりした経験の話合い。

2　学校新聞をつくることについての話合い。

3　係を決めて、仕事を分担し、協力して、それぞれの仕事を進めていく。

4　学校新聞に載せる記事を書いたり、それを編集したりする。

5　できあがった新聞を読んで感想や批評を述べ合い、さらに、よい新聞をつくっていく。

6　つくった学校新聞の展示会をする。

四　資料

1　「新聞」を主題とした文、特に新聞の編集、新聞社の見学などについて述べた文。（教科書）（ママ）

2　児童向きに編集された新聞および児童が今までに編集した「学級新聞」「壁新聞」の類。

3　辞書・参考書。（単行本・雑誌）（ママ）新聞に関係のある内容を表現したもの。

4　ニュース資料。ラジオの放送内容、毎日の新聞の切り抜き。

5　新聞を印刷するための用具。謄写版とその付属品・用紙など。

五　学習活動（約十二時間）（加藤注。この項目のみ加藤抄出。）

1　新聞についての児童の実態を調査する。

2　新聞について話し合う。

3　新聞についての、関心や興味を深め、学習の動機づけをする。

4　新聞について書いた資料を読む。（教科書その他）（ママ）

5　学校新聞をつくる計画をたてる。

6　学校新聞をつくる。

7　学校新聞を読む。

8　学校新聞の批評会を開く。

六　評価

1　話合いの場合の発表のしかた、話の聞き方の能力や態度を観察記録する。（加藤注。この項細目加藤省略。）

2　話合いの結果を記録することができるか。児童の記録したノートを参考資料として判断する。

3　新聞記事として表現力がすぐれているか。（注　前項に同じ）

4　新聞編集についての興味や関心が深まったか。

5　新聞を読む態度や能力が高まってきたか。学校新聞を読んでの感想や意見の状態および、一般新聞を読む分量・能力・態度。

6　辞書・参考書を使用する能力が養われたか。

7　集団的な仕事についての理解や態度ができてきたか。

［指導上の参考］（加藤注。この項、加藤省略。）

## 第３節　小郡小学校の個性尊重の教育の実際

**【資料１】　『文部広報』第966号　特集「21世紀を展望した我が国の教育の在り方について」**　1996（平成８）年８月８日刊

○　【生きる力】をはぐくむ上では、一人一人の個性を生かした教育を行なうことは極めて重要であり、そうした観点から、教育課程の弾力化、指導法の改善、特色ある学校づくり等を一層進める必要がある。

○　小・中学校においては、教育内容の厳選によって生じる【ゆとり】を生かし、【ゆとり】を持った授業の中で、子供たちの発達段階に即し、ティーム・ティーチング、グループ学習、個別学習など指導方法の一層の改善を図りつつ、個に応じた指導の充実を図る。また、自ら学び、自ら考える教育を行っていく上でも、問題解決的な学習や体験的な学習の一層の充実を図る。

**【資料２】　山口県吉敷郡小郡町立小郡小学校著『昭和27、28年度　学級における　個性尊重の教育の実際　第一集』　小郡町村田繁樹教育長による「序文」**（注　「はじめに」に末廣源吉校長の「昭和二十八年十一月十日」付けの署名がある以外、奥書等は欠く）

○　新教育は大正末期から昭和の初期にかけて、わが国でも一度行われた。その頃本県でも個性調査が流行し、個性教育が叫ばれた。但しあの時代のものは、日本と言う君主国に適応するように、西洋のものを焼直してなまくらにしなければ公認されなかった。即ちそれは多くは方法的なもので、目的としての個性教育ではなかった。それなのに東亜に対する国策が活発に動き出すと危険思想として抑圧されてしまった。（中略）

○　教育の目的が忠良なる臣民から、個人の完成にかわったことこそ、教育の180度転回といわれるもので方法の転回はそこに基因する。しかし永い間の因習で、中世的観念から近代的観念へのきりかえはなかなかできない。易につくは人の心で、このきりかえをおいて教師中心から児童中心へ、形式教授から経験学習へと、方法上の転回をくりかえして、新教育呼ばわりをしたのが終戦後の教育ではなかったろうか。（中略）封建的な頭で新教育の方法を取り入れたのでは民主的な個人はない。（加藤後略。）

**【資料３】　同　末廣源吉「個性尊重の教育の原理」中「個性の意義」の「個人差と個性」の項**

○　このように個人間の一部の機能等をとらえて比較したときの量的或は質的の差異を個人差と言い、これに対して、心身諸機能における個人差の統合されたもの、即ち分割することの出来ない全人間としての差異、さきの個人間における部分変異に対して、全体としての変異、個人としての独自性を個性という。

**【資料４】　同　「民主主義と個人尊重」の項**

○　ことばをかえて言えば、方便的、方法的な個性教育から、目的としての個性教育への転換こそ、民主主義発展のかぎである。われわれが「個人差に応ずる指導」といわず､あえて個性尊重の教育と打ち出した所以である。

**【資料５】　同　「個性尊重の教育の方法」の項**

Ⅲ　個性尊重の教育の方法

1　個性の理解

2　個性を生かす場

3　マキシムとミニマム

4　個別学習と集団学習

5　形式教授と経験学習

6　特殊児童に対する一般的配慮

7　評価

「１　個性の理解」

「教師の根本的態度」

(a)　子供を生かすための診断であることを忘れないこと。

(b)　一人一人の児童はユニークな存在であることを忘れないこと。

(c)　子供の成長、発達、動機、行動を医学、心理学、社会学等の綜合的な立場において科学的に診断するようにつとめること。

(d)　条件と結論との関係をかんがえて軽々しく一般化しないこと。

(e)　指導上必要にせまられての調査であり、その結果が活用される調査であること。

「２　個性を生かす場」

○　少なくとも、児童が朝登校してから下校するまでに一度でもよい、どのような内容でもよい、どの子も教師から励まされたり、友だちからほめられたり、みとめられたり、或は自分で満足したりして、自分の生きがいを感ずるような状態におきたいものである。多くの教師と、多くの友だちの中で、よりよい生活を求めて、日々生活している児童にとって、一度もそうしたことのない日があるとしたならば、それは獄中にも比すべき生活である。

「4　個別学習と集団学習」においては、たとえ「旧式の授業形態」であっても、

⑴　多くの友だちが集まると、能力、個性がまちまちであることを知る。

⑵　自分よりすぐれたものを尊び、これに学ぼうとする心がおこる。

⑶　自分より劣ったものに対しても、ばかにしてはいけないことがわかる。

「方法」

⑴　一斉授業の後で、必ず、各自或は相互の、自由な研究や練習の時間をおく。

⑵　能力段階に応じた練習問題等を準備しておく。

⑶　自由に質問させ、或は教師から発問する。

⑷　机間巡視を計画的に行い、個別指導をする。

「7　評価」

○　50人の中、たとい49人が生きても、1人の児童が低能（ママ）でどうにもならなぬ姿をいつまでもさらすことは、一大侮辱である。今更それを責めることは余りにも無慈悲である。（中略）
そこでその児童の前後の進歩発達のあとを比較して、その原因をたづね、怠慢をいましめ、或はその努力を賞揚することは個人を生かすよい評価法である。それはやがて、自己の成長発達に対して深い関心と意欲をもつ自己評価にまで発展さすことができる。自分の能力、長短を自覚し、これを伸張する方途をわきまえ、適宜その評価を自らする児童こそ、個性完成の軌道に乗った、われわれの望む児童である。

**【資料6】　同　「第Ⅱ章　全校研究過程の概要」中「研究目標」**

○　（前略）どうも概念的にはわかりきったこの道（注　個性の尊重・伸張・完成への道）が、実際なかなか歩めないことを、きびしく反省したわけで

ある。しかしあまり道が広いと、方向をあやまるおそれがあるので、第一次で担任学級の児童に限定して、これを綜合課題「学級における個性尊重の教育の実際」とし、その下に第二次のしぼりを入れて、各々が副題を設けることにした。

**【資料７】　同　「課題」**

①　教師自ら個性尊重の意義を理解し、その精神を体得すること。
②　児童に自他の個性尊重の精神を啓培すること。
③　個性を理解する方法を研究すること。

④　個性を伸張する方法を研究すること。
(a)　カリキュラムの研究　┌ 学習指導
(b)　指導法の研究 ──────┴ 生活指導
この中から、
⑤　担任学級における当面する切実な問題をとり上げる。――（このことは、学級の個性に応じようと考えたのである。）（ママ）
⑥　教師自身の研究の興味、能力等に適合する問題をとり上げる。――（このことは、教師の個性伸張を意図するものである。）（ママ）

**【資料８】　同　「反省評価」**

１、研究上の困難点（この項加藤要約）
(a)　当初約半年間、全員研究の意欲がそろわなかった。
(b)　特別学級がなく、「特殊児童」（ママ）の指導ができなかった。
(c)　先進校視察以外に指導（者）（ママ）を求め難かった。
(d)　参考文献が少なかった。
(e)　全員の研究授業・研究協議が徹底できなかった。
２、成功したと思われる点（この項も同じ）
(a)　教師が「問題を持って」児童や教室に対せるようになった。
(b)　「劣生」とされていた児童が、生活意欲を高めてきた。
３、今後の問題（この項も同じ）
(a)　研究の深化により、個性の科学的理解とその指導をしたい。

(b)　同僚の異質の個性に学びつゝ、二教科くらいは専門研究をしたい。

(c)　教材の系統的研究と各科学習心理の発達的研究を積みたい。

(d)　施設設備を充実し、生活意欲をたかめたい。

**【資料9】　同　中井美智子の実践研究「読みの能力別指導」**

「Ⅰ　研究目標」

全児童が自己の能力に応じた力を出し、それぞれに読むことに興味を増し、さまざまな読みものを、自主的に読みぬく習慣をつける。

よく読み得る児童は十充（ママ）に読みの力を伸し（ママ）、知識を求めたり、情報を得たり、楽しんだりするために、書物、雑誌、参考書等を活用することが出来、読むことによって語いを増し、表現力を高め、又はっきりした考え方が出来るように。

読み方不振児に対しては、一早く治療的学習指導を計画、不振の原因が一でないだけに、実態調査に基き、能力に応じた治療を加え、現在の状態より一歩でも伸して行く。

「Ⅱ　研究対象」

○　二年生……自昭和27年4月～翌3月　一年四組…………自昭和28年4月～翌3月

「Ⅲ　研究動機」

①　（前略）能力の差のついてはならない入門期に於て、それぞれ家庭環境や知能の発達の違い、生れつき身体異常等があり、読み方に差が出ている。これをこのままの状態で指導していたのでは、幾つかの言葉を読み得る児童はものたらなさを感じ、読み得ない児童は困難を感じ、落伍してしまう。

②　特に読み方教育は各教科の基礎となり、読み方教育に於（ママ）の落伍者は全教科の落伍者となる。　／　読み得ない児童は書くことは出来ないし、書くことを強制しても無駄である。従っ（ママ）低学年において特に読み方教育の落伍者を作らないことが最も重要であると思い、この問題ととり組んでみた。

「Ⅳ　研究経過及び実践記録」

(1)　実態調査（二年生・一年生）

(a)　「ことば」の読み――カードに「ことば」を書き、一秒間くらいの間に早く読みとる。

文の読み——カードに三つくらいの言葉で文を作り、その文を三秒間位で読みとる。

文章の読み——児童の全く知らない文章を、ひらかなばかりで書き30秒間に何字読みとるか。

(b)　漢字の読み

(c)　単語を使う能力

(d)　読んだものの記憶と再生

(2)　読み方不振児の種類

(3)　原因

(4)　能力別指導

(5)　反省評価

「(1)　実態調査」の結果の判断

（各種表は加藤略　判断内容を加藤が要約整理し以下に記述した）

①　当初、「読み得る児童」と「読み得ない児童」の数が多く、中間が少なかった。

②　言葉の早読みができても、文・文章のそれに劣る児童が多い。

③　これらの児童の能力を伸ばすには、文の早読み練習にとゞまらず、読みと考える能力との関係にも注目すべきである。

④　特に一年生は、「ことば」は読みとれても、文・文章のそれは困難であり、内容にまでは力が及ばない。機械的に発音になおしているだけにすぎない。（注　「2、読み方不振児の種類」においても、同様の実態が指摘されている。）

「Ⅳ　能力別指導」（加藤要約）

①　特に入門期の学習指導に当たっては、(a)　読み方学習準備　(b)　動機づけ　(c)　個人差に応じた指導——を取り入れた学習指導計画が必要である。

②　そのためには、(a)　教師の綿密な実態調査　(b)　父母との相談　(c)　該当児童についての事例研究——が、必要である。

〈入門期における読みの能力別編成〉

(1)　ことばの読み

| 語　数 | 人　員 | グループ |
|---|---|---|
| 1～5 | 4 | C |
| 6～10 | 9 | B |

(3)　「文章の読み」か。（注　見出しを欠く）

| 語　数 | 人　員 | グループ |
|---|---|---|
| 0～10 | 1 | C |
| 11～20 | 6 | |

児童の席はA班、C班をとなり合せてならばせ、C班の手助けをさせる。

| | | |
|---|---|---|
| | | B |
| 11～15 | 25 | |
| 15～20 | 11 | A |

| | | |
|---|---|---|
| | | |
| 21～30 | 4 | B |
| 31～40 | 8 | |
| 41～50 | 14 | |
| 51～60 | 2 | |
| 61～70 | 3 | |
| 71～80 | 5 | |
| 81～90 | 2 | A |
| 91～100 | 1 | |
| 101～ | 1 | |

⑵　文の読み

| 文の数 | 人　員 | グループ |
|---|---|---|
| 1 | 14 | C |
| 2 | 7 | B |
| 3 | 9 | |
| 4 | 9 | |
| 5 | 10 | A |

⑷　能力別指導の順序

| | 20分 | 20分 | 20分 |
|---|---|---|---|
| A | ワーク | ワーク | 指導 |
| B | ワーク | 指導 | ワーク |
| C | 指導 | ワーク | ワーク |

〈教材〉　かいものごっこ

<table>
<tr><td>時間</td><td colspan="3">指　導　の　内　容</td></tr>
<tr><td></td><td>A</td><td>B</td><td>C</td></tr>
<tr><td>10</td><td colspan="3">新しいことばの指導と読みの準備・手続き（教）</td></tr>
<tr><td>5</td><td>読　み</td><td rowspan="2">読　み</td><td rowspan="3">新しいことばの説明（教）<br>ことばの練習</td></tr>
<tr><td rowspan="3">20</td><td>説 明（教）</td></tr>
<tr><td rowspan="2">作業（ワーク）</td><td>説　明（教）</td></tr>
<tr><td>作業（ワーク）</td><td>みちびき入れた読み（教）</td></tr>
<tr><td>15</td><td colspan="3">発　表　（教）</td></tr>
<tr><td>5</td><td colspan="3">ま　と　め　（教）</td></tr>
</table>

**【資料10】　同　「反省」**

○　（前略）時としてこのように能力別に指導すれば、益々差を生ずるのではないかと思う時もある。然し伸びようとする者はおさえつけることもなく、十分伸ばしてやり、レベルについていくことに困難を生ずる者には、個別的に援助してやり、少しでも能力に応じて伸ばしてやることが教師のつとめであろう。標準にはおくれ勝ち（ママ）ながらも、C班はC班なりに活動し、B・A班もそれぞれ己の能力に応じた活動を興味をもってやっている。各々の力に応じた作業を与えるので、いづ（ママ）れの班もよく発表し、発表をなした喜びと心の安定、又、自信を少しづつ（ママ）持つ様になってきた。全く読み得ない児童は担任一人もいなくなったことは教師としての喜びの一つである。

**【資料11】　藤間孝「私の学級の創作（詩、綴り方）に観る子供」**

「体系」

１、研究目標
２、研究の対象
３、研究の動機
４、研究経過
５、実践記録
６、反省評価
７、今後の計画
８、参考文献

「１、研究目標」

子供は自分の生活を深めることを意識してはいない。しかし彼等は、内から燃えて伸びる生長へのたくましい意欲にかられて、凡ての新しいものにみ力（ママ）感ずるものである。この自然や社会の中での意欲と感動による直接経験をしながら、物事についての見方、考え方、感じ方、人間の生き方を豊かにしたり、ただしくしたり、新しくさせていくことは、新しい教育の大きな仕事である。こうした子どもの生活経験や意欲を紙上表現したものを通して、せきららな子供のすがたを認識し、更にこれを土台として想像性や創造性を培っていくことは、吾々の務めでもある。従って私は子供達によって素直に表現された感動の真実をのぞき、そうしてその真実からより大きい真実の光の中へ子供達を導いて行きたいのである。

**【資料12】　同　「４．研究経過」**

①　実情調査　②　文集『日輪』への歩み　③　『日輪』の作製　④　『蓑虫』の誕生　⑤　現状

②　文集『日輪』への歩み

(a)　存分に言い、存分に思い、存分に驚く環境（雰囲気）（ママ）をつくるようにする。

(b)　文章構造の簡単な指導をする。

(c)　白秋「自由詩」・山びこ学校児童詩の抜すいをプリントして配布しそれについての話し合いをする。

③　『日輪』の作製

(a)　話し合いによって日輪（ママ）を作る。

(b)　個人は常に手帖を用意し、毎週金曜日に教師へ提出。
(c)　週一回日輪（ママ）へ掲載された友達の作品を検討する。
(d)　長文の指導。
(e)　書けない者のいないクラスを作る運動をする。
(f)　掲載作品は1号から謄写して全員に配布し、各自とじこんで使用、四年修了までには全員掲載の予定。

**【資料13】　同　児童の作品と指導者の解説**

【Y（男）の作品】

○　わ　（三年初期）（ママ）

ぼくがかあらを歩いていると
川のそこでふながおよえでいた
だいぶん大きいので
ちょっと石をふなになげたら
川にわができた
わはこまかったけど
ずんずん大きゅうなった

あんまりおかしいので
いらってみたけど
やっぱり大きゅうなる

《藤間孝氏の解説》　幼児がよく色々なことを親にきく。たまりかねるお母さんもある。その時期がまたやって来のだ。自然の中で遊び、自然の秘境に驚きと愛着を感ずる。「あんまりおかしいので」つまり、こいつめとおもったふなは実は「わ」になって子供をひきつけたのである。子供のこの自然への驚きは素直さの共鳴でありそれがやがて行動となり、「いらって」みて抵抗しようとしたけれど「やっぱり」指先の感覚をくすぐりながら「わ」は不思議をひろげつつ夢の様に「大きく」なるのである。空白の中に流れる驚きと、みつめているパッチリした眼を私はかんじた。

【S（女）の作品】

○　さかなやのとうちゃん

とうちゃんはいつもお酒をのんで
そしてかあちゃんと
けんかをしています

《藤間孝氏の解説》　この詩は山びこの流れである。父親は善良だが魚屋組合の関係と、好きとでよく酒をのんでよっぱらう。子供はそれをみせつけられていたのだ。だ

朝になるともう
けんかのことはいっていません

さかなのことをいっています

から本人は夜ねる時、こっそりノートに書いたと言っている。私に提出する時「先生誰にも見せちゃいけんよ。でも先生ほんとうにいけんことだったらいけんじゃろう」といってきまり悪そうにした。私は驚いた。頭を撫でて褒めてやった。それに言いたいことを書いているし、憶えてもいたのだ。大人の筆ではない。私と二人でだらだらした言葉「そして」を１～２（ママ）カ所省いた位だ。「いつも」は「しょっちゅう」となっていた。いま思えば「しょっちゅうおさけをのんで」の方がよいように思う。後に子供がこういった。「先生、日輪を父ちゃんが見たんよ。」私は「それで」と聞き返した。「叱られたの？」と尋ねると「何も言わんと出て言った」と答えた。これは三年の二学期の終りに作ったのだが、四年になって「先生、父ちゃんはもうさけ呑んじゃないよ。パチンコへもあんまり行かんと毎日魚のことばっかりしてよ。かわいそーな。」と言った。ある日、私は主人に会って聞いたら頭をかくかく「子供には参りましたよ。あれを読んだら酒なんか呑めるもんじゃない。それに字を書くようになり、父としてじっとしていられなくなりましたよ。全く先生もいじ悪ですね。」とこぼした。私じゃない。社会事象について無関心でいるように見えても、子供は善悪を感じているのだ。この父親も又偉いと私は思った。

【Ｉ（女）の作品】

たのしい運動会がちかづくのでうれしくなりました。私は運動会も楽しくなりました。ねえちゃんも元気でいますか。私も元気でおります。お母さんはたのしく仕事をしています。兄ちゃんも仕事をしています。猛ちゃんはふろたきと水くみになっています。私はごはんとはんど（かめ）（藤間孝教諭の注）水をくんでいます。ねえちゃんのかおがわからないようになったので帰ってきてください。この前にお母さんの手紙に帰ってきて下さいと書いてありましたか。私も手紙出してみようと思ったので出しました。でもねえちゃんが帰ってくるとお金がやすくなり（お金がなくなる）（ママ）ます。（ママ）からこまります。お母さんもこまります。けどみんなあいたいと思っています。猛ちゃんは私をおごって（しかって）（ママ）

います。ねこは子をうんでみけもうんでいます。お母さんはねこの子をかわいがっています。さようなら

ねえちゃんべ（へ）（ママ）（氏名）（ママ）より

《藤間孝氏の解説》　私の組で一番小さい女の子であって、家でも末子なので少しあまえ気がある。父親と生別したのでふくざつなこの家庭では、母と姉が唯一の愛情の泉である。発音不明瞭で、他の子供からのけ者扱いされていたが、字が書け、文が綴れるようになってから仲良く学びあそぶようになった。（加藤中略。）この手紙が三年の運動会前に遠く岩国の某工場へ女工として働きに行った姉に出した手紙である。／　姉に会いたい。姉の帰りをまっている。然し帰ってくると汽車賃はいるし、工場を休めば給料が減る。母や姉が稼いで日々の暮しを細々ながら暗さに負けずに生活していることをこの手紙は感じているのだ。会いたい一心と、しかも会ってならない子供ながらの大きな矛盾を胸奥に感じながら、家庭の楽しくやっている様子を書いて陰ながら姉を激励しているこのさびしい切々とした訴えをこの手紙に観るのである。大きな問題——国民凡てが、人類全体が考えてみなければならない問題ではなかろうか。この手紙はある用件で家庭訪問した時母が「手紙が書けるようになった」といって封をする前に見せてくれたもので、ずっと後に頼んで姉から送り返して貰って私が保存しているものである。今でも姉と文通しているようだ。手紙の文章は兄よりも上手である。今この子供にとって何よりも楽しみなのは姉との文通であった。

《藤間孝氏の述懐》

○　子供たちは書くことが余り多くて気があせるあまりに実はこの文章へ要約してしまったのだと考える。いいたいことは言うし、喋ればまともに喋るのだが、どうしてそれが書けないのだろうか。然しこれらの文章の裏には子供自身の複雑な「思い出」や「お話」が踊っているのだと思う。兎にかく書くこと、詩や綴り方を作ること、その指導のために三カ年受けもつことにし、自分もこの研究を共々にしようと思った。

○　文集「みの虫」へ　文集「日輪」は勉強不足のために行詰りを来した。ここに文集「みの虫」への切り替えが始った。三年のある理科の時間である。蓑虫の冬越しを調べるために庭へ連れて出た。子供たちはめいめいグ

ループを作って調べ始めた。私は三々五々あの木の下で、この草の上で、うずくまっている頭の塊を見て歩いた。木に登って取っているもの、剃刀で殻を切り開いているもの、ノートへ写生しているもの、中の綿を出したり入れたり、蓑虫を掌へのせて、不思議そうに鉛筆の先でつついているものもある。皆てんでに何か叫んだり、喋ったりしながらやっている。ある所で、Tという子供がこんなことを4～5人の男の子へ紅潮して喋っていた。私はハッと思ってすぐ手帖へ書きとめた。「お前ら知るまあが､ぼかぁ知っちょるんだぞ。蓑虫をみつけたんだ。こんなでかいやつとそのよこへこまいやつがぶらさがっちょるぞ。蓑虫の親子いやぁ｡動いて音がするぞ。つつくと顔を出してみるぞ。本当だぞ。本当に知っちょるんだ。教えるもんかぁ。来年の春みに行くんだ。」次の理科の時間、私は早日に止めて黒板に書いてみた。その時間は何の指導も加えなかったが、子供の喜とした（ママ）紅顔を思い浮べると何か考えさせられる所があるように感じた。子供達は何か集って話していたが、とにかく私には彼等の独言が問題となって脳中が混乱していた。四年になって改めてみんなと相談した。T君の喜びがどんなであったか考えた。この時から日輪（ママ）を蓑虫(ママ)変えた。二学期、私はこんな本を手に入れた。(以下、略)

　　みの虫
みの虫をみつけたんぞ。
でかいやつのそばえこまいやつが
ぶらさかってるんだ。
くすくす動いて音がするよ（ママ）
つつくと顔を出してみるんだ。

ぼかぁほんとに知っちょるんだ（ママ）

《藤間孝氏の付言》

(以下加藤が整理し箇条書きにして示した)

①　もっと子供をとらえて行くような研究をつゞけたい。

②　「直接経験から」と「文化財の利用から」との統合を目指したい。

③　後者については、図書館での金曜二時間の読書の時間に、読書ノートを活用させる。

④　それを点検して「一人一人の性格と能力にあった内容のものを」指示す

る。

⑤　学校放送の内容を書きとり、相談させると、「国語」の内容把握が目に見えて進歩する。

⑥　前者に関しては、「子供と共に遊び、戸外で経験させる」ことと「教師が詩を文学を教養ある程度まで学ぶ」こととを統合しなければならない。

《藤間孝氏の「Ⅵ　反省評価」》

1、困難点

(a)　私の勉学不足によって指導上迷いに陥ることが多いい（ママ）。

(b)　こういうものの指導時間が足りない。

(c)　作品を観るのに手間がかかって骨が折れる。

(d)　長い時間が必要である。

2、　成功記録

(a)　子供を観る眼が変ってくる気がする。

(b)　学級が明朗になり子供の観察力が伸びてきた。

3、未解決の問題

(a)　生長するに従って子供の感覚がマナリズム（ママ）化されないためにはどうしたらよいか。

(b)　この問題は永遠といってよいので研究を続行しなければならない。

《藤間孝氏の「Ⅶ　今後の計画」》

(a)　今の指導と計画を続行すること。

(b)　創造活動の永続性を計る（ママ）ためにはどうしたらよいか。

(c)　「みの虫」の製本化――これは夢みたいなことかも知れない。

## 第4節　もう1つの「光プラン」

【資料1】　光市小学校教育課程構成委員会著『新カリキュラムの設計　学習展開　第二集』　光市教育課長「はしがき」　1952（昭和27）年4月14日刊

○　昨年度の第一集における基底単元のうちから、各学年毎に二単元を選び出し同学年グループの共同研究を中核とし、より具体的に、より実践的にと、現場に直ちに活用できるよう配慮した。

○　表紙図案の三角形が示すごとく問題解決学習・基礎学習・日常生活課程の三つの基本コースをもち問題領域法の立場をとったものである。

【資料2】　同　「基底単元　ゆうびんやさん」

【ゆうびんやさん】（注　8週・32時間）

《単元設定の理由》

このとしごろの児童にとって郵便屋さんは興味と関心の深いものである。赤い自転車が家に近づくのを見ると飛び出して来て受取ろうとする。集配人に親しみをもつ。遊びから発展してこの人達の仕事の内容を知ることは社会生活に於て通信機関を利用する機会を与え感謝協力する態度を持たせることを目的として設定した。

【資料3】　同　「目標」

《一般目標》

郵便ごっこによって郵便屋さんの仕事が私たちの生活を大へん（ママ）便利にしていることを理解させこれに協力感謝する態度を養う。こゝでは、改めて、(3)・(4)が、確認されている。

《具体目標》

1　郵便は遠くから手紙や小包などの幸福を運んでくれるものであることを知り集配人のおじさんに対して「御苦労さん」の一言がいえる態度能力。

2　ポストから出た手紙がどこを歩いて家まではこばれるかを知る。

3　郵便局の人は世の中のために働いていることを知る。

4　切手やスタンプの意味を知る。

5　手紙や郵便物には色々な種類のあることを知る。

6　簡単な手紙が書け通信する能力。

7　見学したり工夫したり相談したりする態度。

8　通信は手紙の他に電話や電報のあることを知る。

9　用具を集めたり自ら制作したりし自分たちの遊びを工夫すること。

※　模型絵画紙芝居作文劇などに現すること。（ママ）

**【資料4】　同　「予備調査」**

《予備調査》

家庭環境

・　どんな人と通信が行われているか。

・　電報はどんな事で受けたり発信したりするか。

・　電話があるか、主に誰がとりついでいるか、電話を使ふ（ママ）用件は主にどんなことか。

児童の生活

・　手紙を書いた経験、用向、宛人

・　郵便屋さん郵便局に対する認識調査

・　手紙、電信にたいする料金についての知識

・　手紙が配達されるまでの経路についての認識

**【資料5】　同　「予想される学習活動」**

《予想される学習活動》　導入

1　環境の構成

・　色々な切手、葉書、手紙、電報、封筒、貯金、通帳、貯金ポスター　・　包装した小包、名札　・　郵便屋さんの絵、写真　・　郵便局の内部、作業をする絵画、写真

2　児童の経験から

・　手紙を出したことの経験　・　手紙や小包、電報を受取ったことの

経験　・　郵便屋さんとはどんな人かについて話合う　・　近くの郵便局の様子についての話合い

【資料6】　同　展開

1　素朴な郵便ごっこ

○　郵便ごっこをするための話合い

・　どんなものを準備すればよいか。

・　どんな係をきめたらよいか。

○　ごっこをする。

・　お友達同志で手紙のやりとりをして見る。

ポスト　　郵便局——配達（ママ）

○　郵便ごっこの反省

・　郵便ごっこをして感じた事の話合い

・　各係から気づいたこと、困ったことについて話合う。

・　受けとる人の態度について話合う。

・　宛名のない手紙の処理について

・　よくわからないところをしらべてみよう。

・　郵便局へ見学に行こう。

【資料7】　同　「ごっこ」から「見学」へ

2　郵便局の見学

○　見学の相談をする。

・手紙や葉書の配達される道筋を話して頂くこと

・局員の仕事をきくこと

・途中のきまり、言葉づかいにきをつける。

○　見学する。

・　説明をきく。

・　わからない所を尋ねる

○　見学してきたことの整理

・　実際に見たり聞いたりしたことについて話合う。

局長さんのお話、赤い自転車のおじさんのお話、電話交換の様子、各係のお仕事、手紙の輸送される経路手紙を書く――ポスト――集配人――郵便局――スタンプ――輸送――郵便局――集配人――家庭

・　郵便局の人達へお礼を出す。

・　見学した事を絵に書く、文に書く。

3　もっとよい郵便ごっこをしよう

○　きれいな正しい手紙の書き方をしよう

・　手紙、葉書の表裏について

・　宛名の書き方、住所氏名

・　差出人の住所氏名の書き方

・　文字は丁寧に、ことばづかいに気をつける

・　切手のはり方、料金

○　ごっこの計画

・　町づくり、家づくり

・　ポストの修理、スタンプつくり、スタンプ台、机、腰掛、戸棚、窓口、赤い自転車、表札なども揃えよう

○　ごっこを始める。

・　係を交代してやろう。

○　ごっこの反省

4　郵便ごっこのまとめ

郵便物の輸送の経路を手紙の旅として絵巻物につくる。

5　電話遊びと電報

○　電話遊びの計画について話合う。

・　電話のある家、かけたことのある者の発表

・　糸電話つくり　交換手も入れて、ごっこをはじめる。

・　電報について　電報について話合う。来たことがあるか、うたれたことがあるか。どんな場合か。

7（ママ）　小包についてしらべる。

・　小包の来たこと、出したことについて発表

・　小包の包装、名札を見る。

・　小包の輸送の経路も手紙の旅と同じであること。

終末

・　病気で休んでいるお友達、或は転校したお友達に手紙をかく（ママ）
・　手紙の旅の紙芝居を見る。

【資料8】　同　「評価」

【理解の評価】

1　郵便局では私達の便宜をはかるために夜も昼も働いている。
2　郵便物はどんなにして届けられるか。(手紙の旅)（ママ）
3　郵便物には色々種類がある。(用件によって)（ママ）
4　局の人たちはそれぞれ仕事をもって私達の為に働いている。
5　切手やスタンプの意義

[理解の評価法の実際例]

1　手紙がどのようにしてとどくかつぎの（　）中にばんごうをいれなさい。

（　）　スタンプをおす。
（　）　くばるところによってわける。
（　）　きってをはってポストに入れる。
（　）　手紙を書く。
（　）　はいたつされる。
（　）　きしゃではこばれる。
（　）　ゆうびんきょくからじどうしゃで駅まではこぶ。
（　）　駅から、ゆうびんきょくまではこばれる。

2　ゆうびんきょくの人たちはどんなしごとをしていますか（ママ）つぎの中でよいものに○をつけなさい。

（　）　かばんをうる。
（　）　きってやはがきをうる。
（　）　本をつくる。
（　）　わるい人をなくするようにおせわする。
（　）　でんわのしごとをとりあつかい。（ママ）
（　）　たばこをうる。
（　）　はがきや手紙にスタンプをおす。
（　）　かじのとき火をけすおしごとをする。

（　）　ゆうびんちょきんをうけつける。

（　）　きしゃのきっぷをうる。

（　）　こず（ママ）つみをとりあつかい。（ママ）

（　）　スタンプをつくる。

3　でんぽうとゆうびんではどちらが早くつきますか（ママ）早くつく方に○をつけなさい。

（　）　ゆうびん　（　）　でんぽう

4　手紙にはいくらのきってをはりますか、よいと思うのに○をつけなさい。

二円・五円・八円・十円・十二円・三十円

5　はがきは、いくらですか、よいと思うのに○をつけなさい。

二円・五円・八円・十円

6　手紙をかくときや、だすときに気をつけなければならないのはどんなことでしょう。つぎのことばの中からよりわけて○をつけてください。

（　）　きってをわすれずにはる。

（　）　いろをきれいにぬる。

（　）　あてさきをはっきりとかく。

（　）　おともだちとなかよくする。

（　）　じをきれいにかく。

（　）　きれいにおそうじをする。

7　でんぽうはどんな時にうちますか。つぎの中からでんぽうをうつ時をとりだして○をつけてください。

（　）　には（ママ）とりがたまごをうみはじめたことをしらせる。

（　）　あらしのようすを、いそいでしりたい。

（　）　きゅうに犬をかうようになったことをしらせる。

（　）　かきのみが赤くなりはじめたことをしらせる。

（　）　うちのものがじょうぶなことをしらせる。

（　）　けさあかちゃんがうまれたことをいそいでしらせる。

8　ゆうびんきょくがなかったらわたくしたちはどんなことにこまりますか。

9　このはがきを見てつぎのもんだいにこたえてください。

1．このはがきはだれがかいたのでしょうか。

2．だれにだしたのでしょうか。

3．ゆうびんきょくには（ママ）なんにちにスタンプをついたのでしょうか。

「技能の評価」

1　郵便局で必要に応じた用事の達成が出来るか。

2　友達や親類の人へ通信ができる。（ママ）

3　宛名（住所氏名）（ママ）が要領よく書ける。

4　ごっこに必要なものの工夫製作が出来るか。

「評価法実例」

記述尺度法。（ママ）

○　はがきをつくる。

| | | | | | |
|---|---|---|---|---|---|
| ・正確さ | 極めて | 正確 | 普通 | せいかく | 大へん |
| ・でき上り | 非常にきれい | 丁寧 | 普通 | きたない | 非常にきたない |

○　手紙をかく

| | | | | | |
|---|---|---|---|---|---|
| ・表現の内容 | 非常に豊か | 豊か | 普通 | 乏しい | 非常に乏しい |

（注　以下項目のみ挙げる）

「すじ道」「むだな言葉」「字をきれいにかく」「宛名及自分の住所氏名」「切手のはり方」

○　郵便ごっこにいる道具をつくる。

| | | | | | |
|---|---|---|---|---|---|
| ・興味 | 大へん興味を持つ | 興味をもつ（ママ） | 普通 | 興味を持たない | 少しももたない（ママ） |

「創意・工夫」「技術」「計画を立てる」「作品は役に立つか」「材料の扱い方」

「態度の評価」

1　郵便物を慎重に扱う態度

・　文字・宛名をていねいに書く。

・　ポストにいたずらをしない。

2　共同して楽しく作業が出来たか。

3　郵便屋さんに感謝協力する態度

4　見学の態度

「態度の評価法実例」

1　記述尺度法

・　郵便ごっこに於けるグループ学習の場

| | | | | |
|---|---|---|---|---|
| 多くの人の事を考え一度も不平を言わず積極的に協力しグループの為によく働く。 | 妥協点を見出してするか時に不平を言う。 | 普通 | 我をはっては時には怒り出す事がある。 | いつも不平を言ってグループへ協力しない他の人からつまはじきされる事が多い。 |

・　作業の態度

| | | | | |
|---|---|---|---|---|
| 先生がいてもいなくても熱心に出来、後始末もよくできる。 | 先生がいなくても大体熱心にできる | 普通 | 先生がいない時にはでたらめで遊びに気をとられる。 | 先生がいても遊びに気をとられて未完成でやめてしまう事がある。 |

2　相互評価

態度は相手の人によってその現れ方の違ふ（ママ）場合がある。例えば教師の所では黙っているが友達同志では非常によく活動するといった様な場合がある。だから教師だけの評定（ママ）ではかたよったものになる恐れがある。質問紙により評価項目をきめ相互評価させる。

3　自己評価

○　ゆうびんごっこをした時

・あなたはどうしていましたか

（　）　なんにもしません。

（　）　いっしょうけんめいしました。

（　）　人のを見ていました。

（　）　すこしだけしました。

○　何かわからないことがあった時

（　）　先生にきいた。

（　）　おともだちにたずねた。

（　）　そのままにしておいた。

（　）　じぶんで考えた。

○　紙芝居をした

（　）　よそみばかりしていた。

（　）　さわがないでみた。

（　）　ほかのべんきょうをしていた。

○　ゆうびんやさんがおうちへ手紙をもってきてくれた時

（　）　ありがとうといった。

（　）　だまっていた。

（　）　にげていった。

4　家庭への調査

○　郵便物が来た時に関心をもってそれを見たりたずねたりします。

○　郵便局のはたらき等について質問したり本を見てしらべてみようとしますか。

○　近所の子供や家の人と郵便ごっこをして遊んだことがありますか。

**【資料9】　同　「展開例・その一」**

本単元を児童にと楽しい正月の年賀状調べといふ（ママ）興味から発展させ郵便ごっこ　手紙の旅　紙芝居　電話ごっこなど表現活動を展開させる場合。

1　学習活動の計画

○　お正月の生活を話し合う。

○　郵便ごっこ

○　郵便局の見学

○　手紙の旅紙芝居つくり（ママ）

○　電報について調べる。

○　電話ごっこ

2　展開

○　お正月の生活を話し合う。

・　楽しかったお正月の思い出を話しあい（ママ）反省する。

・　休中（ママ）の天候について旅行や交際について遊びについて（ママ）
・　お正月にもらった年賀状を持ちよる。
・　郵便集配人の仕事を話し合う。
・　普通の手紙の書き方について話し合う。

○　郵便ごっこをする。
・　郵便ごっこの計画をたてる。
・　ごっこに必要なものをつくる。
・　自由に手紙のやりとりをし、それについて反省会をひらく。
・　又やってみる。

○　郵便局を見学する。
・　郵便局見学
・　見学後の話し合い。
・　局の人へお礼の手紙を書いて出す。

○　手紙の旅の紙芝居をつくる。
・　見学の時に調べた手紙の配達される道順について話し合う。それをもとにして、紙芝居をつくる場面を考える。
・　グループ毎に紙芝居の絵を手わけして書き、裏の文をグループのみんなで話しあってつける。
・　紙芝居をやってみて修正する。

○　電報についてしらべる。
・　電報について知っていることを話し合う。
・　どんな時に利用するか、しらべる。
・　その書き方について簡単に話をきき実際に書いてみる。
・　電報ごっこをする。

○　電話ごっこをする。
・　電話ごっこの計画について、話し合う。
・　糸電話をつくる。
・　それを使って電話ごっこをやってみる。
・　反省会をひらく。
・　学校の電話室をみて実際の様子をしらべる。

・　電話番号を自分のにつける。

・　もう一度なかよく電話ごっこをやる。

**【資料10】　同　「展開例・その二」**

学習内容を通信機能の理解に重点をおいて展開する場合。

1　学習指導の計画

○　郵便ごっこをする。

○　手紙の書方（ママ）についてしらべる。

○　郵便局の見学

○　郵便局をつくって郵便ごっこをする。

○　電話ごっこをする。

2　展開

○　郵便のことについて話し合う

・　ポストに手紙を入れたこと、郵便局に行ったことについて話し合う。

・　家の近くのポスト、郵便局の場所、大きさ、働いている人について話し合う。

・　郵便集配人のことを話し合う。

・　手紙をもらったこと、その時の気持について話し合う。

○　郵便ごっこをする。

・　郵便ごっこの計画をたてて準備をする。

・　ごっこの用意をする。

はがき、封筒、便箋、ポスト、郵便局、お金のさいふ、集配人のかばん、家の表札

・　係をきめる。郵便局員、集配人、各家（名前）

・　郵便ごっこをする。

・　郵便ごっこの反省　集配人から配達する時困ったこと　受取る人の態度　よかったこと　郵便局の人々の働きについて　手紙の書き方

○　手紙の書き方をしらべる。

・　家にある葉書、手紙を集めて学校へ持ちよる。

・　それとごっこ遊びで友達からもらったのと比較する。

・　相手の住所　宛名の書き方　差出人の住所氏名　切手の貼り方　手紙の内容　ことばづかい　字の書き方

・　手紙の配達される経路について話し合う。

○　郵便局の見学

・　見学することの相談　手紙や葉書の配達される経路　郵便局の人々の仕事について　小包のこと

・　見学する。　郵便集配人や郵便係の人からお話をきく

・　見学して来たことをグループ毎に手分けで（ママ）整理する。　手紙の旅の絵巻物をつくる。（郵便局の仕事を絵にかく）（ママ）　郵便局の人々に感謝の手紙を書く。

○　郵便局をつくって郵便ごっこをする。

・　郵便局の用意をする。・　新しく必要になったものを作る。窓口、各種の切手、はがき入れ、電話　・　各係をきめる。　局長、スタンプ係、切手係、集配人、電話係

・　次の点に気をつけて郵便ごっこをする。　手紙の内容、書き方、切手のはり方、配達の仕方、受け取り方、お金の計算

・　郵便ごっこの反省をする

・　郵便局の人々の仕事と苦心について話し合う。

○　電話ごっこをする。

・　電話ごっこの計画を話し合う。

・　糸電話をつくる。

・　電話ごっこをする。　電話のかけ方を話し合う。学校の電話室を見る。作った糸電話でごっこをする。電話を扱う人たちの苦心努力について話し合う。

**【資料11】　光市小学校教育過程構成委員会著『新カリキュラムの設計　学習展開　第三集』　光市教育長「はしがき」**　1953（昭和28）年６月15日刊

○　芭蕉のいう不易流行の真諦（ママ）は、あらゆるもの丶本相でもあろう。教育における地域計画の原則は、時代の単なる流行ではない。「光プラン」の生命も、新しい息吹受けて伸張と飛躍を今後に期待できるであろ

う。／　吾々は、一時的勝負を挑まない。捨石の累積を覚悟して、いのちのある仕事に心を燃焼したいものだと思う。（中略）／　第一集は本プランの基礎工事であって、理論究明や現状分析、実態調査などで一番苦労した年だった。半年を経て問題解（ママ）学習、基礎学習、日常生活課程の三コースが決定し、単元設定については未開拓の問題領域法へ大胆にも取組んでいった。会合回数五十回以上にも及んだ一事を通しても、光市教育にとっては画期的な事業であった。次いで第二年次は学習展開の具体面に手をのばし、第三集をもって一応完了をみるに至った。

【資料12】　同　「単元　お店ごっこ」

○　本単元は、十一月中旬の、たべものの旅がすんだ直後より一月中旬にかけての年末年始の、一年中で一番買物の多い時期に取扱うものである。しかし年末年始にかけては、郵便ごっこも又欠くべからざる単元であるから、当然十二月下旬よりはこの二単元は平行して行う様になるであろう。／　二年生位になった児童は段々おつかいにもいき、お店ごっこ等も友達とやっている事があろうが、それは素朴なものであって、共存共栄・相互依存という社会生活は一向にかんじとっていないだろう。／　しかも少しずつ社会なれのした児童は、物を買う事に興味をおぼえたり、又大きい児童のまねで無駄なかいものを親にせがんでする様なことも次第に多くなってくる。この単元により、物のありがたさ両親の苦労を幾分でもくみとる様になり、買物の作法にもなれさせる事は、何よりも有意義なことである。／　指導としては、素朴なお店ごっこより始めて、お店をもっとくわしくしらべもっとよいおみせごっこをしようという気持をおこさせ、お店の見学（普通の商店、青物せり市、衣料店、洗濯屋等）をあちこちさせる事によって本当のお店の機構について理解を深めさせて、次の上手なお店ごっこをさせる。／　更にそれ等商店の商品の販売経路をしらべる事によって村と町、交通、共同作業等々いろいろの知識を得て、この単元の指導目標を会得する事と思う。／　しかし教師が目標をおしつける事なく、楽しいごっこ遊びの内に、自然に目的を達する事が、留意されるべきである。

【資料13】　同　「一般目標」

○　通学途上のお店をよく視察させ、お店ごっこをさせることによって、私達の生活とお店の相互依存の関係を理解させ、実際に商店利用のために必要な態度や技能、及び協同して学習する態度を養う。

【資料14】　同　「評価」

1　【理解】

○　自分達の日常生活とお店との関係がよく理解できたか。

○　いろいろのお店でそれぞれどんな品物をうっているかよくわかったか。

○　親はいつも子供の事で気をつかっていることがわかったか。

2　【態度】

○　グループの中で自分の役割がどの程度に果たされているか。

○　上手に買物ができ、つり銭を正しくもらえるようになったか。

○　品物に感謝し、大切に使うようになったか。

○　みんなのきめたきまりがどれだけ守られるか。

3　【技能】

○　仕事を計画し、どの程度のものを展開するか。

○　お金で売買することが、どの程度できるようになったか。

○　蒐集したり、整美（ママ）したり発表をする能力はどうか。

児童（ママ）

| おつかいひょう　二年　おなまえ | | | | |
|---|---|---|---|---|
| いきさき | ようじ | ねだん | おつり | かったしなもの |
| 山本げた店 | かい物 | 一二〇円 | なし | わたしのげた |
| （加藤注。以下、「こづかいちょう」・「父兄用表」ともに、加藤略。） | | | | |

「評価法の実例案」

1　上のしなものは下のどの店で売っていますか――でつないでください。

みかん　　　　やおや

くつした　　　ぶんぼうぐや

くれよん　　　　　　　ほんや
いわし　　　　　　　　さかなや
二年ブック　　　　　　ごふくや

2　つぎのなかでよくうれるだろうとおもわれる店に○をつけましょう。

（　）　しなものにいっぱいほこりがかかっている。
（　）　うる人のことばづかいがていねいである。
（　）　のりものにべんりなところにあるお店。
（　）　しなものが少ししかない。
（　）　よその店よりねだんが高い。
（　）　うりてがいつもにこにこしている。
（　）　人どおりの多いところにある。

3　つぎの中でいなかでつくられて町の人がかうものに○をつけましょう。

ようふく　こめ　え本　おもちゃ　はがき　おやさい　むぎ　ズック
ちり紙　たきぎ　たんもの　むしろ

4　つきの文でよいとおもうものに○、いけないと思う（ママ）ものに×をつけなさい。

（　）　かいものにいって「ごめんください。」とごあいさつするのはよい子です。
（　）　おさかなはげたやさんではうっておりません。
（　）　かいものにいっておつりをもらったら、かえりにあめをかいましょう。
（　）　デパートにいくとたいていのものはうっています。
（　）　かいもののかえりによい子はめだかをとってあそびます。

5　さきの（　）の中に、うしろのことばの中からよいと思うものをえらんでいれなさい。

え本をかってねだんがわからないので（　）とききました。
お店はにぎやかでのりものに（べんり）（ママ）なところがよくうれます。
お米のはいきゅうしょでは（　）はうっておりません。
やおやのおじさんは朝早く（青物いちば）（ママ）へかいにいきます。

おやさい　これいくらですか　べんり　青物いちば

6　おやさいはどんなじゅんじょでみなさんのうちまでくるのでしょうか。ばんごうを入れなさい。

（　）　やおやさんがせりいちでかってくる。

（　）　はたけにたねをまく。

（　）　青物いちばでせりをする。

（　）　おかあさんが、やおやさんからかってくる。

（　）　よくみのったおやさいをとりいれてきれいにする。

「技能」

| | | | | | |
|---|---|---|---|---|---|
| 計画性 | すばらしい計画をたてる。 | 上手である。 | 普通 | ち密にできない。 | 全くしない。 |
| 質問 | のみこめるまで聞く。 | よく聞く。 | 普通 | あまり質問しない。 | 全くしない。 |
| 興味 | 大変よろこぶ。 | よろこぶ。 | 普通 | あまりすきではない。 | することをいやがる。 |
| 整理 | 上手に整理する | 整理する。 | 普通 | 粗雑である | 粗雑で大切なことがぬけている |

「ごっこ遊び」

| | | | | | |
|---|---|---|---|---|---|
| 興味 | 大変興味をもつ。 | 興味をもつ。 | 普通 | 興味を持（ママ）たない。 | 少しも興味を持（ママ）たない。 |
| 創意工夫 | 大いに創意工夫する。 | 創意工夫する。 | 普通 | 相違工夫に乏しい。 | 全然しようとしない。 |
| 作品 | 極めて上手に作る。 | 上手に作る。 | 普通 | 下手。 | 作品にならない |
| 作品の有用性 | 大へん（ママ）役に立つ。 | やくにはたつ（ママ） | 普通 | あまり役に立たない。 | 全然役に立たない。 |
| 計画の仕方 | 独創的である。 | やや独創的 | 普通 | 他人のまねが多い。 | 計画しようとしない。 |

「態度」

| | | | | | |
|---|---|---|---|---|---|
| グループ学習 | 人のことを考えて不平をいわず積極的に活動し皆のために働く。 | 相当協力はするが人のことまでは考えない。 | 普通 | いじをはって勝手に行動する。 | いつも不平ばかりいって協力しなかったり一人でぼんやりしている。 |
| 作業態度 | 先生がいてもいなくてもよく出来後始末もよい。 | いつも熱心によくする。 | 普通 | 先生のいない時にはでたらめをしたり遊んだりする。 | 先生がいても一向に作業に気がむかずぼんやりしている。 |

**【資料15】　教育課程審議会「教育課程の基準の改善の基本方向について」（中間まとめ）**　1977（平成9）年11月17日発表　『文部広報』第985　1977（平成9）年12月5日発行　所収

○　（学習の指導と評価の在り方）（注　括弧はママ）

キ　第七は、これからの学校教育における学習の指導と評価の在り方が極めて重要であるということである。我々は、自ら学ぶ意欲や思考力・判断力・表現力などの資質や能力の育成を重視するこれからの学校教育においては、従来のような知識を教え込むような授業の在り方を改め、子どもたちが自分で考えたり自分の言葉で表現したりすることを重視するよう指導法の工夫改善を一歩進めていく必要があると考えた。また、指導に当たって教師は子どもたちと共に学び考え、子どもたちの問題解決を助けていくという姿勢が大切であると考えた。

①　［生きる力］を身に付けているかどうかによって捉える。

②　共通の評価方法を見直し、学校・学年の各段階、教科の特性を考慮に入れた改善を図る。

○　（横断的・総合的な学習など）

カ　国際理解・外国語会話、情報、環境、福祉など児童生徒の興味・関心等に基づく課題について横断的・総合的な学習を推進し、学校の創意工夫を生かした特色ある教育活動を一層展開できるようにするため、小学校、中学校及び高等学校に「総合的な学習の時間（仮称）を創設する。／　また、各学校の創意工夫をいかした指導が一層行われるようにするとともに、児童生徒の主体的な学習を促す観点から、学習指導要領における各強化・科目の内容の示し方については、学校段階や教科書の特質に応じて、目標や内容を複数学年まとめて示すなどの大綱化や弾力化を図ることとする。

# 第Ⅳ章　「基礎学力」の探究

## 第1節　福賀小学校の「読解力伸張の方法」

**【資料1】　山口県教育研究所著『小・中学校　国語科　学習指導上の問題点とその指導』**　同研究所　紀要第17号　1954（昭和29）年6月25日刊

○　さて、こうした国語科学習指導上の問題点は、せんじつめれば、分析的にこれを行うか、綜合的にこれを行うかということが、その分岐点となるとなるといえる。たとえば、戦後の国語学習指導を方向づけた文部省の学習指導要領は、

国語の教育課題は、読み方、書き方というような科目に分れず学習活動は中心的な話題をめぐって、綜合的に展開されるよう組織されることが望ましい。（昭和二十六年改訂版　『小学校学習指導要領［試案］国語科編』　五ページ）

として、完全なる綜合主義の上に立っているのであるが、この方法では低学年ではともかくとして、高学年においての高度の学習には多くの支障が生じてくる。現に、中学校で文法教科書を使って、個別にこれを学習し、指導しているのが県下の大勢であることからしても、うかがい知られよう。それかといって、分析主義の上に立つことが、むろん完璧だとも考えられないことはさきにも述べたとおりである。

**【資料2】　同　「この問題を解決する鍵となるもの　――国語科学習指導の要件――」**

①　言語の機能とか、その発達とかいう観点から考えて――具体的な経験を想起することによって、ことばを伸長させること――

②　国語教育の本質からいって――見方・考え方・感じ方・表わし方・受けとり方を強調すること――

③　今日の国語教室の反省として――学習指導に緊張度を持つこと――

同上　②の「内容」

○　国語科が他の教科の基礎的、道具的な教科であるといわれながらも、一方では厳然と一線を画して、独立教科の真面目を発揮しているのは、その主題に対する独自な態度からなのである。すなわち、主題がどんなに常識的でかつ平凡であろうとも、それをいかに見、いかに考え、いかに感じ、いかに表現し、いかにまた受け取るかという訓練こそは、実に国語科が堅持すべきその本領ともいわなければならないものである。「国語の本」（四年下、二羽葉株式会社）の「東京から大阪まで」の学習が、社会科の学習となんらかわるところなく行われて、所定の時間が地理的内容の詮索に終始ついやされてしまったり、あるいは教室内の学習がわれ勝手なまるで井戸端会議のような様相を呈して、しかも何等顧みられないのは、この尺度に照して再考さるべきであろう。この意味において、国語科教師は常に明確な思考とともに、豊かな生活感情を養うて、物事に対する深い見識を備えなければならないのである。

**【資料3】　山口県阿武郡阿武町福賀小学校著『国語教育研究　読解力伸張の方策』　藤井力夫校長「序」**　1954（昭和29）年2月9日刊

○　「研修は教師の命です。死守すべきです。」と吾等の主事手島課長は激励くださった。此のはげましの言葉に全教職員は襟を正して自分自身をいろいろの角度から内省せしめられた。　／　子供の幸福が自分の幸福であらねばならない教職員もやはり弱い人間である、だからと言ってそんなことで自己をまんちゃく（ママ）することの出来ない厳しさを吾々は知っている。　／　徹夜につぐ徹夜。同人の涙ぐましい奮闘を否定する訳には行かぬ。夕刻の頬の紅潮を鋭く注意して微熱を気遣ったことが幾度で有ったろうか。／　明らかにいばらの道であった、然しようこそ爰迄無難に辿りついたものだと独り目頭が熱くなる。／新しい教育は子供の実態を捉んで、それに即応しなければならぬそのために指導の科学性をどうしても高誦（ママ）せざるを得ない。こうした基礎的な観点にたって研修の出発点とした（加藤後略。表記は、原文のママ。）

【資料4】　同　「二」「本校児童に見られる読書障害の心理的意義」の「研究課題」の「方針」

○　日々の教壇を生かしもっと広く、もっと深く児童を見つめ個々に徹し個々を生かす為多方面にわたる資料の蒐集に務める

◉　言語機能の発達はどのような過程をもつものであるか
◉　読むという子供の能力はどのように発達するか
◉　読むという活動は如何なる問題をもっているか
―― 究明

【資料5】　同　「研究過程」

○　言語機能、読書機能の発達→読書困難の発見 ―― 実態把握／原因究明 ―― 事例研究

【資料6】　同　「研究計画」

| 研究テーマ | 研　究　内　容 | 対課策題そ解の決他の(調査) |
|---|---|---|
| 言語機能の発達について | 言語教育<br>1、言語の発達条件<br>2、言語の発達<br>　語い、文章、話し言葉<br>3、言語障害<br>国語の四領域<br>1、聞くことの<br>2、話すことの<br>3、読むことの<br>4、書くこと作ることの<br>（1～4）―心理 | ことばあつめ<br>言語発達の事例研究<br>言語障害の事例研究<br>国語学習の基礎技能と基礎読みの指導<br>　（参照） |
| 読書能力の発達について | 読書能力の発達と原理<br>読書能力の発達<br>1、読書能力<br>2、読書レディネス<br>3、読書速度<br>4、読書の正確度<br>読書興味 | 読書レディネス診断テスト<br>読書速度と理解度読みの診断<br>　（教師客観テスト）<br>読書日誌 |

| | | |
|---|---|---|
| 読書困難児 | 読書機能の欠陥<br>1、身体的欠陥<br>2、知能的 〃<br>3、性格的 〃<br>4、指導上 〃 | |
| 事例研究 | 氏名、年令、学年、問題点、人格的特性、身体的状態、生育歴、家庭環境、診断及び指導友人との交渉<br>（指導記録） | 読書レディネス<br>読みの欠陥<br>生育歴調査<br>治療診断と指導 |
| 備　　考 | ◉　研究は日々の教壇の実践を資料として行うことに務める<br>◉　全学年から資料を蒐集する考案 | |

**【資料7】　同　「よむことの経験内容」**

①　調べるためのよみ（調べる目的によって異なる）（ママ）

読解能力

ざっとよむ能力　必要な部分をさがし出す能力　大意をつかむ能力　細部に注意する　能力　組織する能力　よんで指図に従う能力　よんだものについて事実と意見と区別　する能力　先の部分や結果を予想する能力　よんだものから知覚印象を形成する能力　批判的によむ能力　図表、統計表などをよむ能力

②　鑑賞のためのよみ

③　新聞記事のよみ

④　辞書や参考書のよみ

⑤　図書館を利用する経験

**【資料8】　同　「よむことの心理」**

○　すべての教科の学習は児童の読書力に依存する。知識を広め経験を豊かにするのも主としてよむはたらきを通して行われる「よむことを学ぶ」即ち読書の技術の習得から始まって「「学習するためによむ」即ち書かれている事柄を正しく解釈し利用し得るちからを発達させるのである。

**【資料９】　同　「指導の具体例」**

① 聴覚の弁別練習……(イ) しりとりあそび (ロ) あのじのつくことばあつめ
② 聞きとり練習………(イ) 話すように読む指導 (ロ) まちがいやすい発音の指導 (ハ) 文脈によってことばをききとる（類推して未知のことばを理解する）（ママ） (ニ) 絵によってことばを理解する (ホ) 事柄の順序を理解させる
③ 読書意欲の喚起……(イ) 読物の設備 (ロ) 教師の音読
④ 話の理解と語いの拡充……(イ) 語いの概念を理解させる工夫 (ロ) 聞く語いの指導方法

◉ 新しい語いの意味を具体的なる物事に即して明確にさせる。
◉ 新しい語いが使われるような話をしてやったり、読んでやってその意味を興味ある語いにしてやる。
◉ 児童がしたこと、見たこと、聞いたことについて話し合いをさせたり報告をさせたり独話させたりすると児童は話の中に語いを使う（ママ）これをきいている他の児童がおぼえたかどうか成してみる。
◉ 自分がおぼえた新語をつかって話をするようにすすめる。

**【資料10】　同　「二、基礎読みの指導」「中高学年」の場合**

１　読みの目あて

A　ことばの意味を理解する　B　読みの速度を増す　C　全体の意味を読みとる　D　中心思想を読みとる　E　ある知識情報を読みとる　F　必要なる事を探して読む　G　読みとった事を再構成する　H　指示したことばを読み取る　I　簡単な批評眼をもちながらよむ　J　辞書参考書新聞雑誌等を活用して読む

２　指導上の留意点

(1) 読みの基礎指導をなす方法を常に考えて教材の取り扱いに工夫すること、社会科、理科の教科書で出た語彙や漢字を国語の時間に如何に教えるか等工夫が必要　(2) 個人差を無視した指導を反省し読みの上、中、下位のそれぞれの児童に与える教材の程度を工夫しなければならない。(3) この時期になると読みの力が増大するので色々な読物を数多く与えて多読する機会を与えてやることが必要である。(4) 未知のことばを理解するために辞書を使うこと、社会科、理科、家庭の内容教科の読みによる指導に留意する。

**【資料11】　同　「三、教材による一般的な指導法」**（表・紹介のつゞきは加藤省略）

| 教　材 | 内　　容 | 指　　導　　法 |
|---|---|---|
| ㈠<br>一般的な方法（中高） | 論理的……客観的に割りきれるので共通的な理解<br>情的……主観的で個性的 | 一、全文通読　二、文のテーマ想定　三　想定に立脚した文段を考える　四、精読　により主題が如何に展開されているか読み乍ら最初の想定が正しいか確認していく　五、作者の意図を全体的にまとめて簡単に表現出来るようにする<br>六、全文を味読する |
| ㈡<br>詩（全） | 読ませる詩<br>　大人が作った詩<br>　子供の詩らしく<br>　作った詩<br>作らせる詩<br>　子供が作った詩<br>（詩人を作らず詩心を養う） | リズム＝児童のもつ詩情に訴える。或る事がらに対する喜び、おどろき、悲しみ等の経験や之に伴う情緒を読解する。自由な想像力及び自分の見方、考え方を育て、優れた作品をしっかり読ませる。<br>一、読む（どんなことがらがうたってあるか考えよう）<br>　イ　作者の想定　ロ　作者の心持の想定　ハ　読めない字の指導<br>二、読む（作者の心持を考え乍ら）<br>　イ　作者の心持のよく現れている所　ロ　難語句の了解<br>三、読む（文の気持が出るように）<br>　イ　気持のよく出ている所　表現の旨い所を読んだり書いたり　ロ　新字の筆順<br>四、読む（暗唱出来るように）立派な朗読<br>　イ　全文暗唱　ロ　書く　ハ　詩の情緒の絵<br>五、作らせる詩……作詩＝作詩の機会を作ってやる |

【資料12】　４　黙読の速さがおそすぎる（注　「欠陥」の一）

(1)　精神発達がおくれている　(2)　視覚覚器官に障害があるる　(3)　眼球の読字運動が止常でない　(4)　読めない文字が多すぎる　(5)　その学年相応の語いがすくない　(6)　一字一字ひろって読む習慣がある　(7)　ことばと思想を結びつける力が不足している　(8)　読む学習活動をさせることがすくなかった　(9)　読書経験が少い　(10)　経験の背景がとぼしい　(11)　読む材料がむづかしくて内容の理解が困難である

【資料13】　同　「Ａの五の２」「基礎的読解能力欠陥の治療」の「文章理解力欠陥の治療」

○　いろいろの原因に基づいているのでこれも各原因を予防または除去する面において治療が施されねばならない。

１、幾つかの興味ある文章を与えて主意を示す語句に傍線をつけさせる訓練、あるいは主意を示す箇所を空欄にしておきこれを適切な語句で補填させる方法

２、幾つかの文体や表現は異なるが主意の類似の文章例と然らざる文章例をあたえて異同を分類させたり共通の内容に従をこたえさせたりする方法

３、文章を黙読させ、文中の指示内容に従っていろいろの動作をするゲームまたわ（ママ）遊戯による方法

４、一定の文章を与えて、その結論を答えさせたり、生じ得べき結果を推論させたりする。

５、文章を変えないがいろいろの文体や文章に表現を変えさせたり、要約させたりする方法

６、文章を与えてその標題をつくらせる。例えば新聞の本文記事だけあたえて見出しをつけさせる方法等があげられる。

【資料14】　同　「Ｂの一」「あらすじのつかみ方とその指導法」の「方策」

一、研究動機及目的（注　以下句読点はそのまゝ）

△　あらすじつかむ作業が困難である（平素の観察から、読書ノートから）（ママ）

△　あらすじのつかみ方にはどのようなタイプがあるか

１、実態を明らかにする

２、欠陥を予想する

３、それにもとずく指導法を考える

４、個人差に応じる学習指導の一資料とする

二、調査法

イ、調査人員　男子十一名　女子十四名　合計二十五名

ロ　、資料　光村しんこくご　二年中　ろばの親子

ハ、資料　筆記による集団テスト

ニ、文章及び出題事項　（付）文章　ろばと親子　光村　二年（この項、加藤省略。）

| 問　　　題 | 問 題 の 意 図 |
| --- | --- |
| １、このおやこは、どんなことをしたのでしょう<br>　はじめだけ書いてありますから、続きを考えてこの親子がしたことをじゅんに書いてみましょう<br>・　おやこで　ろばをひいていきました | 始の部分だけ要約した例を示し後を自分の力であらすじをつかむようにさせる　あらすじをつかんで　それを書く力をしるためである |

（加藤注。以下、「問題」「問題の意図」とも、４まである。）

【資料15】　同　「調査法」の「テストによる分類」中の「読みとりのタイプ」

①　あらすじを書き出すことが出来るできごとの順序や有無を確かめるテストもよい結果を示す

②　あらすじを書き出すことが出来る　しかしできごとの有無を確めるテストで誤りを犯す

③　あらすじを書き出すことには困難がある　しかし出来事の順序や有無を確かめるテストはよく出来る

④　あらすじを書き出すこと　順序や事実の有無をたずねるテストの両方に誤りを犯す

⑤　困難が特に大きい

【資料16】　同　「必要な指導」

⑴　筋がより複雑なもの、違う形の発展の仕方をしめすものなど与えそれらの文についてもあらすじをよくつかめるようにする

⑵　注意深くよむ習慣を身につけさせる　①の型に準じて指導する　④の型に準じて指導する

⑶　要約する能力を身につける指導する　①の型の指導に準じる

⑷　理解を妨げている文字ことばなどを指導する読みをたしかにするような発問によって読みを導く。主人公の行動と他の人物のした事を区別させる主人公の行動の一部を書きだしのをみせ足りないものをみつけるような（ママ）　学習によって出来事を落さずに読みとる力問題②・③のような手がかりをあたえて文にあるかどうかを考えさせたり（ママ）　順序をつけさせたりする

⑸　文字、ことばなど読みの障害になるものをあらかじめ徹底的に指導する読む動機を与えるような問を与え助力しながら読ませる。④の型の指導を助力を与え乍ら課す　文字や語いのもっとやさしい文をあたえてあらすじをつかませる　筋の発展のもっと単純な文を与える　話を聞かせ　（ママ）　あらすじを　（ママ）とらせる

【資料17】　同　「指導の実際」の「反省」

○　（加藤前略。）　私の学級では個人差に応じて指導を進めて行く上に、非常な重大な問題が表れていると云うのは「あらすじを書いてごらんなさい」と云ったのでは書けないこが非常に多い　そこで問題②・③のような問題に切り下げて与えれば、出来事の順序を立派に考えさせることが出来るであらうと思われる（問題①のようの質問をして、そのまゝ児童をほおっておいてはいけない　あらすじの書けない子は時間をむだにするだけである）（ママ）

【資料18】　同　飯谷分校村上康秀の研究発表「教具中心に読解力伸長の方途を探る」

一、序言――読解について――

二、教材、教具について――　教材、教具ということば

①　学力の伸長と教材、教具

　②　効果的利用のための着眼点
　③　生きて働く教材、教具――殊に学校図書館について――
　④　国語指導関係の教具
三、身近な教具の活用
　①　国語指導における板書の技術
　②　ノート原稿用紙の使い方指導
四、先づ読みをのばす為めに
　①　その指導方法
　②　音読、黙読指導上の留意点
五、読解をのばすために
　　その障害点と指導技術
六、個人差に応じた国語指導
　①　基本的な考え
　②　読みについては
　③　読解力については
七、独自学習法の指導
　　その困難性と指導の気付き
八、緒言（ママ）

**【資料19】　同　「五、読解をのばすために」**

◉　内容の探究とかと文意を考えながら読ませることは、云われながら技術的にとれだけのことをしているか――

一、読書百遍意自ら通ず　／　不易の言葉であろう、ともかく読みを重ねていくこと

二、黙読を重視し、この訓練をする

三、文章を途中で幾つかに切っていまよんだ所は何が書いてあったか？どんな人物がどんな働きをしたか等常に発問する（問答の重視）（ママ）

四、最初文の大意とか文意を尋ねてみる、その後で節にきって質してみる。そうしながら文の構成をつかみとらせるようにする　そして文の感想を言わせたり書かせたりする（感想から鑑賞へ）（ママ）

五、書くことはよむこと読解すること丶別々のものではない――漢字書取、

文章きき取り、感想、大意を書くことによってはっきりする
六、要点をメモする作業の習慣と訓練
七、しつけにまでもっていく、文をよんだら要点をかきぬく、内容をはっきり考え乍らよむ等
八、あまりにむずかしすぎない興味のあるよみ物を広く黙読させる
九、あまりに突つきすぎて文をよむことはつらいことだ。面倒なことだ、と場合によっては恐怖すら感ずるようになっては「角を矯めて牛を殺す」逆の結果になる

【資料20】　同　「六、個人差に応じた国語指導」での村上康秀の実践例
◉　遅進児は、もちろん知能の低いことが最大原因ではあるが　学習の方法を知らない（指導の具体化）（ママ）　注意力、意欲がない（指導、作業の興味化、多様化）（ママ）
◉　基本的な考えとして遅れた子供は遅れたなり、普通児は普通児なりに、進んだ子供は進んだなりにそれぞれ力に応じて精一杯の学習をする機会と教材を与えねばならない
◉　学力の向上元よりねらいとしなければならない、その人間性の愛惜、「接心」による「見性」（ママ）を念わねばならない
◉　恒常的な方法を確立したいものである
——一グループの直接指導も十五分以下では能率は上らないといわれている
——グループに分けることに固執せずともその個人差を生かすてだてをかんがえる
（「一、読みについて」の項、加藤省略）
二、読解力について
①　さし絵、掛図の話し合いから入ると教材についても夫々把握が活発になる——本のどこにと関連ず（ママ）ける——
②　絵日記、きのうの出来事の話し合いから入り、印象的な大事な所を絵にする
③　いらないことばから消していく消去法
④　紙芝居——何枚にしたらよいか（分節）（ママ）どんな絵をかくか（要

点をとらえる)（ママ）

⑤　「忘れられた子らはローマ字で教育せよ」ということばがあるが……（ママ）

【資料21】　同　「七、独学習法の指導」での村上康秀の実践例

◉　独自学習の方法をしっかり体得させることが大切

一、家庭での国語学習の最小必要量をはっきり示し与える

二、学習の手引きを与える、達成の手順をきめる

三、教具の活用が大切である（意欲の振起）（ママ）

四、教師がですぎると子供が引っ込む（力の関係）（ママ）

五、ねらいをはっきり打出し、教材にもウェイトをつける

六、考える学習にもっていく。考える力をきたえる

七、自信をつけ、高める、成就の喜を得させる。

【資料22】　波根治郎「学習活動の深化——実力養成の学習指導の一環として——」　山口大学教教学部附属光小学校編「研究紀要」第３集「研究会特集　——学習活動の深化——」　1955（昭和30）年10月刊　所収

○　教師と児童との間に相互に敬愛信の心情がかよい、子供達同志の間にも敬愛信の心情の温の温かくたゞようた教室の雰囲気、そして教師は子供達の中に心からとけこんで入りこんでいる。かかる人間性の深みからみなぎる愛情の力は科学的分析に立つ指導にまさるとも劣らない指導力をもつといってもあながち過言ではあるまい。この教師が子供達に自己活動的な、個性的な、そして科学的な学習活動を指導しうる時それは正に鬼に金棒というべきである。彼は一例をあげれば視聴覚教具に使われる教師ではなく、視聴覚教具を自由に、子供達のために駆使してゆく教師である。

## 第２節　本郷中学校の「基礎学力の指導」

**【資料１】　山口県玖珂郡本郷中学校著『昭和二十九年度　山口県教育委員会研究指定校　本校の学習　指導――基礎学力の指導――玖珂郡本郷中学校』「基礎学力とその指導について」「三　現代の学力とはどんな意味をもちその特質はどんなものか。」**（注　表紙の上記以外には奥書等はない）

(1)　新時代の欲求される学力観

現代の教育目標が社会に順応しつゝ新しいよき社会の建設のために努力してゆく人間の育成を目指すかぎり旧時代の学力観の如く単なる知識・技能（読書算の如き）（ママ）の収得とゞまることなくこれ等が態度習慣化され、あらゆる領域において正しく感じ、正しく考え、正しく意欲し、正しく行う主体の力が有機的に而も体制化された新社会の建設の上に又生活課題の解決のために生きた機能的な力の働きの総体が学力と考えるのである。

(2)　現代の学力の特質

1　社会的実践的関心によって強く滲透されている。

2　環境を切りひらいてゆく能動的な力である。

3　体制化された統一的知性である。

**【資料２】　同　「四　基礎学力の内部構造」**

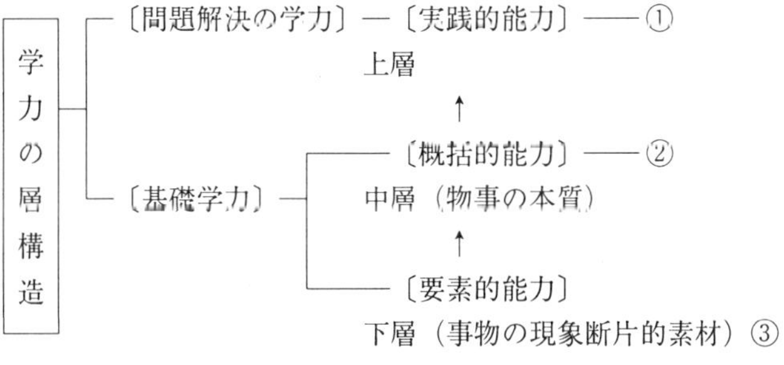


①　概括的認識が実感的に達成せられるとその認識内容を実現しようとする行為的態度に転化しかたまってゆくものである。即ち真に知ることによっていきおいかく行為せざるを得ない状態におかれてくる。

② 個別的な諸経験のなかからそれらの経験をつらぬいて法則を発見する能力である。

③ ㈠ 知――個々経験における認識内容　記号・漢字の如し

㈡ 技――個々経験における発動行為　描図力・地形測量の如し

**【資料3】　同　「五　一本年度究課題の実践的究明にあたっての具体的研究問題」**

◎ 中心的研究問題

基礎学力の向上をはかるにはどうすればよいか。

◎ 学習活動の活発化を期するための副次的研究問題

○ 独自学習と協同学習を能率的にするにはどのように調整したらよいか。

○ 討議学習の指導はどのようにしたらよいか。

○ 視聴覚教育と学習活動との関連をどのようにしたらよいか。

○ 学習効果の向上を期するため特別教育活動の組織と運営をどのようにしたらよいか。

**【資料4】　同　「七 ㈠ 本年度学習指導上の努力点」**

イ 基礎的な実態調査を綿密に実施する。

ロ 各科基礎学力の指導計画の樹立

ハ 施設・設備の拡充を図り学習環境の整備

ニ 各科学習指導計画の再検討と修正

ホ 各科学習のドリルと診断を重視すること。

ヘ 指導技術の研修につとめる。

ト 研究ブロックの編成と活動をはかる。

チ 日々の指導について反省を怠らぬこと。

**【資料5】　同　「七 ㈤ 具体的研究問題に対する実践面の計画について」**

「年次」　第二年次（昭和二九年度）（ママ）

「具体目標」　基礎学力の充実

「施設」　個人面接学習　月例テスト　能力差に応ずる学習班編成　クラブ活動の組織編成　生徒発表会（毎月）　進学並就職指導計画立案　校内創

作展と表彰　生徒図書館の経営　生徒学習室の特設と研究班設置　珠算能力検定実施同競技会　各科基礎学力の指導計画の立案・

「内容」　能力差に応ずる個人別指導　毎月教科別にテストを実施　英数を主として　弁論会　英語演劇会・ダンス・音楽会・朗読会　習字・図工・科学・文芸展　科学研究班　科研究班（郷土史研究班）（ママ）　校内規定に準じて

「実態調査」　各科標準学力テスト実施　知能テスト　生徒基礎学力の各種調査　環境調査　体育テスト　各種適性検査　読書調査　身体検査

「学習環境整備」　運動場の拡張　運動用具の購入及建設　理科器機の充実（一期）（ママ）　図書　購入と拡充　フィルムの購入及びレコード購入　後者内外の美化と設備

**【資料６】　同　「八　研究行事（研修を主とする）（ママ）」**

○　毎日始業前十五分の職員会議
○　毎金曜日の教科研究協議会
○　週二回の輪読会
○　毎土曜日の生徒指導反省会
○　研究ブロック集会（公開授業）（ママ）
○　毎月の研究授業
◎　四月　　学習指導研究計画立案
◎　六月　　学校視察（前班）（ママ）　研究会参加
◎　七月　　教科研究会開催
◎　八月　　講習会出席
◎　九月　　研究課題を中心とする個人研究の発表会開催
◎　十一月　学校視察（後班）（ママ）
◎　十二月　学習指導研究会開催
◎　三月　　年間研究誌上発表と反省会

**【資料７】　同　「国語科における問題点」**

1　国語科における学力とは何であるか。
2　本校の学力の実態を知り、学力低下の一般的原因と比較考察する。

3　基礎学力を向上させるための国語科の学習指導は如何にあるか。

このような前提に立って、本著は

○　要は伝播機能の媒介者であることばの学習としての国語科の基礎学力について考察し、ことばの効果的な使用能力養成が眼目であって他教科との関係などについて論じるのが目的ではない。

○　即ち学力とは、問題を解決してゆく力であり、言いかえれば実践的能力であり、それはそれは主体の能動的行為である。これは一般的な学力観であるが、国語科における学力はことばを使用していろいろの経験を処理してゆく力である。

【資料8】　同　「学力の内容」

言語の効果的使用能力（実践的能力）
- 1　読解力 ┐理解力
- 2　聴取力 ┘
- 3　文章力 ┐表現力
- 4　談話力 ┘
- 5　文字力
- 6　語い力
- 7　文法力
- 8　文学鑑賞力

【資料9】　同　「学力の認識」

○　今日の学力とは、実践的能力とその土台をなす基礎学力との統一的な総体をさしていわれるべきものであろう。かゝる観点から国語基礎学力の構造を考察すれば、言語はその形式的性質の故に、自然・社会・情操の中に入りこみ、これらの把握と伝播を可能にする。だから、言語はいちばん基礎的な能力とも言うべき能力であることは明らかである。しかし、言語能力すべてが基礎学力ということはできない。たとえば言語能力の部分である文字や語い・基本文型などは基礎学力である。しかし、実際の複雑な文章の読解や表現は、もはや基礎学力をこえた能力である。言語能力部分を要素能力として個々の知識・技能即ち、仮名文字・漢字語い・などのみが基礎学力だとすると、文字やじゅく語（ママ）をいくらたくさん知っていても、それらがばらばらの存在で有機的なつながりをもたないものであれば、言語としての機能を果たさない。そこに個々の要素をつなぎ合せる力が必要となる。（この力を広岡氏は「概括的な能力」といっている。）（ママ）概括的能力が要素能力の上に位し、さらにその上に問題解決の実践能力が前二者の総体として、即ち効果的な言語使用力となるのである。

**【資料10】　同　「基礎学力」観**（注　構成のみ加藤変更）

○　態度（加藤注。この項が、全体を統括している。）

　言語を効果的に使用する能力態度（積極的に種々の経験を処理していく力）（ママ）

○「領域」　聞く

「個別的知識・技能」（発音）（文字）（ママ）　語い　語法

◎「概括的認識能力」

1　話されることがらを確実にききとる。

2　話の要点や用件を確実にききとる。

3　話の筋を確実にききとる。

4　話し手の意図を確実にききとる。

5　話し手の立場や話された事がらの内容を考えて批判的にきく。

6　話の気持に共鳴する。（相手を尊敬する）（ママ）

○「領域」　話す

「個別的知識・技能」　発音　（文字）（ママ）　語い　語法

◎「概括的認識能力」

1　場にあった話題を選んで話す。

2　考えをまとめて話す。

3　正しいことばづかいで話す。

4　適当な音声で正しい身ぶりで話す。

5　文章・詩歌を朗読する。

6　自分で思っていることを率直に話す。

○「領域」　読む

「個別的知識・技能」　発音　（文字）（ママ）　語い　語法

◎「概括的認識能力」

1　書かれていることがらを正しく読みとる。

2　要点や要件を正しく読みとる。

3　文の主題を読みとる。

4　読んだことを要約する。

5　相手の立場や、書かれている内容を考えながら批判的に読む。

6　書かれていることを自分とひきくらべて読む。

○「領域」　書く

「個別的知識・技能」（発音）（ママ）　文字　語い　語法

「概括的認識能力」

1　ものをよく見つめ、よくとらえる。

2　考えをまとめて書く。

3　主題に従って構想をたてて書く。

4　適当なことばづかいで書き表わす。

5　正しい表記法で書き表わす。

6　文章を推敲する。

**【資料11】　同　「義務教育終了時における学力テスト」**

①　漢字書取問題――新聞などの用語中使用頻度の高い六五字を選定する。

②　文中の漢語の正しいものを選ぶ問題　一二語。

③　語い力をためす問題――漢字語一六語の語義を選択する。

④　文章理解力をためす問題――五つのジャンルによる文章理解力（読解力）テスト一一問。

〈まとめ〉

①　「書取全体の正答率」　本校の場合、男・女・合ともに全国平均とほゞ同一であり、成績は普通であると見てよい。都層・市層より劣るけれども、郡層をはるかにしのぐ成績をしめしてている。本校は当然郡層にぞくするので、郡層のみから見た場合はかなりすぐれた成績と言えよう。

「六五字を実頻数で得点段階それぞれに属する人数でしめしたもの」

本校の場合、低位・上位の両端は一人もなく（～三九、～四五）（～五八、六四）の段階におるものが多い。しかるに全国の場合、両端も皆無でなく、どの段階もかなりの所属人員をしめしており、～五二の所属が多い点が本校の場合と異っている。これは被検者の多少によるものと推定される。全問の九〇％以上が出来たものは、本校の方がかなり多く、八〇％以上にすると今度はは反対に、本校がはるかに低い。これは、（八〇％～九〇％）（ママ）の間に属する生徒が本校の場合少いからである。が全国では半数者が七五％の正答率を示すに対して、本校では七八％でありやゝ上廻っていることになる。

「書取の正答率による漢字の分類」　正答率の高い字数も多くなっているが、又書けない字も多くなっている。これらは、地域が異なり、経験の多寡によってこの相異が生じたのであろう。即ち会社の会は高率であるが、会計の会はそれに劣る。又「月」の月末と来月の相異、「書」の請求書・領収書・履歴書・申込書などについても同様の見方が出来、これは漢字の学習指導において、これを語としての扱いを必要とすることを示唆していると見てよかろう。又、請・払・履・込の四字は教育漢字外の当用漢字で、いずれも正答率が高くないことは、当然とうなずかれる。尚教育漢字であろうが全国の場合「領・収」がとくに悪く、求がこれにつぐ。本校では、「領・収・証・就」などが特に悪い。全体を眺めた場合にほゞ同様の結果を示しており、漢字の書取においては、まず上の成績を示したものとして納得している。

②　「語の理解・漢字を読む能力のテスト」

《提出漢語》　1　取締　2　会談　3　提出　4　医師　5　調査　6　通帳　7　決定　8　復活　9　以来　10　選挙　11　および　12　に対して

語の理解で特に成績のよいものは全国では、（十・四・五・三・七・六）、（ママ）本校では（十・四・七　同率　三・五・六・二）となり、反対に悪いのは全国で（十一・十　二・一・八）本校では（十二・八・一・十一）となる。この結果からも使用経験の多寡が又、地域性がはっきり表れている。よい方で、十は選挙、四は医師、五は調査、七は決定である。／　全体の傾向を見ると、本校では、全国平均とほゞ同じである。郡部のみで見た場合、本校の成績はよい。書取と同様の結果を示している。又全国平均や都・市・郡層の他の地方は男子の方が女子よりも成績がよいが、本校も又同様である。

③　「漢語の意味の理解テスト」　この問題は本校にとって甚だ注意を要する点である。全国平均をはるかに下まわり、特に男子においてその差が著しい。女子は全国平均に近く、郡の平均をしのいでいる。このように男女差が生じた真因がわからず、もう少し検討して見ないと確かな事がわからない。こゝに表をかゝげないが全国のものを、抽象的なもの、具体的なもの、その中間のものと三つに分類して成績を見ると、具体的なものはよく出来ているが、抽象的なものが悪い結果をしめしている。本校の場合それがはなはだしいのである。文中に出てくる場合は前後の語句の連絡から、判断し、理解するのであるが、文中にでなく一漢語のみが出されたために出来なかったのだと思われる。この事から、本校では辞書の活用による、語義の確認が不徹底ではないかと、そのあたりに原因究明の方向をもっているわけである。尚金融改札などの理解度の低いのは地域の特性を如実に物語っている。

④　「文の理解力テスト」　この問題はすべて新聞から資料がとられている。その種類は次の通り。

1　随筆　2　書評　3　公告　4　文学（小説）　5　ニュース

文の理解において、選択するところのものが抽象的であると考えられるものは成績がよくない。1、は、三九・八％、2、は、四六・七％であり、選択するところのものは具体的ではあるが、比喩的な広告文は、七四・三％でかなりよい成績である。全国平均は、五六・二％である。又思考の段階が単純で、唯文の中から読みとればよいところの文学などは、八六・八％で大へんよい。（全国平均、八五・二％）（ママ）、5のニュースが低率なのはかなり難解な出問方法であり、又ニュースも米国における原爆実験に関するものであり、当然の結果と思われる。

**【資料12】　同　「結論として」**

1、本校二年生の国語能力は全国的に見て順当な結果であると言えよう。

2、書取能力は全国もそうだが、他の事がらと比べて大へんよい。しかし、都・市部に比較すると決して満足のいく結果ではない。他の事柄も同様である。

３、文意理解力は一般的には書取と比べて悪いのであるが、本校は相当によい成績をあげている。

４、漢語の語義理解は反対に大へん悪い。これの原因を正しく把握して今後の指導にくふうをする必要のあること。

５、全国的に一般的にはけっしてよい成績ではないと結論されているのであり、安心はできないこと。一般には理解力が劣っていると結論されている。昔のつめこみ式、暗記式教育のくり返しでは、理解力、即ち概括的認識力の伸張は望めないことが本テストからもうかがえるのである。

**【資料13】　同　「基礎学力」養成の実際**

①　漢字・語いの養成にあたって

各学年の本年度の目標を次のようにとりきめた。

一年　読みの一般的能力の個別指導と、書取ドリル。

二年　語い（抽象語い）（ママ）の効果的指導と、書取ドリル。

三年　語の性質の理解と書取ドリル。

②　文の指導にあたって

| | 読　　む | 書　　く |
|---|---|---|
| 一年 | 一、書かれている事柄を正しく読みとる。<br>二、要点や要件を正しく読みとる。<br>三、文の主題を読みとる。<br>四、発音に注意して読む。 | 一、ものをよく見つめ、よくとらえる。<br>二、考えてまとめて書く。<br>二、適当なことばづかいで書き表わす。 |
| 二年 | 一、要点や要件を正しく読みとる。<br>二、読んだことを要約する。<br>三、書かれている内容を批判的に読む。 | 一、ものをよく見つめ、よくとらえる。<br>二、主題に従って構想をたてて書く。<br>三、適当なことばづかいで書き表わす。 |
| | 一、要点や要件を正しく読みとる。<br>二、読んだことを要約する。 | 一、ものをよくみつめよくとらえる。 |

| | | |
|---|---|---|
| 三年 | 三、相手の立場や、書かれている内容を考えながら批判的に読む。<br>四、書かれていることを自分とひきくらべて読む。 | 二、適当なことばづかいで書き表わす。<br>三、正しい表記法で書き表わす。<br>四、文章を推敲する。 |

③　指導の実際（書取ドリルについて）(ママ)

学年はじめに漢字及び語いテストを行った。三省堂発行の各学年国語教科書中より、学年毎に同量の長さの文をえらび、（一頁分）(ママ)、教科書一頁の語い、漢字の読みの抵抗を調査する目的の自作テストである。これの結果は次のようであった。(各表等は、加藤省略。)

この結果から、文字・語いの力を伸ばすため、ドリルの必要を痛感したわけである。書取練習帳を全校生徒にもたせ、それを二十級にわかち、検定試験制度を樹立した。けれども、これは次のようなわけで好結果をしめさなかった。

1、教師の手数が沢山いり、度々行えない。

2、進級すればパスした箇所の漢字を忘れてしまう傾向がある。

3、練習が形式化して、字義の解釈が伴わず、従って認知が不充分で、練習は筆記のためのものになってしまう。

4、個人差がはげしくて取扱い、整理が困難である。

5、全教員の応援を求めなくては継続が困難となり、いたずらに職務を煩雑化する結果を招く。

## 第3節　高等学校の「基礎学力の実態と対策」

**【資料1】　第15期「中央教育審議会」第1次答申　第2部第1章**　1996（平成8）年7月15日提出

○　（前略）　これまでの知識の習得に偏りがちであった教育から、自ら学び、自ら考える力などの【生きる力】を育成する教育へとその基調を転換していくためには【ゆとり】のある教育課程を編成することが不可欠であり、教育内容の厳選を図る必要がある。／　教育内容の厳選は、【生きる力】を育成するという基本的な考えに立って行い、厳選した教育内容、すなわち基礎・基本については、一人一人が確実に身に付けるようにしなければならない。豊かで多様な個性は、このような基礎・基本の学習を通じて一層豊かに開花するものである。

**【資料2】　「昭和三十一年一月　萩・大津地区　基礎学力の実態と対策　萩・大津地区高等学校研究会」**（注　表紙に以上の表記がある以外には奥書等はない）**の「第一章　序論」**

①　戦後教育の二大病的欠陥として、道徳及学力の低下もしくは不振が取り上げられて教育界の関心事となっているが、我々の漠然とした経験からもこれを否定することはできない。とくに学力の低下は教科学習に於ける要であり、如何にして向上させるかは教師最の課題でなければならない。

②　一般的に学力とは教育的環境で学習された結果であり、そのその基礎的知識技能が基礎学力ということができる。しかし、その実態は必ずしも明確ではなく　(1)　基礎学力を３Ｒ５（ママ）に限定し、国語・数学を基礎学科とみて、その優位性を主張する立場。　(2)　３ＲＳ（ママ）を他教科の基礎とみて横断的記号教科とするもの。(3)　経験主義の立場から生活機能的観点に立つもの。(4)　全教科にそれぞれ基礎学力が存在すると主張する立場。等論点は多岐に亘り容易に帰するところを知らない現状である。したがって我々の間に於いても、基礎学力とは何かについて充分議論をつくして統一的見解に到達したわけではない。

③　社会生活上必要な学力一般は、義務教育に於いて一応学習したと考えら

れるわけで、義務教育に於ける基礎学力と高等学校におけるそれとは根本的相違があるのではないだら（ママ）うか。即ち教科の内容が学問的体系をもち、社会生活に必要な知識の限界を越える高等学校では基礎学力の構造も自ら異なる筈で、その点を究明しなければ学力低下即基礎学力の不振と断定するわけにはいかない。

④　さて所与のテーマに対して本来ならば基礎学力の分析をして、それに対応するテスト問題の検討をする必要あったわけであるが時間的制約から事前準備をすることができなかったので、とりあえず他教科に多くの関連をもちしかも通念的に基礎とされている国語、数学、英語の三教科について第一表の標準テストで、学力の実態を明らかにし、その原因を追求し、如何にして学力を向上させるかの対策を考えたのである。したがって基礎学力とは何かという論理的説明よりも実践を通じて問題の核心に一歩でも近づき度いと念願するものである。

**【資料３】　同　「教育の主体性の欠如」**

○　この両年に亘る研究は専ら学習指導法に主眼が置かれたといってよいであろう。しかし、我々の所期の目的である効果的・能率的な学習法の発見は、指導内容と方法との一致を実現しなければ、とうてい望み得ないことに気付きました。また、このことは、教育の現実によって一層明確にしてくれました。たとえば、極端な生活学習にせよ、または、インドクトリネーションにせよ、その内容を構成している諸要素の発見とその指導の方法とが最も肝要な事柄であると思う。かくて、本年度は先ずこの教育内容を構成している諸要素とは何かの検討をすすめることになり、ひいては、これが遂に、基礎学力とは何かの問題研究となって参りました。更に、この研究が教科の学習指導との関連において行われて始めてその価値を見出し、教材をはなれて方法はあり得ないという原理の確信を得た次第です。

○　学力の主体的側面を基軸にすえる基礎学力論からは、経験主義・生活主義の教育原理にねざす機能主義的学力観を学ぶのではなく、教科内容は子どもの主体的・能動的活動をとおして獲得されたときにのみ内面化され血肉化された学力に転化するのだという意味に受け取りなおして学びたい。そのことによってはじめて、今日求められている学力と人格を統一的に発達させる教育の原理と実践とをつくりだすことができると考えるからである。

**【資料４】　同　「標準テスト」「処理の手続」**

イ、採点　各校で実施

ロ、統計的処理

ａ、偏差値換算及同度数分布　各校の分を萩高で取りまとめて検討

ｂ、正答、誤答、無答数の累計及百分率の計算　各校の報告を大津高で取りまとめ算出

ハ、標準テストにあらわれた基礎能力（ママ）表の完成

ニ、イ、ロ、ハの資料にもとづいて、研究員各科分科会で実態の分析、原因の追求及対策を検討

**【資料５】　同「標準テスト」における「能力」の分類による「基礎学力」の実態調査項目**

⑴　読解力（古文・現代文・漢文）（ママ）

⑶　文法理解力

⑷　筆写力

**【資料６】　同　「第三章　基礎学力の実態とその対策」**

①　度数分布より見た実態とその分析

ａ、まえがき

１、本テストは、二、三年生は高等学校標準学力テスト（富士書店）（ママ）を使用したのものであるが一年生については中学三年三学期学力担当のものを使用したので、一年生と、二、三年生の学力を直接比較することはできない。

２、二、三年生は同一テストを同一標準により採点し、学年により採点し、学年による偏差を設けていないので、学年間の学力差を知るには便利であるが、二年生を全国標準と比較する尺度がない。

ｂ、各課程における実態と対策

実態

1、普通課程は二年男女の文法力、二年女子の古文解釈力を除けば全国平均よりかなり高い学力を示している。
2、一年生は男女の学力差が殆どない。二、三年生は男子が女子より（約一〇点位）（ママ）勝れている。
3、現代文の解釈力は男子に比し女子は著しく劣る。
4、古文解釈力は三年生が優れているが、現代文の解釈力は男女共二年生が優れている。
5、文法の理解力は一年の口語文法は大体良好であるが、二、三年生の文語文法の力は極めて低い。
6、一年生は他の基礎学力と比較した場合文学史の理解が低い。

1、男女の能力差の問題は国語科のみならず、学科全般にわたっての問題の一つであるが、女子は主題の把握、内容の吟味等推理、総合、帰納の能力が高学年になるに随って低下している。これは男子が進学志望の為よく勉学しているといった原因の他に女子の発達段階における心理的身体的要因があると思われる。
2、随って推理的、思考的、機能的能力を最も必要とする現代文には、その差が顕著に表れる。
3、二年生に古文の解釈力の不足しているのは、一にはテストが三年学力によったものであった事もあるが、現在の教科書の編纂が、二年二学期迄は現代文が圧倒的に多く、古典及び古語ふれる機会が少ないことがあげられよう。その反面三年生は、古典にも多少なれ、かつ受験準備などの為古典に重点をおくので、現代文が手薄になり、全国平均には達するが二年生より現代文が劣った結果をテストの上に示したものと思われる。
4、口語文法の場合　語彙や語の用法について一通り理解しているのでかなりの出来を示すが文語文法については2でのべた理由、および古文も文法によらねば絶対解釈できないというのでもないという理由から遅進生の中にはこの学習を断念し、放棄するといった事情が考えられる。なお、一年生の口語文法が平均以上であるのは、問題の出題形式にもよるものである。
5、一年生が文学史の理解力が不十分なのは、社会科の内容が総合的になって時代の概念が明確性を欠き、これまでの読書指導の不十分であったこと等によると思われる。二、三年生では全国平均に達しているが、それでもなお他の基礎学力に比し相対的に低くなっている。

【資料７】　同　「対策」

１、身体的発達段階による男女の学力差は、一応別として、女生徒には「物の考え方」「分析する習慣」「客観的に推理する能力」等を養うよう留意し、自由研究によってそれらの点を伸ばし帰納的能力をつけさせる。

２、文章の構成等に注意するように指導し、単に文を直観的な鑑賞のみに終らせることなく、常に叙述から構想、主題を把握するよう習慣づけて、それに対する批評をすることができるよう指導する。

３、国語科の中にある社会科的教材の単元の時間をできるだけ圧縮し、国語国文の基礎学力の充実を図る。殊にそれによって古文にふれる機会を多くし、一方基本的語彙合理的に性格に把握させ、文語文法の学力と関連させて、科学的解釈の方法と態度を指導する。国語乙はこの意味で、古文に重点をおいて指導する。

４、右に関連し、古文にふれる機会を多くすることによりその用法になれさせる。古文の指導に際しては講読教材にあっても文法的に詳細に指導し、下学年で学習した文法を上学年でも一度復習的に指導する。

５、文学の時代的展開の基礎概念を明確に把握させ、その上に立って作品の位置づけをするよう文学史講読共に留意し講読教材においても常に史的位置づけを明確にし、作品を史的関連の中にみるよう指導する。生徒に文学史年表を作らせると共に教室に掲げ不断（ママ）注意させる。

【資料８】　同　「概括」

１、全日課程に比し定時課程の学力は低く普通課程に比し職業課程の学力は低い。

２、普通課程の学力は文語文法をのぞけば全国平均以上であるが、職業定時課程共一年を除けば全国平均より低い。

３、文学史の学力は、職業定時課程共に基礎学力中最低の線にある。

４、定時制課程における筆写力は上学年が却って低下している。全般的に各課程共低く、普通課程でもやっと平均線上にある。

5、普通課程においては男子がすぐれているが、職業定時課程では、女子の方が男子より優れている。

6、文語文法の学力は全般的に弱い。

【資料9】　同　「第四章　結論」

Ⅰ　実態の概観

①　学力は一般に全国水準より低い。

偏差値平均五〇点以上の成績を示しているのは次の通りである。（加藤注。「国語」のみ引用。）

○　普通科三年男子（五一・八）　同女子（五一・二）

同一年男子（五六・六）　同女子（五六・二）

右の事実は本地区のような小都市を中心とした田園地帯共通の傾向であって環境的条件が大きく影響しているものと思われる。社会的、経済的に恵まれない農村文化（ママ）は都市的文化について行けないことを物語っている。都市の社会的環境は学習意欲の刺戟に役立つ多くのものをもっている。家庭の生活程度や生活態度の相違は子弟教育の上に直接あらわれて来る。日本文化は都市集中であり経済力又然りである。この距離を克服することはまことに至難の業といわなければならない。

②　学力差が大きく高校の教科学習に適しない生徒が或る程度在（ママ）している。

都市に於ける多数の人口の中から選抜されて入学するのと、人口の少ない田園地帯のそれとは前者に於いてア-テスト四〇〇点以上が普通であるに反して、本地区では二五〇点以下で入学できる事実を考えても入学当初より相当の学力差があることが認められねばならない。そしてこの低い部分の生徒に対しては都市並の学力をつける事は困難である。したがって能力差に応ずるように教育課程、教科内容等の教育計画が科学的に検討されねばならない。

③　学習意欲の有無が学力に大きく影響する。（前略　「コース別　英語成績比較表」）

右の表は大津高校三年生の進学希望者と就職希望者の比較であるが知能偏差値の分布状況に大きな開きはないが、今回実施した英語の成績には大きな差がでている。この傾向は英語のみでなく国語、数学についても同様である。真剣に努力する者の学力が上位にあることは当然である。又学力向上の速度も学習意欲の有無に密接に関連する。同じく大津高校の例によれば文化評論社発行の同一の英語問題を昭和二十九年四月と、同年九月に一年対象で実施した成績を比較してみると、当初学力の低かった者程向上テンポがのろいことを示している。つまり能力差は時間の経過と共に増大の傾向にある。

④　戦後経験主義教育思潮による単元学習に於いてドリルの不足が学力不振に大きな原因となっている。又生徒が義務教育で習得しなければならない教科程度と、高校で学習を初める（ママ）程度との間には断層が存在する。これらの点は教授法の工夫改善によって補わなければならない。

**【資料10】　同　「基礎学力向上のためには如何な（ママ）対策があるのか」**

我々は基礎学力の構造分析を充分なし得ないまゝ概観テストを採用し、その結果にもとづいて基礎学力を論じて来たのであるが必ずしも基礎学力の実態を完全に把握したとは言えない。しかし前述の如き本地区の実態に立って如何に学力向上に努力するかは、我々教師のもっとも重要な課題てありその方策を考えないでは意味がない。以下、その点について、各科でのべた事を土台として総括的に述べてみたい。

①　ドリルを重視する

高等学校の教科課程が大教科主義をとっているため過大な教材の量と限られた時間のためドリルを軽視しがちである。この事が基礎学力不振の重要な原因である事に想い到れば、日常の教科指導に於いて科学的な配慮と手続きによってドリル過程を重視しなければならない。教師は教材を縦横に体系的に研究して、ミニマム、エッセンシャルズを確認し、どこまでも生徒が習得する様に指導しなければならない。／　近代社会は教育の大量生産の形式をつくりだしその組織を確立た。然しながらドリルは生徒のもつ知識技能や心身の発達等の個人差に対応しなければ効果を期待することはできない。この大量生産と個人即応の考え方は必ずしも矛盾するものではないが現実には幾多の困難が存在する。イ　個別指導のため教師の負担はいやが上にも増大する。ロ　個別指導をする適当な場所が必要となる。

ハ　教師は体系的な教材研究、教授法の改善工夫の努力が必要となる。――この点は高校教師は小、中学校の先生にまなばなければならない。

②　能力別学級編成をして個人差応能の学習指導をする。

およそ学習指導は学習者の能力に即しなければならないことはいつの時代にも考慮されなければならない、普遍的な教育公理である。前近代社会の教育はすべて個人指導であった。近代社会は国民の義務教育の必要に迫られ、教育コストを低くして大量生産の必要から暦年令による学年別の一斉指導方式をとるに到った。然しこの場合能力即応の指導を計画的組織的に行わなければ指導効果はあがらない。この個性や能力に即応しようとする教育思想と戦後における基礎学力の不振から能力別学級組織による教科指導が、最も学習効果をあげるだろうと期待させる。

この場合の学級編成の方法として次のものが考えられる。

イ、普通は能力的異質集団の学級であるが、特定の学科のみの能力別等質集団の学級を編成する。

ロ、能力別等質集団で固定学級を編成する。そして注意を要することは生徒や父兄の反対生徒の劣等感について深甚の考慮が必要である。

尚教師が学習指導に当って考慮しなければならないことに次のような点がある。

イ、教材を確実に系統を踏んで理解し、ドリルによって習得を必要とする形式的教材の指導体系を確認しなければならない。

ロ、上の学級では増加教材を補い下の学級では低い程度の教材を教え基礎的なものが確実に体得されるように指導しなければならない。

ハ、経験によると劣等感は教師の不注意な発言や態度に起因することが多い。したがって教師の理解と深い愛情が必要である。

ニ、評価は絶えず行われなければならない。又相対評価は容易であるが時折共通テストの実施（加藤注。以下、本文欠落。）

③　学習意欲振起の問題は主体の確立という点で重要であるが生徒の必要感によって非常に差があらわれる事を考えれば教師の絶えざる努力に期待するより他に適切な方法はない。

④　能力が高校の教科書学習にふさわしくない生徒の指導について

学区制の趣旨或は高校が準義務教育と考えられる教育の理想と高校で学ばなければならない所与のアカデミックな知識体系との矛盾対立に現場の悩みがある。教育に熱心であればある程労多くして効少しといった感じを抱がざるを得ない。そして田舎の高校の性格と地域社会の特質からこの現実は致し方のないことがある。このことは教師がミニマム、エッセンシャルズを体系的に把握して絶えず診断、治療的指導の努力を重ねて、一歩でも理想に近づくより他に適当な方法はないであろう。この場合教師一人当りの生徒数を少くして教授能率をあげ得る体制が整えられねばならない。記述の如く少くとも甲号設置基準の完全実施を目標としたい。

⑤　尚教育委員会の指導陣にかゝる面に研究と理解のある指導者を得て、現場の教師に暖い助言と適切な指導が与えられねばならない。しかし現状ではその辺の配慮が欠けているのではないかと思われる。というのは或る指導主事は某校の最低能力者グループの授業をみて、「授業程度が低い。」と批評したということであるが、それでは現場の悩みを解決して来れる（ママ）指導主事ではない。

⑥　又、この学力の低いグループは学校を卒業したという肩書の欲しさに入学した者が大部分と思われる。日本の社会では実力よりも学校卒業という肩書が物を言うので誰もが出来るだけ上級学校に進みたいと思う。ところが現実は「大学は出たけれど……」であって、一つの矛盾は又他の矛盾の原因となっている。低学力者の高校入学は現代社会の悲劇のしわよせだろう。然るが故に教育基本法第三条の機会均等主義が完全に行われ、しかも憲法第二十七条の勤労の権利と義務が当然の事として、その行使の可能な社会に日本の社会が発展しなければならない。

**【資料11】　堀田要治「国語科単元学習の反省」　『国語と国文学』特輯増大号　特集「戦後の国語教育の反省と批判」　1951（昭和26）年7月刊所収**

○　（前略）　そこでなぜ我々田舎の国語教師たちが、単元学習をしない又はし得ないでいるのであろうか。その心持なり障害になっているものなりを思い当るまゝにあげて見よう。

一、単元学習でなければならぬといった強い信念に達していないこと。

⑴　即ち敗戦以前の自分の国語教育はかくかくの人間を作り出した故にこの点に誤りがあり、しかしこの点には誤りはなく、保存すべきところがあると自分自身の結論をだした上で、はじめて必然的発展として自分のものとしての新しい国語教育の理論と方法とがつくり出されてくるという様にありたいと思う。その様な内からの手続の不足は、いつまでも改革を外からの押しつけと感ずることであろうし反感も消えぬことであろう。

⑵　学習指導要領などに於いても一足とびに技術に関する細説に入らずに、教師のこうした反省に資するための部分をもっと大きくとりあげてほしい。単元学習指導法の中で導入や動機づけの重要さを力説すると同じだけ新しい国語教育単元学習への導入や動機づけがあってほしいところである。

二、では単元学習の必然性にめざめた者の前に横って（ママ）その実行をさまたげているものは何であろうか。

A　その最大なものは教師の指導能力の不足である。

B　次に単元学習に入ることをはゞんでいるものとしては大学入学試験がある。

C　次にこれまで発表された単元学習指導案を見ると従来にくらべて非常に大きな範囲がとりあげられている。

D　ここに経験学習ではどうしても各人の経験の能力の差によって個人指導とならねばならず、（後略）

E　生徒側における障害としては、問題を解決するときすぐにこれを書物にたよる（後略）

○　生徒中心の経験学習であるから教師中心のつめ込み式授業とちがって教師はその知識をすぐにあらは（ママ）にしなくてもよいから教師の狭い経験ととぼしい知識とは重要な関係はないというかもしれないが、これは逆にかえってその教師中心の講義式の授業において我々は文化の伝達、祖述の名の下に、いかに一夜漬けの俄仕込の前後矛盾した――教師自身のうちで体系的知識となりきっていない雑多な説をうのみにして注ぎ込んでいることか。教育とは結局自分のもっているものしか与えられないという古いことばは教師中心の学習よりもかえって生徒中心の学習においてふさわしい。一つの問題についてきまった一つの方法考え方を教師がおしつけるというこれまでの行き方をとらず、いくつかの可能な方法なり考え方なりがあるというところに到達させることを目的とするような指導にあっては、教師の自説がそのうちどれであるかはかくされていても、教師の持っている一番大きなもの即問題をこのように扱うという自由な態度というものが、生徒に大きな影響をあたえるにちがいない。さらにその自由な考え方の上に立って民主主義社会にふさわしい考え方なり技術なりを体得させようと援助するならばその教師のうちにある民主主義社会に対する信仰が一層つよい影響をあたえるであろう。我々自身が、話すこと、聞くこと、書くこと、読むことについて民主主義の市民として標準にまで達していると自負しうる訓練をうけて来ていない今においては、先ず自己の狭い経験とそれにたよる自己流を民主主義社会における技術にまで拡大せねばならぬ。

○　単元を一つ一つとり出して主題風にやって見るというところである。組織から切りはなした単元のとり出し方からして単元のための単元となるが止むを得ぬ。教師の描く人間像のちがいにつれて、とり出される単元もちがい、生徒のふれる学習経験はまちまちとなり、概括的なつり合いのとれた言語経験をつんでこないということになる。教室ごとに各々目的意識ははっきりしているが密度のうすい学習になってしまうおそれがある。こゝに標準能力といったもの能力表が必要になってくるのである。しかし能力表にひきずられると先に言った自分の自信のない自力についての指導もせねばならぬ破目（ママ）になり議論はふり出しへもどってしまう。相関的に一歩一歩進んでゆく外あるまい。自己の抱く理想の人間像と他の教師たちのそれ更には他の多くの人々のそれとつき合わせて共通した人間像をつくり上げてゆく必要がある。

○　そうした事実は私も認めるが、その責任を今直ちに単元学習及びそれが代表する新教育に帰するのは酷だと思う。それらの生徒は、既成のものが崩れて新しいものが整わない空白の産物である。例えば、かつては国語教師の重荷であった「作文」を殆どの教室が廃止してしまって、自由クラブ活動なりレポートの作成のついでなりにまかせているのが現状である。書取練習も廃止した教室が多く、その後それらに代るべき新しい指導法はたっていない。それにつけ此頃、やはり我々にはもとの方法がよいのだという人があるが、それは歴史の進行を知らぬもの丶言だと思う。自分の手で破壊したところへ二度と帰るものはいまい。敗戦と外国の新しい言語理論や教育理論とにふれたものが、以前の姿に帰ろうとしても帰れるものではないと思う。

【資料12】　増淵恒吉「カリキュラムの反省」　同上　所収

① 教育課程が、社会の要求に答えるのは当然であるが、その要求なるものの分析は、よほど慎重でなければななず、分析されたもろもろの要求の中から、何を取り出して、学習指導の計画に取り入れるか、その選択は、よほど厳密でなければならない。

② 教師の一方的な講義によっては、生徒の言語経験が豊かになるはずがない。生徒自ら言語生活に内在する諸問題をかぎつけ、生徒自ら話すことによって話し方に上達し、生徒自ら読み、また書くことによって読み書きの力を向上させてゆく。

③ 文法とか作文とかが、分科されず、総合的に学習されるのが、教育課程の新しい傾向の一つとされている。しかも、その総合の核心として、「生徒の必要と興味と能力とに相応した広い価値ある主題」がえらばれる。つまり、生徒たちが興味と関心とを持つ主題の中で、彼らの能力に応じ、社会の要求に応じうるものをえらび、その主題を中核として、言語の諸活動を総合的に組織して学習させようとするのである。単元学習とは即ちこのことだ。

④ すべての教科において、言語活動なしに、学習活動は行われず、また逐に他教科との協力なしには、国語科の十分の効果は期待しがたいのであるから、他教科との関連ということは、国語科においてとくに要請されるのである。

⑤ 高校においても個人差はひどい。この個人差に応じた学習指導法ができれば、学習効果も目に見えてあがってくることであろう。しかし、われわれ国語教師の受持時間が週平均二十時間から二十四・五時間、一学級の数が五十から六十名というような現在では、文字通りの個人差による指導は望めないのではないか。等質グループによって、自発活動を促進してゆくか、能力別グループまでとはゆかずとも、単元ごとに、生徒をしてそれぞ

れ、自分の能力に応じて、いくつかに分けた学習事項を選択させ、グループを編成するような行き方で、少しでも個人差に応じようとしている現状である。

○　この教育課程の方向が間違っているものならはともかく、是認してよいものであるなら、ずっと（ママ）発足したばかりの新しい国語科の萌芽を無造作に摘みとってしまうことのないようよう、心から希望したい。

**【資料13】　山口教育研究所著『小・中学校　国語科学習指導上の問題点とその指導』**（注　「山口教育研究所　研究紀要　第十七集　一九五四」とのみあり奥書等は欠く）

○　指導計画はどのように立てられているか。基礎学力はどのようにつけられつつあるか。聞く・話す指導は、系統的段階的にされているか。教科書の見方・扱い方はどのようになされているか。書くことや作文の位置づけはどのようになされているか。読書指導はどのようにして導かれつつあるか。等々、これら一つ一つについて見ても、実践国語教室の現状は、相当多くの困難点・問題点に悩まされているというのがいつわらないところである。

○　一、なぜ混乱がおこってきたか（ママ）

（前略）国語科教育は、ただ単に日本語という文化遺産を伝承するだけでなく、新しい文化の創造をめざしているからである。したがって、新鮮味を失って学習者の意欲をわかせないような方法は不適格だといわなければならない。今日の国語教室が、その主体である児童生徒から、かけ離れてしまって、再び教師によって引きずり廻されている有様は、この辺の消息をものがたっているものといえよう。

このような在来からの形式に対して、戦後新しく見られる話しあいの形式がある。この方法は、一見なごやかで、学習者たちの無邪気な話しあいは、ほんとに、ほほえましい限りなのであるが、どうかすると、教室は、おしゃべりの子どもの独占場になったり、あるいは教師の行きあたりばったりの無計画なその場主義に学習がおわってしまいそうなのである。こうした微温的な、お粗末さでは国語教育の目的は達せられない。最近よく聞かされる学力低下の問題などもここらに深く根ざしていると目されても、いたしかたないであろう。

○　二、この問題を解決するかぎ（ママ）となるもの——国語科学習指導の要件——

1、言語の機能とか、その発達とかいう観点から考えて——具体的な経験を想起することによって、ことばを伸張させること——

2、国語科教育の本質からいって——見方・考え方・感じ方・表わし方・受けとり方を強調すること——

3、今日の国語教室の反省として——学習指導に緊張度を持つこと——

○　「2」について

果して、国語科はこの一般的な話題に対し、ただ平凡に対処しておればそれでよいのだろうか。国語科が他の教科の基礎的、道具的な教科であるといわれながらも、一方では厳然と一線を画して、独立教科の真面目を発揮しているのは、その主題に対する独自な態度からなのである。すなわち、主題がどんなに常識的でかつ平凡であろうとも、それをいかに見、いかに考え、いかに感じ、いかに表現し､いかにまた受取るかという訓練こそは、実に国語科が堅持すべきその本領ともいわなければならないものである。

○　「二、国語科学習指導の計画はどのようにたてたらよいか」

①　現代の学習指導に対する反省（項目のみ、加藤抜粋。）

⑴　教師から児童生徒へ「教えこむ」という注入的指導法であった。

⑵　読むこと、書くこと、作文などが孤立され無関係に教えられていた。

⑶　機械的な一せい（ママ）指導であって、個人差に応じて、学習指導を個別化することがおこなわれていなかった。

⑷　全員の自発活動（自発的な学習活動）（ママ）をさせるよりも、少数の優秀児童生徒を相手とした一問一答主義であった。

⑸　国語の基礎的な技能や能力の習得はラセンのようにくりかえしくりかえし高められなければならないのであるが、より高い優秀児の持つような基礎的な技能や能力の習得、発達を前提としているために少数の児童生徒のみが活動していた。

②　新しい国語学習のあり方

⑴　児童生徒の生活経験を学習指導に大きくとり入れる。

⑵　児童生徒の自発的で自主的な活動を重くみる。

⑶　国語のそれぞれの言語活動（聞くこと、話すこと、読むこと、書くこと（作ること）(ママ))

を綜合的に関係づけて指導する。

⑷　個人差に応じた学習指導の個別化（能力別グループ指導、題材教材の個別化）(ママ) をおこなう。

⑸　動機づけという段階をとり入れて児童生徒の興味と必要に応じて、児童生徒に学習の目標を持たせる。

⑹　教具や資料を広井範囲にわたって活用させる。(視聴覚教具、参考書、副読本的なもの、その他）(ママ)

⑺　具体的、実際的な表現活動（作文、劇、日記）へ発展する傾向が強くなった。

## 第４節　附属防府中学校国語科における「基礎学力」の探究

**【資料１】　山口大学教育学部附属防府中学校研究部編『各教科に於ける　基礎学力とその指導』中　安田正夫学校長「序」**　1953(昭和28) 年５月刊

○　この両年に亘る研究は専ら学習指導法に主眼が置かれたといってよいであろう。しかし、我々の初期の目的である効果的・能率的な学習指導法の発見は、指導内容と方法との一致を実現しなければ、とうてい望み得ないことに気付きました。また、このことは教育の現実によって一層明確にしてくれました。たとえば、極端な生活学習にせよ、または、インドクトリネーションにせよ、その内容を構成している諸要素の発見とその指導の方法とが最も肝要な事柄であると思う。かくて、本年度は先ず、この教育内容を構成している諸要素とは何かの検討をすすめることになり、ひいては、これが遂に基礎学力とは何かの問題研究となって参りました。更に、この研究が教科の学習指導との関連において行われて始めてその価値を見出し、教材をはなれて方法はあり得ないという原理の確信を得た次第です。

**【資料２】　山口大学教育学部附属防府中学校著『祖国の再建めざす　自主的仕事学習の方法の探求　単元学習の批判と検討を通して』「前編　教育目標並びに教育内容分析表」**　『研究報告書第９号』　1954（昭和29）年12月刊

⑴　自主的学習の最もよき方法であるということである。即ち学習のための問題把握、目的の確認、目的達成のための計画や活動等、学習過程の全体に亘って、すべて自主的に営まれて行くのが、単元学習の本質である。

⑵　単元学習が、学習活動及び学習内容の統一性を予想するものであることである。

⑶　社会的協同性の錬磨ということである。単元学習という時は、必ず一人の学習者ではなくて、一群の学習者を予想している。（中略）このようにして共通の問題に立ち向かう一群の学習者によって一方には全員の協力ということが学習され、他面には全体に対する個性的貢献ということが学習される。

**【資料３】　安田正夫「基礎学力の構造論」**　山口大学教育学部防府中学校研究部編『各教科における基礎学力と其の指導　昭和28年度』　1953（昭和28）12年５月刊　所収

<table>
<tr><td colspan="2" rowspan="3">領域<br>層</td><td>科　学</td><td>技　術</td></tr>
<tr><td colspan="2">社会　自然　芸術　保健　生産</td></tr>
<tr><td colspan="2">用具（言語・数量・図形・色彩・手技</td></tr>
<tr><td>概括的認識</td><td colspan="3">個々の事実や現象に貫ら（ママ）ぬく一般的法則の理解と技能</td></tr>
<tr><td>個別的認識</td><td colspan="3">個々の経験・事実・現象の過程・用具の基礎的知識・技能</td></tr>
</table>

**【資料４】　同　石井遠景「国語科における　基礎学力とその指導の一断面」**

⑴　国語科のねらう学力とは何であるのか。またその基礎となる学力はどのように捉えたらよいであろうか。

⑵　こうした学力低下の原因はどこにあるのだろうか。

⑶　学力向上のためにはいかなる指導が考えられねばならぬのだろうか。

**【資料５】　同　「概括的認識」**

○　次は概括的認識についてであるが、私はこれに言語要素の助けによって言語経験を支持していく基本的な言語能力に求めた。（注　基礎学力一覧表参照）　／まえの言語要素が断片的で個性的であり、しかも死せる屍であるに反して、これはそれらの経験をうちに蔵し、あらゆる言語経験を処理し遂行していく生きた力である。／　ところでこの基本的な能力の求め方であるが私は私なりに指導要領の具体的目標を分析していった。各学年十数項目に亘ってそれぞれの目標が列挙されているのであるが、小学校から中学校高等学校に至るまでそこに共する能力、しかも基本的能力が一貫して存在することを発見する。（中略）その共通する能力が一覧表に示した概括的認識能力なのである。

【資料６】　同　「基礎学力一覧表」（骨子、加藤概略）

<table>
<tr><td rowspan="2">領<br>域</td><td colspan="2">基　　礎　　学　　力</td><td rowspan="2">行為的<br>実践力</td></tr>
<tr><td>個別的知識・技能</td><td>概括認識能力</td></tr>
</table>

【資料７】　同　「読解力」

⑴　聞く話す読む書くの四つの領域は本質的価値的には同一のものであるが、読むことと書くこととは中でも最も抵抗の大きいものである。従って教育指導上からは特に重視せねばならぬと考える。

⑵　生徒の学力の実態は、読解力に最も欠けている。義務教育終了時の学力調査の結果からも、このことはあまりにも明白な事実である。従って実態に即した学力の盲点をつく指導法の研究は何よりも優先さるべきである。

【資料８】　益井重夫「自主的仕事学習をめざして」　山口大学教育学部附属防府中学校著『祖国の再建をめざす　自主的仕事学習の方法の探究　単元学習の批判と検討を通して　後編本論並に基底単元系列表』 1955（昭和30）年１月29日刊　所収（注　この項加藤要約）

⑴　経験単元は、教材を軽視し系統をないがしろにするのに対して、教材単元は、学習者の興興味や要求や目的意識などを無視する、「問題解決学習」か「系統学習」かの二元論。

⑵　単元学習即経験単元との見方が、コアの部分のみにことを矮小化し、教科別カリキュラムでは若干の生活経験を中心とする教科のみ可能となり、「用具教科」に位置づけられる「国語」等は、単元学習から除外される問題。

⑶　経験単元が、いわゆる「這い廻る」経験主義として非難され、学習活動組織の中心点を見失ってしまい、中で、「問題解決学習」への血路にも、非難が集中している問題。

⑷　単元の目的や問題が、一方的に指導者側から事前に選択・予定されてしまった、いわば擬装の経験単元が横行している問題。

⑸　学習者主体・指導の自在・教材の開発・評価等の実践上の困難が、教材単元あるいは旧教育的断片的教材単位の注入に陥っている問題。
⑹　教材単元のみに単元学習の唯一の形態上の可能性を見る観点の妥当性を、再検討しなければならない問題。

【資料9】　同　「単元学習」採択の理由
⑴　自主的学習の最もよき方法である。
⑵　学習活動および学習内容の統一性を予想するものである。
⑶　社会的協同性の錬磨、つまり、全員の協力と全体に対する個性的貢献をもたらす。

【資料10】　同　「仕事学習」の観点
⑴　目的の把握をあくまでも学習者自らの力で自らのものとしてなさしめる。そこにこの仕事はどうしても自分がやりとげねばならないという自己の責任の自覚が生ずる。この責任は自分自身のためにそして全体のために、必ず完遂することが期せられる。
⑵　学習者の一人一人をして、常に一つのグループとか社会とかいう全体的なるもの、運命の運載者であるという自覚に徹せしめる。
⑶　学習の全過程を通じて、生徒の自己活動を最高度に発揮させようとする。（加藤注。「反省的思考」「批判的思考」「問題解決的思考」等の思考の重視を強調している。）
⑷　単なる知的又は精神的な学習に止まらないで、出来る限り全人格体によるところの行動的学習たらしめる。
⑸　上述の行動学習を、常に何ものかを生み出し、作り出すところの活動、即ち広義における生産活動たらしめる。
⑹　（前略）いわゆる経験単元対教材単元というような単元類型の対立は解消して、単元学習には本質的に一種類しか存在しない（後略）（加藤注。単元の意図する目的においては、「生活単元」と「探究単元」とに分ける。）
⑺　この2種の単元は、原則的には各教科の内部において設定される。
⑻　上述の生活単元を、特にいわゆる生産主義的教育の立場から経済的生産に傾斜をかける時、これを経済的生活単元と呼び、これに対して探求単元

は、文化的生産単元と呼ぶことも可能であろう。

⑼　以上のような立場にある時、いわゆる問題解決学習か系統学習かの対立もまた解消する。

⑽　学習の過程は単に楽しい甘い過程ではなくして、厳しいそして屡々（ママ）苦闘でさえもあるような過程であるということを認識させる。

⑾　学習の発端において責任を自らに負う学習は、その結果の吟味においても厳正でなければならない。

⑿　このようにして真に身についた学習の結果は、必然的に新たなる行動として発現し、主体的に環境に働きかけて新たなる問題を発見し、従ってまたあらたなる目的を把握して、そこに新たなる仕事（単元）（ママ）始められる。

**【資料11】　同　石井遠景「国語科における仕事（単元）学習の実際」**

⑴　国語科には単元学習はありえない。即ち単元学習とは生活課題のかいけつをめざしての一連の学習であって国語と数学だとか技能を中心とする教科にあっては、あり得ない。またしない方が望ましいといわれているが果してそうであろうか。

⑵　また単元学習、単元学習といわれているが、果して実施されているであろうか。実施されていないとしたらその原因はどこにあるであろうか。また実施に困難点があるとすればどこにその原因があるであろうか。

⑶　言語経験を拡げるという立場に立つ経験主義に代って新しい立場で能力主義が台頭して来ているが、経験主義か能力主義かという二者択一的なものであろうか。新しい能力主義の台頭は、単元学習の一つ盲点を衝くものとして真剣に考えねばならぬものではあるまいか。

**【資料12】　同　「一　仕事（単元）学習の留意点」**

⑴　国語科の教育目標を再検討し、はっきりとその目標をつかもう。

⑵　国語科の学習指導内容を再検討し、その内容を具体的にはっきりと把握しよう。これは国語科の具体的な教育目標ということができる。私はこれを次の３つの角度から分析した。①　言語経験及び言語能力　②　文法　③　国語科の基底（これは①②だけでは国語を通して民族精神の涵養とか

いった面が薄れて来るように思ったからであった。)

(3)　基底単元――学習単元ではない――を用意し、その全体的な系列を考え、しっかりとそれを把握しておこう。／　思いつきの言語技能の助長でなく、全学年を通じて伸ばすべき言語技能の位置づけがなされ組織されていなければならない。言語技能の錬磨向上をめざしながら、案外に力がつかないというのも、こうした全体的な位置づけに欠けているのではなかったかと反省する。

(4)　単元計画を綿密に、周到にたてよう。単元の意義を、目的や目標を、そこに含まれる学習内容を、学習活動を、そして評価法を。

(5)　学習活動を自主的に目的々な学習になるようくふうし、実践しよう。

(6)　評価を厳正に、しかもそれが学習結果だけでなくその過程を特に重視しよう。

**【資料13】　石井遠景「国語科『仕事学習』における問題把握の指導の実際」**　山口大学教育学部附属防府中学校著『祖国の再建をめざす　自主的仕事学習の方法の探求　単元学習の批判と検討を通して　続編』「第二部　学習指導編」　1956（昭和31）年10月31日刊　所収

(1)　言語生活の向上を図り、言語（国語）（ママ）識の向上を目ざす文法の学習指導は、生徒が法則を発見し創造するという生徒自身の自主性主体性に立脚するときにはじめてその目的がたっせられると思う。(実態調査の結果、加藤省略。)

(2)　一年生から語法探求に真正面から取り組むことが可能である。

(3)　発見的創造的に法則をとらえようとする学習にあってはおのずと個人的な学習にならないで集団思考による学習が必要なものとして浮かびあがってくる。学級全員の協力によって総力の結集によってのみ心理（法則）(ママ）の発見は可能となる。

(4)　問題把握の指導は、学習の成否を決定するともいえる。

**【資料14】　同　益井重夫学校長「問題解決学習としての「仕事学習」（単元学習）における問題把握の指導」**

(1)　①　集団思考は、討論ではなく、協同の探求活動である。②　各成員が全体のために考える。③　最も重要な問題を、常に見失わない。④　発達段階に即して、合理的・論理的思考の法則に慣れる。⑤　常に現実から発し現実へと帰る思考に努める。⑥　一般的概念ではなく、具体的・特殊的な事象から出発する。⑦　用語をできるだけ正確にする。⑧　よく傾聴し、正しく理解する。⑨　問題把握のためには、自己評価・相互評価をしばしば試みる。

(2)　①　愛と信頼があって、はじめて知的活動がある。②　不完全な提案・誤った解答も黙殺せず、協同の力で育て上げ、何人にも劣等感を持たせない。③　指導者の発言は、民主的・社会的雰囲気で、遅進児の保護には格別意を用いる。④　寛いだ雰囲気の中でこそ、知的思考活動・緻密な思惟・斬新な着想も生まれる。⑤　他人の成功を称賛する。⑥　個人問題の協同問題化に努める。⑦　少数意見と多数意見との関係を理解する。

**【資料15】　大槻和夫「基礎学力論争から学ぶ」　『教育科学　国語教育』**
1963（昭和38）年１月号　明治図書刊　『国語教育基本論文集成　３』
1994（平成６）年　明治図書刊　収録

○　学力の主体的側面を基軸にすえる基礎学力論からは、経験主義・生活主義の教育原理にねざす機能主義的学力観を学ぶのではなく、教科内容は子どもの主体的・能動的活動をとおして獲得されたときにのみ内面化され血肉化された学力に転化するのだという意味に受け取りなおしてまなびたい。そのことによってはじめて、今日求められている学力と人格を統一的に発達させる教育の原理と実践をつくりだすことができると考えるからである。

# 第Ⅴ章　「修正」営為

## 第1節　教育研究会著『観察・参加・実習の手引き』

**【資料1】　竹井彌七郎「『論説』修正教科カリキュラムの立場」**　山口師範学校教育研究所『学習指導』第3巻第12号　1949（昭和24）年11月15日刊　所収

○　然るに教科の生活化を徹底しようとすれば、教科カリキュラムはその論理的系統性を失ひ、作業単元の論理的発展を企図すれば、生活カリキュラムは教科カリキュラムえ（ママ）の移行を余儀なくせられる。従って教科カリキュラムか、生活カリキュラムかの二者択一は必ずしもカリキュラム問題を正しく解決する道ではなく、生活カリキュラムの長所は十分に取り入れると共に教科カリキュラムの長所もあくまで尊重しなければならないといふ中道的立場が修正カリキュラムの立場である。而も日本の小学校教師の現状からすれば、寧ろ教科カリキュラムの実践こそ最も必要な問題であり、やゝ教師の揃っている学校に於て始めて修正カリキラムの実践が可能であり、小数の実験学校に於ては生活カリキュラムの実践も奨励せられるべきであるといふのが実情に即した提言であらう。

**【資料2】　山口大学教育学部山口教室　教育研究会著『観察・参加・実習の手引き』中　第一章「一、観察、参加、実習」の目的**　1950（昭和25）年2月1日刊

○　これまでの教壇教育学の域を脱して、教育という事象を経験的に把握しようというのがその目的である。教育を理論の裏付けをもった現象として理解し体験して行かう（ママ）と云うのが、その狙いである。観察、参加、実習を通して教育の現実に即した見識を具え、技術を身につけた教師を要請しようというのである。（中略）

観察　観察は児童生徒の発達段階を理解し、且学校、家庭、地域社会等

の所謂社会的環境の中で、彼等が如何に行動しているかということ、即ち、彼等はこの社会的環境の中で如何に順応し、又如何なる要求をもって生活しているかということを、直接に眺めとって行かうとする。

参加　参加は、担任教官の助手となって、学級の経営、ホーム、ルームの運営の諸活動に直接当るものであって、この活動を通して、観察も精深となり、評価や測定等の操作にも習熟して行くことになる。この参加の段階は、実習の前段階をなすものであって、教壇に立って、直接に学習指導に当らないだけで、その他は出来るだけ実習と同じような諸活動をする。

実習　実習は、観察、参加、の経験を基として、実際の指導に当り、教師としての経験を積む段階である。

**【資料3】　同研究会著『観察・参加・実習――新しい教師のための実験課程――』中　「一　序説　観察・実習・参加」の重要性**　1947（昭和22）年11月20日刊

○　思うに読書や講義がほんとうの意味をもつのはたゞじかの経験という背景においてのみでである。この背景を与えつゝ読書をすゝめ講義をする、即ち教職的必要を直接の経験においてみたしつゝ一方に学問理論を研究させることにより、互に他をゆたかにし生気づけることが教師養成において最も有効な仕方である。子供を知るためには子供と共に働き共に遊ばねばならぬ。

**【資料4】　【資料2】同　「第四章」「コアカリキュラム」の構造**

○　これを要するに本校コア、カリキュラムの構造上の特質は、教育の目標を体系立てられた各教科の要素に求め、これを、第一には、具体的な児童の問題解決の道程に於て必然的に獲得するよう構成され、第二にこの問題解決の課程に於て必然的に要求される練習の課程を設け、第三に尚前二者によっては獲得のできない教科の要素を、人為的に教師によって設定された各科の課程として組織するのである。そしてこれらの課程と共に、一般日常生活の指導並に特別教育活動の課程を設定している。

【資料５】　同　「構成手続き」（この項加藤要約）

①　国家基準としての「指導要領一般篇」を目標とし、必要な知識・能力・態度を地域の実情を勘案して組織化し内容を構成する。

②　各教科の精神の目標領域として、与えるべき要素を分析・配列し、リストを作製する。

③　その目標への方法操作の根本原則としては、児童の議題としての主体的な解決行動を通して、自主的・必然的に獲得させる。そのためには、素材を児童の生活の中身に求める。

④　そこで､具体的な児童の生活の系統を自然発生単元として順次配列する。

⑤　一方、分析用意した教科の目標のどれが経験・獲得されるかを考え、教育的な狙いで乗せる。

⑥　乗り切らないで残った要素を獲得させるため、特定の経験的単元を設定し教科別に配列する。

【資料６】　同　「『第二基底表』を基にした具体的学習のプログラムの実例」

（注　３年９月「国語」の場合）

○　夏休みのことについて話し合う。○　文集の計画を立てる。○　作文「海」をよむ。○　其の他　の参考文をよむ。○　作文の主題をきめて表を作る。○　だいたいの順序をきめる。○　「ことばいれ」の指導をして自分の文をなおす。○　清書する。○　文集の表紙や目次をきめる。

【資料７】　同　反省

○　過去一年苦しんで来て感ずることは、目標や社会の要求を教科の枠にしたがって体系ず（ママ）けることはさほど困難ではなくて、問題は、いかに児童の実態と要求とを組ず（ママ）けるかという資料の乏しいことである。しかし吾々は、実践した体験に基き、そうした世界にも相当のくわを打ち込み得たし、今後も亦打ち込みつづけて、新生した教科構造による教育課程の創造に努力をつづけたいと思う。

【資料８】　同　「第五章　国語科の学習指導」

①　国語科の目標

1　日常生活における言語能力を養う。

2　ことばそのものの系統的な学習をさせる。

②　国語科の教材

○　国語科の教材、国語指導の資料はどこにでもある。ことばは実生活で常に使われているものであるからどんな場面を捉えてでも指導ができなくては国語教師とは言えない。

イ、国語教科書は児童生徒の言語能力の一つの水準を示したもの、重要な資料の一つ。

ロ、教師は、ことばの使われる現場についての深い研究と、一方、ことばがいかなるもの・いかにあるべきものかの学問的系統的研究が必要である。

③　学習指導

1　単元設定の根拠

○　一つの単元をきめて生徒に学習させる際、その単元がどのような必要性があり、どのような経過をとって設定されるに至ったかをはっきりさせることは極めて大切なことである。／　教師の側からみればその指導の腹がまえをし、迫力をつけるもととなり、児童生徒の方からみれば、その単元が各自の現実の生活のどこにどのようにつながるか、いかに切実な問題であるかを確認するもととなる。国語の学習が生気のない自発性の乏しいものとなるのは、先ず教師の側にこの根拠となる心構えが乏しいからである。／　単元を児童生徒の直面する問題から直接とる時はまだよいが、教科書の教材をそのままやって行くという場合には特に注意する必要がある。即ちその教材が、彼等の生活のどこにどのような位置をしめている問題であるか、彼等の興味欲求との関係はどうか等十分に実情を考えて彼等が飛びつくように橋渡しをしなくてはならぬ。単元設定の根拠は、この橋渡しをするよりどころでもある。指導案などにも特に注意して「単元設定の根拠」に当たるところはくわしく書くべきである。

2　単元の目標

○　目標の大切なことは言うまでもないことであるが、とかく国語では漠然としたものであったり、何もかも取り上げようとして多くなったりし勝ちである。徹底させるためにはどうしてもはっきりしたかなり具体的な目標を立てなくてはならない。／　国語科の目標をよく考えてそれを達成するための単元目標をきめなくてはならない。指導案にふつう書くのは教師としての指導目標であるが、児童生徒各人はそれぞれ個性に応じたぴったりしためあてをきめて、自分の学習として自主的に研究を進めて行くようにしなくてはならない。／　この単元の目標が評価のよりどころとなるものであるからその点も考え合わせておくことが必要である。

3　指導計画

○　指導案例が別にあるのでここでは指導計画についての説明は省く。（加藤注。原文のまま。）

4　学習指導の実際

○　これが児童生徒の実際に学習活動をする場面であり、教師の方から言えば指導の現場である。ここでは実際指導の上で常に注意すべき点を述べることにする。

イ　個人差を重んずる。

ことばの学習は特に各個人に即したものでなければ意味がない。現に持っている各人の言語能力に即してそれを一歩々々向上させるわけで厳密に言えば一人々々について指導しなくてはならない。例えば目標についてみても、Ａの学習のめあてとＢの学習のめあてとは同じようなことをしても、その程度においてかなり違うことが多い。質問応答においてもＣに対してとＤに対してとはその方法が異なるであろう。作文の感想や評を書くにしても同じように色々異る点があると思う。

ロ　ことばの機能を重んずる。

ことばが実際につかわれる時にはそれぞれの場面に即して機能を持っている。辞書にあることばはいかに豊富でもそのままでは生きたことばではない。それらのことばが実際の場でどんなときどのようにつかわれるかを体得させなくては国語教育の役目は果せない。言語生活の現場をつかまないでただ頭の中で色々のことばを暗記するということはむしろ危険なことである。真に体得できた身についたことばを使うということが大切であるがそうするためには、常にことばの実際場面における機能を重視して徹底させなくてはならない。／　この点からみて、児童生徒がただ時間中受身で聞いたり読んだりということだけをしているのはまずいと思う。できるだけ言語発表の機会を多くしてやることが必要である。話させるくふう、書かせるくふうをして彼等を自発的積極的にしなくてはならない。ただ聞く、ただ読むに比べて話すこと書くことがいかに心を使い態度を積極的にするかは言うまでもないことである。そこにはじめてことばが身につき、ことばの機能が正しくつかまれるのである。

ハ　興味を重んずる。

　これは一般的にいつも言われることであるが、国語の立場から特に考えてみたいことは、ことばそのものについて関心を持たせることが先決問題で、その関心から興味となり興味を重んじて導いて行くことが最もよい方法だと思われる。その関心を持たせるために、具体的な言語生活の現場をつかんで、なるほどことばというものはおもしろい不思議なものだと気づかせることが必要である。

「研究問題」

①　われわれの生活の中で国語教育不徹底のためとおもわれる点を指摘して説明せよ。

②　実生活の場をとらえ、ある学年を対象として単元を作り指導計画を立てよ。

③　ある学年の教科書の教材の指導計画を立てよ。

④　ことばの機能とはどんなことか具体例をあげて説明せよ。

⑤　ある学習指導の実際を観察してその感想や批評をまとめ、数人で討議してみよ。

**【資料9】　同　「第五章第五節」「国語科の学習指導」「教案例」**

①　国語科学習指導案（第四学年）——修正教科カリキュラム十月分学習単

元の一つ――

1　単元　かし本屋

2　単元の概要

図書館に通ったり、街の貸本屋を利用したりすることが、ひとつの流行のようになろうとしている時、児童のこのような関心と興味とに根ざして、読書生活の、正しい豊かな態度能力を育て学級文庫の充実と活用を実践し、特に学級を二つのグループに編成して、共通教材の選択と学習に当らせ､児童に自覚された学習目標にもとづく公正な評価によって、自分自分の能力をできるだけ伸ばそうとする意欲を助長するように組織された、読み方中心の単元である。

3　単元設定の根拠（以下、加藤要約。）

(1)　読みぶりがあまりにもたどたどしい。教師は、この現実に応える資料を持たない。児童の読書の習慣・能力の実態を見極め、ひとりひとりが自己の進歩と怠慢とに目覚め、現実を克服し目標に迫るよう環境が構成され、指導を加える。

(2)　読書意欲は、旺盛である。しかし、指導はあまり加えられていない。半永続的・教育的な読書の場を設定し､伸びる者は伸ばし、救える者は救わなければならない。旺盛な読書意欲が、敗戦後の厳しい環境の中でとじこめられていながら、国語科教育の学習指導はそれを「伸ばし」たり「救っ」たりしていない。こんな認識のもとでの「読書の場」の探究は、学校教育が、地域や社会の中で果たすべき役割についても、深い思いを致さしめる。

(3)　楽しむための読書が、一定の計画にもとづいて進められるような配慮がいる。教科書の教材を共通必須の基本教材と考え、それを中心に、自由・個性的・多方面の読書の領域が展開されたい。そのためには、学級文庫・図書館・貸本屋等の有機的全一的指導組織がいる。

(4)　目標（加藤注。期待される学習効果。）

(a)　学級貸本屋を二軒作るため、本の名・著書・発行所・定価・扱い方等を理解し、題目と内容の関係を知っておく。

(b)　その中で、協同・責任・感謝を学んでいく。

(c)　黙読に馴れ、大意・主題のつかみ方を磨き、文字・言語でそれを発表することの意味を理解する。

(d)　二つのグループが、共通教材を競争的に学習し、かつ自由コースを個別に選んで読書指導を受け、評価と診断とが児童の学習目標にもとづいて再三行われる。その結果、自己の進度によろこびを感じ、読書の能力が高まって、読書の領域が充実発展する。

(e)　学習目標として次の事項が強調される。

○　どんな本を読むようになったか。○　音読・黙読はどの程度にできるか。○　大意文意の要約ができるか。○　覚えようと約束した文字をどのくらい覚えたか。○　使い方に馴れようとしてリストした言葉・語句が使えるか。○　内容理解や鑑賞のための問題によくこたえられるか。

(5)　指導計画（計画・展開・評価）

(a)　予備テスト調査　(b)　学級文庫について反省の自治会　(c)　教室の二隅に貸本屋を作る　(d)　一週一時間の自由読書時間・一日一冊持ち帰り　(e)　すすめたい本の概要の報告や一節の読み聞かせ　(f)　平素の読書生活の具体の話し合い　(g)『幸福』の学習目標（二グループ同一五項目）（ママ）　(h)　各グループの独自学習　(i)　グループ別問題学習（尋ね合い討議する）（ママ）　(j)　第一回テスト　(k)　『みにくいあひるのこ』の学習目標を決め学習する。(l)　読書の時間での個別指導・学校図書館の利用法・読書日記の発表会　(m)　『みにくいあひるのこ』の文の組み立てについてグループで討議　(n)　第二回テスト　(o)　貸本屋の利用の反省会　(p)　貸本代の活用法相談　(q)　一番役に立った物語・小説の大要を二〇〇字にまとめる。(r)　貸本屋と学級学級文庫の今後の合流利用法を話し合う。(s)　二回の評価結果の整理・観察による態度と習慣を「特徴記入法」により整理し、父兄とも連絡する。

○　この単元は国語科独自のものをあげたが、修正教科カリキュラムでも、児童の必要と興味とにもとず（ママ）いて、社会科や他の教科の学習単元の小単元として素材的に国語学習の場が設定せられる場合があるわけであり、一年二年三年で実践しているコアカリキュラムの中での国語学習の指導案などは、又別途に考えられるであろう。（加藤注。「備考」欄につけられたコメント。）

② 指導案例（注　低学年・コア学習）

本「例」は、「『第二学年教育計画表』（自五月九日至五月二十日）」とある。

単元　街の十字路　（加藤注。「単元設定の基盤」4項目および目標3項目は、略。）

| 中心課程 | | 周域課程 | | 日常生活課程 |
|---|---|---|---|---|
| 予想される教育的経験 | 期待される教育的経験 | 技能の練習 | 体育 | |
| ・協同して十字路の略図をかく。<br>・描いた十字路の略図を展覧する。<br>・十字路について話しあう。 | ・グループでする会話のし方になれる。<br>・資料をみて目的にかなったものをえらぶ。<br>・みんなに解り易い言葉で話す。<br>・見たものと言葉との結びつけになれる。<br>・いろいろな言葉を知る。自分の周囲のものを注意深く観察する。<br>・自分の言葉を考えて聞く | ・じょうずな相談のし方。 | ・手つなぎ鬼 | ・家庭学習をきめてする<br>戸外で元気よく遊ぶ |

| 予想される学習活動 | 評価の着眼 |
|---|---|
| ○一番賑やかな十字路の略図をみる。図に表現されているものについて話しあう。 | ・人の話しにどの程度の関心を示しているか。<br>・この教室で使う声の大きさを工夫しよ |

| | |
|---|---|
| ・自分の家の近所の十字路との比較る<br>○この十字路を通った時のことについて話しあう。<br>・人の往来について。<br>・乗りものについて。<br>・交通巡査について。<br>・道路標識について。<br>・放送塔について。<br>・広告板について。<br>・お店について。<br>・看板について。<br>○言葉のつかい方を工夫して話する。 | うといているか。<br>・語尾を明瞭に発音しているか。<br>・ゆっくりした話しぶりであるか。<br>・十字路のどの点に最も強い関心を持っているか。<br>・新しい言葉をどの程度に使いこなしているか。<br>・お友だちの説明に対して進んで質問する態度が見えるか。<br>・他人のことを考えて仲よく話合いをしているか。 |

**【資料10】　手嶋倫典「修正教科カリキュラムと国語の学習」** 山口師範学校教育研究所『学習指導』第３巻第12号　1949（昭和24）年11月15日刊所収

○　言語理論や解釈学の大家でないわたしなどは、ただぽっくりとこれ等の教材を出しましても、児童はこれを自発的自律的に学習してくれませんので、かし本屋を作って読みたい本を探して読むという仕事の中で、国語教育のこの学年のねらいを果して行こうとするのであります。しかも、幸福（ママ）もみにくいあひるの子（ママ）も、もんきり型の一斉授業をちょっと改善して、４つのグループ（能力別ではない）（ママ）に自主的な学習計画を持たせ、全部がいっしょにやった方が都合がよいものだけいっしょにやらせることにしたのであります。

## 第２節　附属山口小学校の「生活カリキュラム」

【資料１】　山口大学教育学部附属小学校著『生活カリキュラム』中「コア・カリキュラムの立場」　昭和二十五年度『研究紀要（二）』（注　上記以外に奥書等は欠く）

○　「コア・カリキュラム」の意義

(1)　（前略）従って現状を固定的に考え、其の社会的現実え（ママ）適応だけを考慮に入れる教育は時代おくれの人間を養成することになる。児童が現実に生活する歴史的社会場面と将来児童が生活するであろう歴史的社会場面とは非常に異った場面となるであろう。従って教育は或る固定的観念を授けることではなくして、むしろ変化する生活場面に適応し得る弾力性のある知性を涵養することでなければならない。即ち創造的知性の陶冶こそ教育の目的でなければならない。（中略）此の動的世界に於ける動的人間の形成をめざす時、教育内容としてのカリキュラムが動的発展的形態をとることは当然であろう。

(2)　（前略）教育は児童をして社会機能を理解させ、成長の後はその社会機能の何れかを分担して社会の進歩に貢献するよう指導することである。現代社会に於ては此等の社会機能は高度に分化し、而も其の間には相互に密接な連関があるから、その原始形態から現代の形態に至るまでの発達を理解すると共に、その連関を理解し、その施設を有効に利用する能力を養成すべきである。此の見地に立つ時には中心課程として社会機能の範囲をとり、教科組織を根本的に再組織する方法が採用せられるのである。

(3)　（前略）心意現象は場面における生起であって、場面の構造に制約される。こゝに教育場面を児童の動的、積極的協力的学習場面として構成することが重要な問題となる。かゝる好ましい学習場面を展開するためには児童に興味ある学習課題を提供する必要があり、これが児童の学習の中心課題となるところに中心課程が成立するる。／　このような学習課題は児童の生活の要求に基づくものであって、児童の生活の発展と共に学習課題が発展し、此の学習課題の解決を通して、教育の目標とする知識、技能、態度等の修得がなされるのである。

○　「中心課程」の構成の仕方

⑴　教科としての社会又は社会科＝理科を中核として中心課程を構成する方法であって、教科カリキュラムに於て統合を試み、最も重要な部分を強く取りあげ、爾余の教科をいわば此の中心的系統にたいする副次的又補助的系統として組織する方法である。

⑵　児童の生活には中心的欲求があり、此の中心的欲求を満足させることが教育の重点でなければならぬ。（中略）かくして児童の生活の中心が如何に発展するかゞ（ママ）中心課題の問題であり、中心課題は教科の面からではなくして、児童の生活面から構成しなくてはならない。従って中心課程は、生活課程として構成せられるのであって、あらゆる教科が綜合的に含まれる綜合課程である。

○　「基礎課程」と「基礎学習」

中心課程は、教科的中心課程にしても生活課程としての中心課程にしても、ともに綜合的教育であって、其の学習課程には基礎技能を欠くことができない。基礎技能として必要なものは、能力、算数能力、描図、読図能力等である。此等の能力は中心学習に於ても自然的に修得せられる部面もあるが、此等の能力は断片的修得だけでは到底日常生活の用を充たすことすらできない。従って系統的個別的指導を必要とする。

○　「展望」

従って中心課程の構成が単なる児童の一時的興味に左右されて社会的要求を無視したり、基礎学習の系統的指導計画を欠いていて社会の非難をうけたりする一面もないではなかった。しかし児童の生活の要求に立脚し、生活課程の解決を通して、学習意欲の旺盛な児童を育成する教育の方向は誤りではなく、罪はその指導計画と指導方法の欠陥に帰すべきものである。

○　「視点」

コア・カリキュラムによって指導された児童には生活の現実から真理を掴もうとする意欲と、問題に当面して合理的解決を求める科学的態度とが育成されなければならない。

【資料２】　同　「本校生活カリキュラム構成の手続」

○　「基礎的見地」

⑴　行動群は様々な目的によって様々な構成をなし、而も目的によって一つのまとまりを持っている。

⑵　同一目的を持って構成された行動群は、必ずしも時間的に常に一連の連続的構成がなされるとは限らない。時間的に距離や断続のある行動も一つの目的々行動としてまとまりを持っている。

⑶　一つの目的ある行動群は、更に大きな行動群の一分岐であり、逆に又微細な多くの行動群にまとめることが出来る。例えば、糊を作る行動群は、模型の家も作る行動群の一分岐であり、その模型作りの行動群は更に大きな山口市の模型作りの行動群の一分岐であるように常に分節的全体として構成される。

⑷　或る行動群の中の一行動は、同時に又他の行動群の中に包括される場合がある。行動は決して単一の目的によってのみ成り立っているとは言えない。それは生活の行動単位として把える立場からは、夫々両者に於ける構造の中の一要素として把えられるものである。

○　「見地」

⑴　課題の意義

課題は立体的である子供と、それをとりまく環境との緊張関係に於て生ずるものである。人間の生活は、主体と環境との力動的関係に於て成り立ち、主体が環境に働きかけ、環境が主体に影響し、それが同時に成り立つ所に生活は展開される。／　教育の第一は子供に有意義な課題や（ママ）彼自身に意識させなくてはならない。学習はかゝる有意義な課題を発足（ママ）してそれを解決して行く連続過程である。有意義な課題の発見は、子供の生活の中心感情を構成する。此の中心感情は彼等の生活行動を規定して行く主流的傾向を持つのであって、学習の中心もそこに発展の根拠を持つのであり、而も、主流をなす中心学習は、様々な姿で発展する多くの派生的学習も従えて行くのである。此のような有意味（ママ）な課題の発見こそ、教育の目的獲得のための重要な決定的条件をなすものであり、そこに方法としての動機づけの教育的重要性とカリキュラム構成のための基本的原則の一が考えられねばならぬ。

⑵　課題の性格

課題解決の過程である生活は、常に個人の問題であり、個人の意識に即して考えられる（加藤中略）但し、生活は、個々の個人に即しているが同時にそれは社会との関係に於てのみ成り立つものである。このことは課題解決的の生活単位を把えることが、単に個人的な生活単位を把えることではなく同時に又社会的生活単位を把えることを意味する。このように課題は社会のものとしての性格を持つと共に、又自己のものとしての課題でなくてはならぬ。（加藤後略）

⑶　行動の性格

（加藤前略）このような意味で、現実の具体的な行動は、当事者の意識の中で二重三重の課題を背負って構成されるものである。しかも又、大きな行動群の目的を果すための必然的な目的々行動として、分岐が全体に密にまとまっている場合と、その分岐の目的が独立した位置を持ち乍ら、副次的に目的性の上に立っていて、分岐の主目的を果し乍ら全体の行動群にまとまっていることもある。

○　「研究経過」

⑴　1947（昭和22）年度　単元学習に関する実践的研究に着手

⑵　1948（昭和23）年度　１の第一回研究発表と社会科教育にかんする研究発表　／　単元学習の実践的研究の中で、新教育の学習指導の展開と従来のカリキュラムとの矛盾に気づく。／　11月、新カリキュラム研究にかんする準備委員会設置　／　１月、二つのカリキュラム作製（ママ）委員会設置　試験

⑶　1949（昭和24）年度　第二回研究発表会　カリキュラムに関する本格研究　試案の実証的評価数回の修正・改造　編成完成

○　「手続」における「予想」

⑴　課題の設定をなす。

児童の生活に於ける課題の調査をなし、何を求めているか、何をなさねばならぬか、の項をリストして精しく吟味して一つの資料を（ママ）する。

⑵　スコープ、シーケンスに関する吟味決定をなす。

学習の領域は、吟味検討の結果、社会機能による分類法に従って決定した。シーケンスは、基本的な指導の発達調査を仔細に研究することが出来ないので、発達心理学やコースオブスタディーの教える所に従って決定した。

○　「児童の具体的生活実態調査」

⑴　前年度の担任が、一ケ年の指導実践の半生から、教育記録をひもといて児童の一年間の興味や活動や感情の流れをリストする。

⑵　新担任が、自己の過去の教育経験からして、現在の児童の予想する活動や中心感情をリストする。

⑶　父兄に調査書を与えて前年一ケ年の子供の生活で、印象強く想起出来る事項を月別に記載してもらう。

⑷　直接児童に対して、昨年一ケ年の生活で現在極めて印象に残っている事項を教師の誘導により想起させて、月別に記録を作製する。

○　「単元の決定」についての「反省」

児童の生活中心感情をできるだけそのまゝ単元構成に反映させる。自然発生単元と呼ぶ。これには、中断される空白期が出る。教育目標や課題の全面的包容は、不可能である。そこで、軽度の誘導による人為的単元が必要となる。それにより、欠点を補おうとした。

○　「単元構成」の留意点

⑴　全体性を持ち、従って包括的であること。

⑵　広く而も深く発展させることが出来るもの。

⑶　有意義な課題を多く含むもの。

⑷　展開するにつれて、児童の興味をつぎつぎに喚起するものであること。

⑸　目標の明確なもの。

⑹　児童の自主的行動の可能性に充満しているもの。

⑺　民主的な雰囲気の中で活動させるもの。

⑻　理解や技能を明らかに、深くするために、個人的集団的な各種表現活動の機会を多く用意できるもの。

⑼　個人差による学習活動が充分可能なもの。

⑽　前後の単元との関連がとれるもの。

⑾　直接経験の可能性を充分含むもの。

⑿　児童の大多数に共通である課題を持つもの。

⒀　学校の施設、設備を考慮すること　等。（ママ）

○　「カリキュラム評価と改善資料の蒐集」

⑴　教育目標の妥当性については、常に反省改変を考慮して、常にその実践

的反省をなし、改造資料の蒐集に努める。

⑵　単元の取扱いが終了すれば、１つ１つについて目標との関係に於て評価を加え、構成上の不適合性の発見に努め、委員会によってその原因の調査をなし、単元え（ママ）の修正に常に努力して来ると共に現在尚その努力が継続されている。

**【資料３】　同　「生活学習指導上の留意点」**

１年　自分や家庭に閉じこもった生活より他を認める人間生活の基礎的な諸活動に参加することによって、これまでよりも一層広い意味の家庭生活、学校生活、近隣のお友達との生活が、出来るようになり、又そうした生活を要求する時代でもある。このような社会環境を利用して彼等の身近な環境と、やゝ広い環境の中でより一層調和のとれた生活をさせる。

２年　二年生の児童の興味関心の中心は、家や学校の生活から発展して近隣の生活にまで拡大されていく。中でも特に目立った活動をしている人達、即ち交通巡査、郵便屋さん、お医者さん、お百姓さん、色々な店で働いている人、そり他の近所の人々に興味関心が集中されて、このような人々のように活動してみたいという欲求が強い。したがって学習もその欲求に即して展開することが大切である。

３年　自己の周囲の地域――協同社会の中でその基本的構造、すなわち、生物が如何に自然に適応しているか、人間が如何に自然を利用して衣食住の処理をしているか等学ばせ、こうした生活分野への要求を高め自主的にその生活を更新させる。

○　「留意点」細目

⑴　取りあげる可き生活の単元は自分の生活から発展した社会生活であり、社会生活の機能の面が次第に増して立体的なものになってくるべきである。

⑵　主客未分化の時代から、客観的、論理的となる移行期にあるので、事物を正確に観察し、正正確に考える能力を肥大させることが大切である。

⑶　協同意識、自我意識が芽ばえて、本格的な意味の団体訓練が可能になるので、所謂グループによる協同学習の態度や習慣を進めて行く。

⑷　科学的知的に欲求が旺盛となるので単なる興味本位のものから、真実の

叫びである児童の関心の面が主体として取りあげられることが望ましいと同時に、単元学習活動における多様性、多面性が強調されなくてはならない。

(5)　即興的な遊びから、組織的な遊びへ――、（ママ）模倣的なものから創造的、建設的なものへ、機械的な反復から構成的、思索的なものへ、自分自体ということより隣人協同ということへ等の、発展が望まれる。

(6)　読書能力はさして発達していないので、書物による調査研究は不充分であり、学習資料を本によって出すようなものより、自主的な学習活動によって求められる資料（絵、模型、身体的な表現活動）（ママ）による学習が主要な分野を占めるよう構成して行く。又トピック的なものは研究に於て解決をはかる。

**【資料４】　同　第三学年1949（昭和24）年度の単元展開**

| | | | |
|---|---|---|---|
| 単元① | 三年生のくらし | 自四月第二週 | 至四月第五週 |
| 単元② | 私たちの町 | 自五月第一週 | 至六月第一週 |
| ※単元③ | 山口駅 | 自六月第二週 | 至六月第五週 |
| 単元④ | 水道 | 自七月第一週 | 至七月第三週 |
| 単元⑤ | 動植物と私たち | 自九月第一週 | 至九月第四週 |
| 単元⑥ | 食物 | 自一一月第一週 | 至一一月第五週 |
| 単元⑦ | 冬の生活 | 自一一月第二週 | 至一二月第三週 |
| 単元⑧ | 大昔の人々の生活 | 自一月第二週 | 至三月第三週 |

○　「計画案」の柱

(1)　単元（注　単元名）　(2)　単元設定の基盤　(3)　目標　(4)　中心課題（予想される学習活動・期待される教育的経験）（ママ）　(5)　基礎課程（包含　関連　研究　体育）（ママ）　(6)　日常生活　課程　(7)　評価の着眼点

以下、第３学年の　※　印、単元③の場合に、学んでみたい。

○　「単元③」の場合

(1)　単元（名）　山口駅

(2)　単元設定の基盤

1．行動圏が拡大されて、各種の社会施設を利用するようになるが、特に交通期間に対する関心は著しく高くなって来る。

2．地域社会を中心とする交通運輸に対する理解は安全な社会生活を営む上からも頗る重要である。

3．交通運輸は社会や国々を結ぶくさりである。交通機関の進歩にともなって世界は時間的に、距離的に短縮されて来た。しかし種々の困難のため未だ先進国にはおくれているが、その進歩のあとをたどり、先人の努力に感謝させると共に、その進歩改善について考えさせることは有効である。

(3)　目標

1．郷土の代表的な交通機関としての汽車や駅を調べ、交通運輸の発達は人々の生活を変化させ、豊かにして来たこと並びにこれらの施設の機能を理解させる。

2．祖先の人々はどんなにして交通運輸の道を開いたかを調べ、その絶えざる苦心に感謝し、更にこれらの施設、機関を愛護し、これが望ましき利用態度を養い、進んで社会秩序の確立に協力する態度を養う。

3．交通運輸の発達は、一つの土地と他の土地との相互依存関係を深め生活必需品の入手及び生活の能率化のため極めて重要であることを理解させる。

(4)　「中心課題」における「活動」と「経験」との対比

| 予想される学習活動 | 期待される教育的経験 |
|---|---|
| 一、山口市の交通機関について調べる。 | |
| 1．町の乗物しらべ（ママ）をする。 | ○交通機関の種類がわかる。 |
| 2．いろいろな乗物について話合う。 | ○友達の意見をまじめな態度できき（ママ）、その内容をさっする（ママ）。 |
| ・乗物の絵や写真や物語模型等を集めて展覧する。 | |
| ・文部省「たろう」（ママ）を読んで、昔の乗物、困難な環境下の交通、近代的な乗物について調べる。 | ○町の交通機関に対する全般的な関心が高まる。 |
| 二、山口駅を見学する。 | |
| 1．見学、調査の計画をたてる。 | |
| ・調べたいこと。 | ○見学のきまりを守る。 |
| ・見学の場所。 | |
| ・見学のきまり。 | |
| 2．見学依頼の手紙を書いてだす。 | ○依頼文が書ける。 |

| | |
|---|---|
| ３．山口駅を見学する。<br>・駅の主な施設、設備について。<br>・駅の人の仕事。<br>・旅客運賃、列車回数。時刻表。<br>・貨物の輸送状況、積込みと受送の方法。 | ○見学によって資料を得たり、人に会って知識を得る習慣が出来る。<br>○駅の構造､施設や駅員の仕事がわかる。 |
| ・出札、改札、列車の乗降発着。<br>・交通事故防止について。 | ○調査の方法を理解し、それらを図や表に書くことができる。 |
| ４．見学の様子を話合い、調査したものを分担して絵や図表にまとめる。<br>５．整理したものを発表し、感想を話合う。 | ○調査したことを記録し、整理することができる。 |
| 三、山口駅、機関車、自動車の模型を創る。<br>１．制作の計画と材料の準備をする。<br>・山口駅の略図。<br>・ボール紙と粘土。 | |
| ２．分担して模型を作る。<br>・形よりも機能や構造に重点を置いて作る。 | ○協同して地図、模型が製作できる。<br>○展開図の描き方がわかる。 |
| ３．模型を中心に、駅の機能や郷土の交通運輸についての展示と発表の会を開く。<br>四、山口駅や汽車の変り方を調べる。<br>１．軽便鉄道について。<br>２．山口本駅、山口線について。 | ○交通機関が町の発達に大きな力を與（ママ）えていることがわかる。<br>○事象を時間的に考察することができる。 |
| 五、小郡に旅行する。<br>１．旅行の計画と準備をする。<br>・期日の決定、経路、携行品<br>・注意することときまりについて。<br>・文部省国語三「私の旅」を読む。 | ○旅行地と郷土を結ぶ交通機関について知る。<br>○交通に対することばの意味や使い方に慣れる。 |
| ２．汽車で小郡に旅行する。<br>・グループで切符を買って汽車にのる。<br>・車窓から外の景色をながめる。 | ○注意して乗物を利用する。<br>○輸送の目的がわかる。 |
| ３．小郡機関庫を見学してお話を聞く。 | ○機関庫の機能がわかる。 |
| ４．旅行の思い出を作文や絵や紙芝居にする。 | ○説明記述による作文が書ける。 |

| | |
|---|---|
| ・面白かったこと、めずらしかったこと、失敗したこと等を話合う。<br>・スケッチや記憶にあることをもとにして絵や作文や紙芝居にする。<br>・発表会を開く。 | |

○　「基礎課程」

| 包　含 | 関　連 | 研　究 | 体　育 |
|---|---|---|---|
| ○「たろう」を読む。<br>○山口駅及びその利用をえにかく（ママ）。<br>○「私の旅」を読む。<br>○見学の礼状を書く。 | ○「汽車」を歌う。<br>○軽快なリズムの把握。<br>○明るい旋律の美<br>○二拍子、四拍子の意義の理解。<br>○二次元図表の作り方<br>○展開図のかき方・計画的に<br>○製作していく。<br>・正確に精密に。<br>・立体構成の興味をおこす。<br>○九九の理解。<br>・汽車賃の計算で「倍」の観念を明かにする。<br>・5×2＝10意味<br>・書き方読み方の理解。<br>・五の段、二の段、三の段、九九の練習。 | ○むし歯予防。<br>○時の記念日のポスターをかく。<br>○時計の模型を作る。<br>○時刻や時間の観念を明確にする。<br>一日は24時<br>一時は60分<br>○問題解決。<br>・二位数と三位数の加法、減法<br>○長文の物語を読む。（金のさかな）<br>○長文の読解・構想の面白さの理解。<br>・紙芝居の脚本を作り演出する。<br>・性格をあらわす話し方<br>○「おそうじ」を歌う。<br>・四拍子の理解 | ○鬼遊び、リレー。<br>○陣取り。<br>○幅跳競争。<br>○なわとび。<br>○リレーの距離は三十から四十米。<br>○ボール遊び<br>・キャッチボール<br>・二人あて向い合う。<br>・グループでする<br>○リズム遊び。<br>・通りゃんせ<br>○器械遊び。<br>・脚掛上り<br>・棒登り |

○　「評価の着眼点」

(1)　交通機関を通して地域社会が他の地域とつながりを以ているという関係的考察の態度について。

(2)　交通機関を利用するときの態度について父兄と連絡して観察する。

(3)　いろいろな手紙文のかきかたについての能力を知ること。

**【資料５】　同　「単元展開の実践記録」**

第三学年　六月学習単元（山口駅）学習展開案

| 16日 | 15日 | 14日 | 13日 | 11日 | 10日 | 9日 | 日 |
|---|---|---|---|---|---|---|---|
| 木 | 水 | 火 | 月 | 土 | 金 | 木 | 曜 |
| | | | | | | | 時　分 .30 |
| 話合い | 話合い | 話合い | 話合い | 話合い | 話合い | 話合い | |
| グループに分れて山口駅の模型を作る。 | 山口駅の模型を作る計画と準備について話合う。 | 調査のまとめを発表し感想を話合う。 | 本週のくらしについて話合う。 | 見学の様子を話合う。 | 山口駅を見学してお話を聞く。 | 見学、調査の計画を立てる。 | 9.00 |
| | | | 調べたものを、絵や図表にまとめる。（つづき） | | | | .30 |
| | 衣服の衛生について話合う。 | 山口駅及びその利用を「え」に描く。 | | 調べたものを、絵や図表にまとめる。 | | 見学依頼の手紙を書いて出す。 | 10.00 |
| 展開図のえがき方について。 | | | | | | | .30 |
| | 好きな本を読む。 | | | | | 時計の模型でその読み方をけいこする。 | 11.00 |
| 掃　除 | 掃　除 | 掃　除 | 掃　除 | 掃　除 | 掃　除 | 掃　除 | .30 |
| 反省会 | 昼食（給食）休憩 | 昼食 休憩 | 昼食（給食）休憩 | 反省会 | 昼食 休憩 | 反省会 | 12.00 |
| | | | | | | | .30 |
| | 時間や時刻の読み方（一日は24時間 一時は60分） | 体育 キャッチボール | 体育 キャッチボール | | 体育 キャッチボール（グループで） | | 1.00 |
| | | | | | | | .30 |
| | 歌のけいこ「汽車」 | 問題解決 二位数と三位数の加減 | 入梅について話合う。 | | 二次元図表の書き方 | | 2.00 |
| | | | | | | | .30 |
| | 反省会 | 反省会 | 反省会 | | 反省会 | | |
| | | | | | | | 3.00 |

## 単 元 展 開 の 実 践 記 録

（其の一）

一　生活単元　山　口　駅

―山口から小郡に旅行する―

二　学習活動　文部省国語三上「私の旅」を読む。

1、この教材の意義、価値について

郷土の交通機関に対する理解は実際に之等を利用して旅行しようという欲求、興味にまで高められた。そしてそれの準備としてこの教材は取り上げられたのであるが、この学習は如何なる経験を児童に与えることが出来るかということを考える前に、一体この教材ではどんな学習活動、経験があるかを考えて見ることは大切である。本教材は全体が一つの対話文であり、然もその会話の中に交通機関や交通道徳の理解、旅行について必要な多くの有効な活動、経験―特にことばの機能を深化する―を含んでいる。これらの内容は児童の興味関心を高めることに十分であり、有効であると考えられる。

2、この教材の学習によつて期待される学習の効果については

○対話、擬音がどのように読めるようになつたか

○対話風のかきぶりがどれだけ理解されたか

○旅行に対する興味、関心がどれだけ高められたか

○交通機関に対する知識や交通道徳についての理解はどうか

等によつて知ることが出来る。

三　学習の展開

1、導入のための話合い

○山口駅の模型や交通運輸に関する展示物を中心に郷土の交通運輸について話合う。

停車場のようす、列車の発着

朝夕のラツシウ（ママ）アワー　等

○乗物を利用して旅行したことのあるものの経験を発表し合う。

旅行地、利用した交通機関、誰と旅行したか

○乗物を利用して旅行することにきめる。

いく場所―機関車見学をかねて小郡に行く。

予定をたてる—日取り、日程、駅への交渉

　　　　費用の概算（団体割引のこと）

○旅行するときの注意について話合う。

乗降のときの注意、車中でのこと。

旅行地見学のこと。

○上手な旅行をするための準備として「私の旅」を読んでみよう。

2、活動の発展

○自由に読んでみる。そして読めない字やわかりにくいことばはノートに書いておく。小黒板にもわからない人が書く。

○この文が普通の文とちがつて対話文であることに気付かせて、その読み方を工夫させて読ます

○その中で旅行について特に関係のあることばを見つけさせる。それを黒板に板書してそのことばについて読解を進めていく。そこで私は旅行する時に目に見えるもの　耳にきこえるもの、動くものに分けて見つけさせた。

教「耳に聞えるものにどんなものがあるか」

児「パッチン、パッチン」

児「シユ、シユー、シユー」

児「ポポー、シユー、シユー、シュ、シュ」

児「ビユーツ、ビユー」

教「もうないかなあ」

児「先生、ありました。おりるかたがすんでから、じゆんにお乗り下さい。」

教「いい事を見つけたね、これは何ですか」

児「はい、駅のかくせいきから聞えてくる声です。」

このようにしてそのことばを見つけさせて、そのことばについて、児童達の経験を話し合い、それらを中心にしてことばの理解を深めていく。三年生は感覚期にあるのでまた全文の構成をそのままで理解するというようなことは困難である。故にその指導に於いては、例えば「日頃よく使うことば」とか「あまりつかわないことば」とか「旅行するときに使うことば」とかいうように、或条件の下にあることばをはつきり把み出

して、それらについての理解や表現に慣れさせせることによつて、読解させることが大切である。またそのことばをとり出して、使い方や、このことばの意味を理解させることによつて、益興味、関心を高め、はつきりさすことが出来るし、このようにして語いや言葉の理解がなされなければ社会科の学習や生活学習は進展することは出来ないと思う。

○次に全体の対話を劇化する。

話合いで三つの場面に分けてやつた。それは

旅行に出発するところ。

車中のできごと。

目的地についたところ。　　であつた。

二年生にとつては劇化による表現は、極めて効果的な学習活動である。劇化活動の一つの大きなねらいは「会話」に慣れさせせることである。例えば旅行の時の汽車の中の話や、よそのおじさんにたずねられた時にお答えすることや、車掌に必要なことをたずねること等でこれら日常の言語表現に慣れさせる上に極めてよいのである。

○劇は発展して「汽車」の歌も出て来た。機関手が出て来た。駅の人、弁当売り、スピーカー等

次々に発展してつきなかつた。旅行はいよいよ明日にせまつた。

（其の二）

一　日常生活課程　単元　遠　足（秋芳洞）

二　この単元のよりどころ

1、秋の遠足は学校の大きな行事の一つで、子供は早くから楽しみに待つているものである。

2、秋芳洞は日本に稀に見る自然の驚異であり、その景観にふれることは非常に意義があり、洞穴、ドリネ地形等は郷土山口の自然と異なつていて彼等の興味を引き、好奇心を満足さすに十分であろう。

3、六月の学習単元「山口駅」で郷土の交通機関について学習した彼等にとつてはこれらに対する関心理解を深めるであろう。

三　目標

1、自然的諸条件が人間の生活に大きな理解を与えていることを理解させる。

2、集団的行動に協力し、正しい交通機関を利用する態度と能力を育てる。

3、地図に対する理解と読解、描図の技能を養う。

4、学友と協力して楽しむ態度をつくる。

四　学習の展開（○…教師　×…児童）

1、導入　先ず次のようなものによつてその環境は整えられた。

秋芳洞観光ポスター　　山口縣地図

秋芳洞絵葉書、写真、鍾乳石等。

×「ウアー秋芳洞だ。秋芳洞の写真があるよ。」

×「僕はこゝにいつたことがあるぞ。」

×「大きな洞穴だよ、中に舟がある。」

×「これは何か」—洞内の鍾乳石や石筍をみて—

×「あれは石よ。大へんかたいのよ。」

児童達の雑談の中に相当の反応を認めたのではつきり問題を提示した。

○「来る十月二十八日は秋の遠足ですが、今年は『秋芳洞』に行こうと思う。」

×「まあッ　うれしい、うれしい」

×「早く来ればいいなあー」

○「秋芳洞にいつた人があるかね」—5人いた—

○「Aさんは何時いきましたか。」

A「この夏休みにお父さんと一しよに行きました」

○「どんなところか覚えているかね」

A「先生お話をしましよう。」

ここで私はAという子に秋芳洞見学の経験を発表させた。Aは女の子で、私の組でも極めて活潑で明朗であり、発表も上手である。家庭も熱心で長期休業等にはよく一家そろつて旅行するのである。

この発表の中で次の学習への発展の契機を把えることを忘れてはならない。

バスに乗つて行く。大きな大きな洞穴である。

千枚皿というところがある。中に舟があつて乗つて渡る。岩が違う。廣い野原がある。

入口の大きさ。川が流れている。等々

2　活動の進展

社会科や生活学習の本質はそれが問題解決の学習であるということである。

いろいろの学習活動が児童の欲求や関心に基ずいてなされるが、これらはすべて問題解決のためになされるべきである。そのためには一つ一つの学習活動において常に次への発展の萌芽を見出し、解決の契機となるものを把握することがその指導の着眼である。これが学習に方向を与えていくことになる。そこで私は右のようなことを黒板に板書して、それを中心に他の経験ある子供を主にして話合いを進めた。さて問題は秋芳洞に関係ある資料の収集ということになつた。絵葉書、写真、説明書、参考書が集められて来た。

Ｎという子が「秋芳洞観光写真帖」というアルバム様のものを持つて来たのでそれを中心にして説明をして行つた。この時の子供達の最大の関心は「こんな大きな洞穴がどうして出来たか」ということであつた。たしかに子供等の好奇心を刺激した。そこで私は「山口県地図」「山口県地質図」を見せてその読回（ママ）を中心にしながらこの自然の驚異についての原因を話合いながら説明をした。

・雨が地中に入ると地下水になる。（地下水のことについては七月単元「水道」で学習した）
・それが石灰岩（石灰）という石をとかしてしまう。
・地中に空洞が出来てだんだん大きくなつて洞穴となつた。
・地上に凹地が出来てそこには水がないから大きな木や家は出来ない。
・一面の草原である。　等々

子供達は好奇の目を見はり、その不可思議に感嘆した教師は秋芳洞附近の模型を見せて、その位置や地形を理解させる。模型を見ておぼろげながら特有の地形を想像した。やがて問題は核心にふれていく。この驚異の洞穴に何処を通つていくかということになつた。私は「秋芳洞までの道順しらべ」という課題にしておいた。

教師は五万分の一「山口」「小郡」の地図及び各種山口県地図を展示して、その読図を目標として道順に赤インクでしるしをつけておいた。

ここでちょつと三年生あたりの空間認識について述べてみたい。

生活の問題解決と欲求満足の過程を通して、有効な学習を行わせ、望ましい経験を身につけることが社会科や生活学習のねらいであるが、この身につけるべき望ましい経験は、公民的社会関係や、時間的、歴史的関係の理解と、更にその生活環境としての空間的、地理的関係についての理解を深めることによつて発展するものである。
従つて望ましい生活経験の一要素として自然環境と人間生活との相互依存関係についての理解が、彼等の課題解決の過程を通して主体的に身につけられねは（ママ）ならない。ここに空間認識（地理的理解）の占める役割を見出すことが出来る。
然もこの地理的経験の発展する問題解決の場は、彼等の生活する地域社会を中心として、遠心的に拡大していくことが多い。この場合に空間的視野から問題解決の手がかりとなるものが「地図」である。地図は単なる静的な理解の対象ではなく、問題解決に生きて働く、動的なものでなくてはならない。即ち地図は地形のみならず、産業や文化更には歴史や風俗慣習等の社会事象や社会機能の成立する母胎としての地域性を端的に表現し、彼等の問題解決の場として、直接的な素材を数多く提供してくれるものである。従つて地図を利用し、作成することは、問題解決の過程において社会事象に関する理解を深め、問題解決の過程や結果に於いてたかめられた経験を表現して他に伝達する上に重要な意味を持つているものである。
学習に於いて地図を利用し、作成する機会は次のような場合であらう。
1、学習の動機ず（ママ）けとしてその導入をするような場合。
2、問題解決の過程に於いて直接経験として体得した社会事象を関係的に比較考察するような場合
3、具体的に理解している地域の局部的な問題を大局的に表現し、把握的にしようとする場合。
4、未知の新しい地理的事象を直観的に認識しようとする場合。
5、問題解決のまとめとして研究結果を地図上に表現して報告するようなとき。
6、空間的な社会事象を一定の観点から、総合的にまとめて把握するようなとき。（分布図のようなもの）　等が
考えられる。又これらは与えられた地図を読んで問題解決の手がかりとする読図と問題解決の過程又はその結果を地図に表現作成する描図の面とが考察される。
子供達は山口から秋芳洞までの道順や、途中の道路の状態、村々や附近の山や川の主なもの等を見つけて読図した。この読図を一層定着させるために特

に重要と考えられる地名等を小黒板に板書してその読みをつけておいた。多くの地図は三年生の漢字習得の状態からすれば非常に困難なものである。このようなところに問題発展の契機があるのではなかろうか。

元来地図というものは自然、社会の事象を徴号的、図式的に表現したものであるからこれを描き、読むに当つてはこれらに関する或程度の素養を必要とする　即ち地図に関する系統的な知識技能である。例えば方位、山川、集落、鉄道等で私はこれ等のことについては今までの学習に於いて常に考慮して来たはずである。

さて、子供達の欲求は「秋芳洞までの道順を地図に描こう」ということに進んでいつた。これはちようど前述の地図学習の機会の④のような場合である。中学年の読図、描図の能力としては、初歩的な平面地図が中心になり、いろいろ他と比較することによつて縮尺の観念がわかり、地図上の方位もわかつて来て、各種の図式や符号も理解出来始め、地図上の事象をやや連続的に見るようになる段階である。

三年生の描図能力の発達段階は、低学年の絵地図の段階から、高学年の平面地図に移行する傾向を示すのであり、指導上最も重要な時期である。

○「さあ、ノートの一頁を全部つかつて描くことにしよう」―左上と右下を指して―

○「秋芳洞はこのあたりで山口はこの辺になるようにしよう。秋芳洞の方から描き始めます。山のふもとから」―教師の示範にしたがつて描いていく―

○「秋芳洞は有名な名所ですから∴の印をしておきましよう。」

山口と秋芳洞をもとにしてこれと関連的に描図して行つた。

未知の秋芳洞の理解が相当深まって来た。遠足の前日は最後の準備をした。遠足当日は誠に天気晴朗、絶好の遠足日和、二台のバスにゆられ、左右の景観に見とれながら、一路天下の奇勝「秋芳洞」へ。秋芳洞見学!! 今までの予備的経験が目のあたりまざまざと見せつけられて、ただ驚嘆するばかり。台上で弁当をたべ午後四時再びバスに乗り、帰途につく。児童のどの顔にも深く満足の色で一ぱいだつた。遠足が終つてその思い出を整理した。教育は経験の拡充深化といわれているが、それは児童の行動、経験をはつきり定着化しておくことによつてなされる。しめくくりをよくやらねばならぬ。このためにそれを記録し、整理しておくことが大切である。児童との話合いによつて次のものによつてまとめることにした。

1、作文やうたや詩によつて。

2、地図や図表によつて。

3、絵日記や日記によつて。

4、絵によつて。

殆どの児童はこの四つのものによつて整理していた。

「遠　足」　　　　　　　　A　児

1、きようはうれしい遠足だ
空は青空よい天気。
こころもかるく、身もかるく
母さん行つてまいります。

2、みなさんお早うございます。
みんな元気でにこにこと
せ中にうれしいおべんとう
仲よくバスに乗りました。

3、野をこえ、山こえ、谷こえて
山さか道も何のその
元気なぼくらの道案内
うれしい秋吉もうすぐだ。

（其の三）

一基礎学習　「花の写生」

二学習の展開　（○…教師　×…児童）

特に図画的な表現を中心として展開されたのである。

1、描きたいという欲求をよび起すこと。

児童の立場を考えないでは学習は進められないことは新教育の鉄則である。このことは描画に於いても当然考えられる。否最も重要なことである。そこで先ず何といつても図画に於いては表現しようとする思想や感情をよび起すことが第一である。

○「きようはこの、つぼに生けられたたくさんの花の写生をしましよう。」

×「一ぱいあるね、先生とてもかけないよ。」

○「これは菊だね。どんなかね」

×「きれいだなあ」
○「どんな色をしていますか」
×「赤色です」
×「いやダイダイ色のようだ」
○「なるほどねえ—この色は赤かね。いやダイダイ色かね、先生はちがうと思う。」
×「先生何という色かね」
○「うん、赤色をぬつたら、この菊の色になるかな」
×「ならぬ、ならぬ」
○「ダイダイ色でも同じだな。これをよく見てごらん赤い色もあるがダイダイもある。菊色もあるようだが赤でもダイダイでも黄でもない。どの花もみんなそうだね。葉をみてごらん。やつぱり同じようなことがいえるでしょう。」
×「みんな色がまざつているなあ。」
○「そうだ、そうだ。みんなの色をまぜると本当にこの花の色になるかも知れない。」
×「わかつた、わかつた」
×「先生、早く描こう、描こう」

遊びやごつこに劣らず描くことは子供の天国であるとつくづく思わせられる。子供達の描画意欲はだんだん頭をもたげて来る。更にこの意欲を活潑にし、ほん流の如くみなぎらすことがその要諦である。

その操作としては

２、参考画、作品を見せることである。

大人の作品でもよいが特に児童の画いた作品の中で特にこの学習に関係のあるようなものを見せて話合いをするのである。そして表現の対象となるものをえらぶようにする。即ちそれらの形とか、色とか形象等についてこの単元の主流にのせて、これまでの生活経験や学習体験の話合を進めていく。目のつけどころ、視覚や視野の方向転換から「描画の眼」は開けて来るものである。次に重要なことは

３、二年生としての表現能力の発達段階に適応させることである。

　三年生の表現能力としては

イ、自分でモデルをせんたくする。

ロ、モデルの配置、組合わせを研究して構成する。

ハ、色の変化に気をくばつて描く。

ニ、色の重色、混色を工夫して表現する。

ホ、モデルの位置と写生の場所を教師と相談したり又自分できめる。

等を考えることが出来る。

○「三年生の図画の目あては何だつたか」

×「大きく、くわしく、はつきりです。」

○「それだけなら二年生だ。もう一つあつたはずだ」

×「…………」

○「それは正しくということだろう」

×「わかつた、わかつた。」

元来この「正しい」ということばは二つの面を持つていると考えられる。即ち美的な面と用具的な面である。一つは芸術的であり、一つは科学的といわれている。図画等に於いては、「正しい」ということばはそのように考えていきたい。

○「みなさん。この画面の中でつぼの大きさはどの位で花全体とくらべてどうであるか―構図の工夫―というようなことをよく考えることは「正しく」描くことだ

それから同じ花でもこの花と後の花とはちがつた色をしている。何ともいえない色だね。これを「正しく」描くことが大切だ。」

×「ふうーん」

○「これは紙の縦がよいか横がよいか」

×「それは縦にきまつている」

○「さあ、紙の裏の方に一応描いてごらん。」

子供達はいろいろ工夫して描く。教師も特に悪い構図を簡単に黒板に描いておく。

○「こちらを見てごらん、どんな気持がするか」

×「しやがんでいるようだ」

○「こちらは？」

×「大きすぎて狭苦しい感じがする」

○「もつとゆつくり落着いていゝ気持のする花とつぼにするように描いて見ます。」—範画して—

×「先生はうまいよ」

○「さあよくみて描こう」

これからは教師の机間個別指導になる。このあたりから教師は大変いそがしくなる。三年生位になるとその構図に困るような子供は少くなると思うが少しはいる。特に能力の低い子供に多い。それらの児童をみつけて何に困つているかをたずねてその障害を発見して除去してやる。着想のよい子供を賞揚してやる。色彩の指導は常に描現過程に於いて機会を捉えてすることが大切だ。これは鑑賞、評価とも併せ考えられることである。

４、描きあげた作品について批評、鑑賞をさせる。私は特に父兄を招待して共同の鑑賞会を開いた。そして

イ、構図のまとまりはどうか。ロ、色の変化の美しさはどうか。ハ、独創的表現の度合はどうか。ニ、色の重色、混色の表現の工夫はどうか。等について話合われた。

**【資料６】　山口大学教育学部附属小学校著『昭和25年度　研究紀要（１）能力表』**

⑴　「序文　能力表の作製について」

小学校教育の目標を達するためには児童に最小限度如何なる範囲の如何なる程度の能力を発達させたら良いであらうか。現代社会人として必要な知識、技能、鑑賞、態度は非常に広い範囲にわたり、其の程度も亦時代と共に益々高くなつて行く。しかし小学校に於てはその心身の発達程度からみて、範囲もできるだけ少く、その程度も余り高いことを要求すべきではない。然らばその範囲を如何にすべきであらうか。此の研究で比較的進歩したものはStratemyer氏等の恒常的生活場面分析法であらう。此の分析に於ては先づ日常生活場面を家庭――市民的社会的活動――勤労――余暇――精神的生活の五つの場面に分析し、次に個人能力の最大限の生長と社会的参加に於ける最大限の生長を企図し第三に環境因子と勢力の処理の場面をあげ、教育の場面を⑴個人能力の生長を喚び起す場面、⑵社会的参加を喚び起す場面、⑶環境的因子と勢力を処理する場面の三大場面に整理している。此の生活場面分析法によれば現代社会人とし

て必要な一切の能力態度を網羅して余す所がないという長所がある。しかし小学校教育に於ては此等の能力を教科の枠で分類し直した方が実際に利用し易いという見地から、我々の能力表は教科的分類をとることにした。従つて小学校の八つの教科は恒常的生活場面に於て要求せられる凡ての能力を包含するように工夫されねばならなかつた。個人の健康増進の生活場面を体育科に、自然的物的環境の処理場面を理科に、社会的環境場面を社会科に、国語生活の場面を国語科に、数量的生活場面を算数科に、美的生活場面を音楽科、図・工科に、家庭生活場面を家庭科に分類することによつて、生活場面的分析を教科の枠の中に取り入れることにした。

他面に於て国家的基準としての各科学習指導要領に於ける指導目標を分析して一応全内容をあげ、これを綜合整理すると共に、児童心意の発達と附属児童の実際の学習能力とを勘案して各科各学年にわたる能力を配列した。従つて此の能力表は第一回の試案的なものであり、今後の教育の実践とその評価に基いて漸次改訂せらるべきものである。

本能力表は学習指導要領の教科を基準として作製されているから、教科カリキユラムの型式をとつている学校に於てはそのまゝ利用することができ、生活単元の導入によつて、修正されたカリキユラムを実施する場合は、如何なる能力態度が生活単元によつて修得せられ、如何なる能力態度は教科学習によつて修得せられるかを明確にすることができる。又生活カリキユラムやコア・カリキユラムの場合は、中心課程に於て如何なる能力態度が修得され、基礎課程に於て如何なる能力態度を配当し、日常生活課程に於て如何なる生活態度を養成するか等を明らかにすることが出来る。かくて能力表は学習単元の計画に於ける準拠資料として必要な許りでなく、学習結果の評価の準拠尺度として欠くべからざる指標である。これによつて学習指導が確実な根拠を得ると共に、学習指導を合理化することができる。かくして始めて社会の要求と児童の発達とが無理なく結合し、教育の科学化の実をあげることができる。我々の努力はかゝる教育の科学化への第一歩を踏み出すことであつた。勿論本表は第一回の試案であるが故に、未だ上述の理想には程遠いものであらう。しかし教育の進歩は一挙になされるものではなく、適確な目標に向つての撓まざる日々の研究によつて始めて可能である。人間の教育という最も複雑にして困難な事業が一朝一夕に科学化されることを期待することは無理である。しかし一歩一歩の前進によつて此の困難な事業に開拓の鍬を進めることは教師の此の上もない喜びである。此の能力表がかゝる一鍬として、県下の同志と相携えて研究を前進させる資料となることが出来れば此の上ない幸である。

山口大学教育学部教授
附属小学校主事　竹井彌七郎

(2)　「国語科能力表」

国語の能力表について簡単な説明を加えたい。

まず我々は、いつたい小学校教育を終えた青少年は、国語の面に於て、どれだけの資質を備えているべきであろうかということを考え、聞く・話す・読む・書く・作るの分野に於てその分析を試みたのである。分類に五つの言語活動をもつてしたのは、指導記録に従つたからで、指導にも評価にも便利であるからにほかならない。例えば読み方では、「文字が読める」ほか九つの単位に分けてあるが、こうした単位の分け方については、十分研究はしたつもりであるが、不備や手落ちがないとは言えず今後相当な修正を加える必要がおこるであろう。

全部で四十の単位をとつたあと、一つ一つの単位の学年的内容を盛つていつた。例えば「話のなかみを正しくつかむ」というのは、一年から六年までを通してねられていく話し方の一単位なのであるが、一年では話のあらすじをつかむことができる、六年では、要点をまとめながら聞き必要によつて覚え書きができる、というようにしたのである。

それは、基礎的なものとも、目標的なものとも、標準的なものとも考えられるので、決して最低水準を示したものであるとだけ考えるわけにはいかない。そうした能力を、その学年に於てできるだけ伸ばす方途を講ずることが、多くの条件から考えて妥当であると考えるまでのことで、科学的資料なるものは、どの本にも書いてある通り、そう沢山は無いのが実状である。

従つて我々は、一つ一つの能力を、各単位、各学年におさえるのに、その大部分を、学習指導要領及びその改訂試案に求めたのである。けれども、大事なことは次のような操作を加えて、真にこの学校、この学校の教師に役立つ能力表にしようとくわだてたことである。

　指導要領にも改訂試案にもないが、我々の過去現在の経験、あるいは今までの評価の実践を通して、必要であると考えられる能力を、いくつも加えたということ。

一年読み方の（文の中から話すきつかけをよくつかむ）おなじく聞き方の（人と同じような経験が話したくなるように聞く）などはその一例である。

・我々によく納得のいくように指導要領や改訂試案の原文をあらため、具体化し、言語経験要素をも加味した表現にしたこと。

・一年に配当されているのを二年に廻すとか、六年のを五年に下げるとか、この学校の実状を考えて修正したこと。

一々例をあげることはできないが、こうした点は、よく次頁からの能力表をみてもらえばわかることである。要するに能力表が単なる借りもの飾りものでないように、日々の学習活動のきめ手となつて活用されるように、できるだけすつきりした、高踏的でないものに仕上げようと努力したものである。

我々の意図した最大のねらいの一つは、決して無理をしないで、徐々に、自然に、しかも発展的に一つ一つの単位を身につけさせようとと（ママ）することであった。「ことばの意味がわかつて使える」の各学年の内容をみても、三年では未知のことばをみつけだすことに主力がそそがれ、四年では前後の意味からことばのわけを考えることに主目標がおかれる。これだけのことを一年かかつて徹底させることが、やがて六年の、効果的なことばを十分使えるに発展するのである。

特に国語のように能力差のある実態をどうするかというような問題については、更に別な重要問題として考えるべきで、一人一人の児童の能力表はこの場合問題とはしない。

国語　３・４年

| | | 3 | 4 |
|---|---|---|---|
| 聞 | 話をおしまいまできく | | |
| | 人といつしよに聞く | | ○司会者の云ふことに従う |
| | 聞きながら場面や行動を思いうかべる | ○想像を働かせて若し自分だつたらと云ふことが話せる様に聞く | ○判断や断定が正確になる |
| | 話のなかみを正 | ○話の要点がつかめる | ○話の要点がかんたんに云え |

| | | | |
|---|---|---|---|
| | しくつかむ | | る |
| き | 話す人の気持を理解して聞く | ○お互いの話をよく聞きあう<br>○相手が話しやすいやうに心をくばることができる | ○相手の云おうとする気持をよくのみこんで聞くことができる |
| 方 | 目的にかなつた聞き方ができる | ○自分の考えとくらべ合せて聞くことができる<br>○興味のあるところを質問することができる | ○問題と考え合せて聞くことができる<br>○聞いたことについての感想がのべられる<br>○ちがつた意見ものべられるように聞く |
| | 聞こうとする意欲が強い | ○ラヂオ其の他注意する | ○ほかの人の提案に注意する |
| | 自然に話せる | ○話の途中に適当な休止をおく<br>○楽しんで話せる<br>○自然な態度で話せる | |
| | 発音がはつきりして居る | ○その場に合つた音量で話すことができる<br>○抑揚のある話ができる | ○落着いてゆつくり話せる<br>○促音・拗音を明らかにする |
| | 正しい文章の形で話せる | | ○正しい文形で話せる |
| 話 | ことばづかいが適切である | ○正しいことばづかいで話せる<br>○正しい語法で話すことができる | ○標準語で話せる<br>○敬譲語の使い方がはつきりする |
| し | 質問・指示・伝達・報告・相談ができる | ○上手に質問する事ができる<br>○観察したことや計画したことが話せる | ○中心をはなれぬように話合うことができる<br>○自分の意地をはらない<br>○報告のかんたんなことが話せる |
| | ことがらがまとめて話せる | ○すじの通つた話ができる<br>○物語などを相当長く続けて話すことができる | ○要点をつかんで話せる |
| 方 | 大ぜいの前で発表ができる | ○発表会でおそれず発表することができる | ○委員会　自治会で意見を交換することができる |

| | | | |
|---|---|---|---|
| | | | ○自分の意見を堂々と発表する |
| | 話をひきたてるちからがある | ○ありのまゝを具体的に話す | ○理由や根拠をあげて意見をのべることができる<br>○したしみのある話ができる |
| | あいさつ応待ができる | ○質問に要領よく答えることが出来る<br>○来客の場合の応待ができる | ○訪問の場合のかんたんなあいさつができる |
| | 場に合つた表情・身ぶり・姿勢ができる | ○姿勢をくずさずに礼儀正しく話す | ○怒つた様子をあらわさない |
| 読み方 | 文字が読める | ○漢字百四十一字の八十五パーセントが読める | ○漢字百七十九字の八十五パーセントが読める |
| | ローマ字が読める | | ○五千語の八十五パーセントが読める。<br>○一分間に三十語が読める。<br>○ゆつくりなら筆記体で読める。<br>○簡単な符号の意味がわかる |
| | 音読・黙読ができる | ○文の諸記号がわかりこれに注意して読める<br>○正しい音読をする<br>○心持のあらわれた美しい読みができる | ○読む速度がだんだん早くなる<br>○黙読して意味がよくわかるようになる |
| | ことばの意味がわかつて使える | ○未知の文字やことばをみつけ出すことができる | ○前後の意味からわからないことばの意味を考える。<br>○同じことばのさまざまな意味を考える<br>○ことばの使用例をうんとおぼえる |
| | 直観・分析・解釈・鑑賞・評価ができる | ○文を読んでだいたいの意味が口頭や文で報告ができる。<br>○読後感の発表ができる<br>○文の面白いところ好きなところをぬきだす | ○文の組立がかわる<br>○文の段落の要点がつかめる<br>○問題をみつけてそれを解くために読む |

| | | | |
|---|---|---|---|
| | 必要に応じて資料をぬき出すことが出来る | ○内容の要点を読みとることができる | ○文の要点を書きとることができる |
| | 語法がわかる | ○文の諸記号がわかる | ○文脈が正しくとれる<br>○ローマ字と関連してことばの組立がわかる |
| | 辞書・参考書・図書館・索引・目録等の利用が出来る | ○目次を利用して読む事ができる | ○面白い本やためになる本を進んで読む |
| | 読書の良い慣習がついている | ○長い文をおしまひまで読みぬくことができる<br>○読むことによつて考える態度ができる | ○学級文庫の上手な利用ができる<br>○本のしゆうぜんをすることができる |
| | 書く用具や材料が使いこなせる | ○1.2cm角くらいの字が書ける<br>○原稿用紙が使える | ○白紙・けい紙が使えるようになる |
| 書 | 文字が書ける | ○漢字が百四十一字の八十パーセント書ける<br>○文字組立基本の形（へん・つくり・かんむり）などわかる | ○漢字が百七十九字の八十パーセント書ける<br>○新しい字でも筆順のだいたいがわかる |
| | ローマ字が書ける | | ○支配力を持つた単語を分ち書きできる<br>○ゆつくり筆記体で書ける<br>○一分間に十語以上書ける |
| き | 表記上の符号約束が使いこなせる | ○かぎの使い方が正しくなる | ○かなずかいが正しくなる<br>○行の長さ・行間などに気をつけるようになる<br>○過去・現在・未来についてのことばの使い分け |
| 方 | 目的にかなつた書き方ができる | ○横書きができる<br>○はがき手紙・封筒の上書きなどが書ける | ○読み易いように文字の形・大きさ・配列などに気をつけて書くようになる<br>○表や小遣帳などが書ける<br>○標語・ポスター |

| | | | |
|---|---|---|---|
| | 書き方のよい習慣がついている | ○文字を正しく書く事に気をつけるようになる | ○早く書くことに心掛けるようになる<br>○自分の欠点を直そうとする |
| 作文 | したこと・見たこと・思つたことなどが書ける | ○詩的な短い文が書ける<br>○目と耳とのしつかりはたらいた文を書く | ○文を書くことによつて生活を反省することができる。<br>○俳句が作れる。<br>○映画などの感想が書ける。<br>○気軽に長く続けて書く |
| | 目的・必要に応じて文が書ける | ○飼育・栽培など長期にわたる記録が書ける<br>○かんたんな脚本が書ける<br>○案内状・依頼状・礼状が書ける | ○見学・調査などのレポートが書ける<br>○行事について宣伝や広告の文が書ける<br>○標語が書ける。<br>○学級日誌をつける |
| | 文を書く上の語法約束が守れる | ○副詞・形容詞・接続詞を効果的に使ふことができる<br>○男女のことばのちがひがわかる | ○常体と敬語との使いわけができる<br>○人代名詞の使ひ方がわかつてくる<br>○感動詞が使える。 |
| | 適切にゆたかにことばがつかえる | ○助詞の正しい使い方ができる<br>○しつかりくわしく書くことができる | ○描写の力がうんとつく<br>○比喩ができる |
| | 順序よくまとめてかける | ○文のだいたいの構想を予定して書くことができる | ○作品の整理や文集の編集ができる<br>○小見出をつけた長文が書ける |
| | くふうして書く事ができる | ○かべ新聞を共同して作ることができる | ○対談風に書くことができる<br>○会話を文の中に活用する |
| | 取材のし方がすぐれている | ○広く取材して生活文を書く | ○多角的に取材して生活日記が書ける<br>○珍らしい新鮮な問題を持つて取材することができる |
| | すいこう・鑑賞・批評・評価するちからがあ | ○人の作文のうまいところがわかる<br>○文を明瞭にするために書き | ○文をよくするためにけづつたり、つけたしたりすることができる |

| | | | |
|---|---|---|---|
| | る | 加えることができる<br>○誤字・脱字を訂正することができる | |

## 第３節　附属山口小学校の「修正教科カリキュラム」

**【資料１】　藤井圀彦「読解・読書部会の活動計画」**　『月刊国語教育研究』付載　日本国語教育学会会報　第33号　1997(平成９)年７月10日発行　所収

○　近年、国語科の単元学習に関する実践研究が盛況をみせてきているが、教育改革の方針「自ら学ぶ子ども」に影響されて、力のつかない学習が展開されているのではないかという疑問が出されている。真に力のつく単元学習を模索していきたい。

**【資料２】　山口大学教育学部附属小学校『研究紀要』第三集「修正教科カリキュラム」中　竹井彌七郎「序」**　1950（昭和25）年６月８日刊　所収

○　併し凡ての教科内容の綜合的取扱ひ（ママ）は実際上不可能である。かくして可能な限り多くの教科内容を綜合的に取扱う生活単元を設定すると共に、分立的に取扱うことが合理的な教材単元に於ては教科的学習指導を行うように立案せられた教育課程を修正教科カリキュラムということができる。其の方法は先づ（ママ）教科内容の種別として八つの教科の枠を立て、各教科の学年別学習要項を拾いあげ、相互に関連した教材を基底としてまとめあげ、此の基底と児童の生活の要求との接触する所に学習単元を設定するものである。

**【資料３】　同紀要　「修正教科カリキュラムの構想」**

○　しかし、これはあらゆる児童、あらゆる地域に適用される普遍的なものであって、地域社会の要求と、具体的な児童の要求に、そのまゝ活用されるものではない。少くとも児童の具体的な生活を知り、環境である地域社会の要求をしらべ、児童を地域社会の要求に適合し、しかもその中に教育の一般目標がにじみ出るような具体的な目標を設立すべきである。

①　教科カリキュラムの批判（加藤注。系統的知識としての教科の価値を高く評価した上で、次のように分析する。）

「長所」

⑴　経験を解釈し、問題を解決する為（ママ）には、ある程度、体系的な見方を必要とする。
⑵　教材の選択排列が論理的、段階的に整然としているので学習上無理がない。
⑶　知識技術の収得（ママ）が容易で能率的である。
⑷　学習効果の判定が容易であり、客観的に測定し易い。
⑸　教師、両親、児童に長い間親しまれている。
⑹　学校施設、教科書等の利用が容易である。

「缺点」（ママ）
⑴　生活の場が與（ママ）えられていない。
⑵　社会性に乏しい。
⑶　個別性に乏しい。
⑷　具体性が乏しい。
⑸　全体計画と教育哲学に乏しい。自発活動に乏しい。

②　経験カリキュラムの批判　（加藤注。児童の生活経験を重視した立場を確認した上で、次のように分析する。）

「立場」
⑴　重点を教科におかず児童におく。
⑵　教材を教えるのでなく、青少年の円満な成長をうながす。
⑶　教材を予め選択するのでなく、学習の場で決定する。
⑷　教師がおしつけずすべての児童の協力参加による。
⑸　ばらばらに教えず有力な意味をみつける。
⑹　知識技能を切り離さず、大きな経験に綜合した一部として教える。
⑺　青少年の学習法の向上に努力する。
⑻　一人一人にちがった進歩をうながす。
⑼　一人一人創作的な性格を育てる。
⑽　教育を絶えざる成長の過程と考える。

「長所」
⑴　児童生活（ママ）をよく顧慮し、その自発活動をうながす。
⑵　体系的な学問でなしに、生活問題と取り組み、生活の問題を正しく処理する能力を養う。

(3)　実生活の場を與（ママ）えそこで意義ある綜合経験をつませ、生活現実を具体的に学ばせる。
(4)　近代学校の目ざす民主的価値を得させるのに適切である。

「問題点」

(1)　一定の慎重なる準備と研究
(2)　優秀なる教師
(3)　有力なる指導者
(4)　児童の一定の訓練
(5)　一定度の施設

「立場」

①　教科の意味を単に系統的知識、又は知識の集合体とのみ見ないで、人間の陶冶を目指して、それの必要な面から教育内容を性質によって分類し、児童の発達段階を考慮して、いくつかのまとまりにし、より効果のあがる、より教育し易いように計画した一つの体系だと考える。
②　よいカリキュラムとは、カリキュラムの類形（ママ）の中の一つではなく、教育目標を達成することが容易であり、児童の学習が歓喜に溢れたものとなり、操作が容易なものでなくてはならない。この点から考えて、修正教科カリキュラムは極めて融通性のある児童にも教師にも適合することができるものである。
③　学問体系というものは、経験カリキュラム論者が云うほど価値のないものではなく、経験を解釈し、問題を解決する為（ママ）或る程度必要なものである。
④　児童の経験に統一を與えることは、各教科に於て経験的な単元を構成して学習させることによって可能である。

「構想」

①　学習指導要領より、各教科ごとに学習内容を選択し、各年に排列（ママ）した。
②　各教科に連絡をもたせ、望ましい学習単元の構成を容易ならしめる為にある程度の排列がえをした。
③　この排列により各教科の月別基底表を作製した。
④　展開案を作り、実際指導に用いた。

「教科別能力表」（加藤注。未見。）の作製

まず、学習指導要領各科編に基づく教科分類法による。各教科研究部は、一般目標を挙げ、各学年目標へと分析する。これが、学年別要素表である。教科の特性や指導要領の不統一を踏まえ、組織と表現に「修正」を加える。

「教科別年間計画」の立案

単元題目・単元目標・導入例・学習活動例・資料施設・評価法当を列挙する。この段階では、従来のとられてきた「教科カリキュラム」と同じである。その再組織が、次に求められる。

「第一次修正」（加藤注。「内容の組織と配列」）

「教科別年間計画」を、「生活そのものを陶冶する全人教育」を求めて「生活の中に統一」し、「学習経験の統一」をはかる。つまり、②を各一箇学年毎につき合わせ、他教科との関連を中心に「時期的移動をする」。たゞし、「各教科の指導性を崩さない」ように「修正」する。こゝでは、なによりも「各学年担任の長い経験」が、どんな参考書よりも、尊重される。

「第二次修正」（加藤注。「内容の組織と配列」）

「各学科の単元構成そのもの」に焦点を当て、「目標に照らして選択された内容の組織がえ」をする。その重点は、「日常生活課程のコース」を付加することである。つまり、「日常生活課程を教科学習課程に並べ設け」、「本校及び地域の実情」を加味する。

「第三次修正」（注　「基底単元の設定設定」）

「教科別年間計画」は、「現場の教師によって自由自在に生かされ」てこそ、「真価があらわれる」。つまり、「教師の主体性」と「学級の児童の特殊性」とを生かす。

「基底単元」

① その目標を明らかにし、それによって児童に実現さるべき理解・態度・知識能力を示す。

② 教師の調査・視察および効果判定に示唆を與（ママ）える。

③ 含まれ得る学習活動の参考を示す。

④ 見学の場所・参考書・地図・グラフその他の資料を示す。

「展開の諸相」

① 多くの教科が統合されて学習単元が構成される場合

② 小（ママ）数の教科が統合されて学習単元が構成される場合

③ 全く教科が統合されないで教科独自の立場で流される場合

「構成・計画上の留意点」

① 出来る限り統一性をもち、包括的なものであること。

② 教科の組織体系が考慮されて、広く深く発展させることの出来ること。

③ 児童の経験的な背景や環境資料、能力範囲が考慮されていること。

④ 学習の展開に於て終始学習意欲の持続するように考慮されること。

⑤ ねらいどころが明確に考えられていること。

⑥ 児童の自主的な問題解決をうながすものであること。

⑦ 練習面が考慮されていること。

⑧ 均衡と調和のとれた計画であること。

「展開の実際」　三年九月の例

① 夏休みの作品の整理と作品についての話し合い。

② 校内夏休み作品展の見学。

③ 感想発表と今後の学習目標。（注　「動物園が作りたい」が48名中22名であった）

④ 動物の種類と分類。

⑤ 計画・制作・研究

(1) お話の本の計画と研究と作成。

動物に関する参考資料をあつめて、それを中心にしらべたことを話し合つてみた。それをのこしておくために動物に関するお話の本を作ることにした。それからは教師のお話や、自分のしらべたことをまとめて書くことにして、つぎつぎにお話の原稿が出来たわけである。児童の必要に応じて、農家の見学、ミルク工場見学、飼育観察等をした。

(2) 動物園の計画と制作。

どうして作るかを相談し、グループで仕事の分担を作って、紙や粘土で作ったわけである。動物ができて、動物の性質などを考えてどんなおりに入れるかを話し合って、色々な形のおりを作ったわけである。

⑥ 完成

⑴　お話の本の完成今まで調べたことの原稿をあつめ、目次や頁をうち、絵や図表をそえ、詩や5つの鍵なども挿入してお話の本を完成したわけである。

⑵　動物園の構成

動物が出来、おりが出来て動物園を構成し、たらないものを作って完成したわけである。

○　以上2つのものが完成したので父兄や他の学級に公開することにした。算数で、入場者しらべをして既習のよせざんの応用をさせたわけである。（算数ではその発展と今度の単元の導入として、たねものしらべをした。）（ママ）次に自分の研究したものの中から一つを選んで、皆に発表することにし、説明の絵や図表を描いたり、お話のおけいこをして、動物園の公開と同時に　発表会を開いたのである。

⑦　最後にこの学習の反省をし一応この単元が終結したわけである。評価は基底表の評価方法によって行ったのである。

○　（ママ）音楽・体育は独自の立場で学習したわけである。

⑴　第3学年の「単元一覧表」における「国語科単元」（注　4・9月の欄のみ加藤が抄出）

| 月 | 日常生活課程 | 国　語 | 社　会 | 算　数 | 理　科 | 音　楽 | 図画工作 | 体　育 |
|---|---|---|---|---|---|---|---|---|
| 4 | 三年生の計画<br>身のまわりをきれいに<br>危険をなくする天皇誕生日 | 読み方のけいこ | 楽しい教室 | かけざん九九 | 季節ごよみ | じょうずに歌おう | いろもよう | 鬼遊びリレー<br>ボール遊び<br>リズム遊び |
| 9 | 身のまわりをきれいに<br>よい自治生活<br>祖先をたっとぶ | お話の本 | 役に立つ動植物 | 三けたのよせざん | 動物のさまざま | 楽しい家庭 | 想画<br>紙工写生<br>粘土 | 鬼遊びリレー<br>ボール遊び<br>水泳、器械あそび |

（注 第３学年中その出発月と前項で紹介した「動物園」展開にかかわる９月の分のみを示した）

(2) 第３学年９月の国語科単元 【お話の本】の詳細

① 読んで面白かったこと、珍らしいと思ったこと、はじめて知ったなまえと実物、調べてわかったこと、人の話したことの要点などを、絵本のようにまとめて、一冊の本を作る。

② 又ある主題のもとに紙芝居を作り、文を工夫し、その読み方を練習する。

③ 内容の要点をとらえそれを書きうつすことができる。

③（ママ）漢字の書き方や読み方を覚える。

④ 自分の書いたものを正しく読むことができる。

⑤ すきな本面白い本を自分で探して読む良い習慣がつく。

○ 学習活動例

① 動物の名前をあいうえお順か、その他の分類で書いて文字を覚える。

② ある動物を観察したことを要領よく書いて、絵をそえる。

③ 動物に関する詩を集めて、すきな詩をきれいに書き移す（ママ）。

④ 動物についてのお話を読んで、その性質・特色・たべもの利用法等書きうつす。

⑤ 動物について自分の作った詩をのせる。

⑥ 人から聞いた珍しい話を書く。

⑦ 動物について自分の調べたことを表にする。

⑧ 絵グラフ等を書く。

⑨ 動物の写真をはってその説明を下に書く。

⑩ 五つの鍵のような面白い問題を書く。

⑪ 表紙をつける。

⑫ 作った本の展覧会を開く。

○ 資料施設

(1) 絵本 (2) 雑誌 (3) 文庫 (4) 単行本いろいろ

○ 評価

(1) 書き方

本は児童が作るのであるが、教師が注意して板書したようなことは、きちんとその一頁に清書させる。それを検査して評価すること。

(2) 読み方

特に単元の主題に関係のある内容の文を読むことをすすめ指導して、その要点を書きとる力を育てていく。

(3) 作文

調べたり見学したり制作したりした記録のとり方を指導して、そのし方を評価する。

「参考」　第3学年10月の国語単元「詩」の詳細

○　目標

(1) 木にのぼる、誰かをまつ、道を歩く、じっと花をみる、音を聞いてかけつける、うさぎをかわいがる、ふとけがをしてなく、いっしんに作る。実にさまざまな生活の中に児童は自らの詩を歩ん（ママ）でいる。先走ることでもなければ止ることでもない。今の心を、そのまま短い文に書きのこして、一層みつめ育てていくこの詩作指導に重きを置く。

(2) 平行して、なるべく沢山の詩教材を読ませ調べさせて、詩情のあり方と表現上の注意理解させる。

○　学習活動例

(1) 児童の作った詩を幾つかプリントして読み合う。話合う。

(2) 教科書の詩を勉強する。

イ、白いほの船から　・白いほの船　・めだかとり　・しんぶんやさん

ロ、あらしから　・秋　・しずかな道

ハ、みずうみ（ママ）を例にとって学習活動を考えてみる。作者が心を動かしたのはなぜだろうか。それはどのことばでわかるか。おしまいの一句をのけたらいけないだろうか。このようなことを考えさせながら読ませる。

(3) 題のない詩に題をつけたり、ところどころあけておいてことばをいれるような作業をする。

(4) 未完成の詩を完成したり、友達の詩について話合ったり、声の力のいれ方を工夫したりする。

○　評価

(1)　読み方

児童が詩の内容を理解して、それをどのくらい読み表すことができるかを聞いて評価する。

(2)　作文

詩情をよくつかむ児童と、わざとらしくまねをする児童、その表現はとにかく、児童にどの程度詩情把握の能力があるか注意して評価する。

「修正教科カリキュラム展開案」（第３学年９月）（注　全体像は一週目のみ紹介）

| 週 | 日常生活課程 | 国語 | 社会 | 算数 | 理科 | 図画工作 | 音楽 | 体育 |
|---|---|---|---|---|---|---|---|---|
| | ・教室の掃除整理整頓装飾をする<br>・夏休みに学習したものを展示する<br>・自治会を開いて学級のめあてやきまりをきめる<br>・各部の仕事をきめる | 動物園 | | | | | 楽しい家庭 | 水泳 |
| | | ・夏休みの思出や学習したものについて話し合う<br>・動物の名前を分類して書き文字おぼえる | ・夏休みに学習したものを整理する<br>・夏休みの作品展を見て動物園を作る相談をする | ・夏休みの学習でむつかしかったことを話し合う<br>・あつめたい動物のかずをけいさんする（三けたのたしざんの方法指導） | ・動物の写真絵本をあつめる<br>・動物の種類を数え分類する（けだもの鳥魚虫類に） | ・夏休みの作品の鑑賞と想画で思い出をかかせる<br>・動物園を作る相談をして計画を立てて仕事の分担をきめ材料をあつめる | ・今までにならった歌で家に関係あるものを発表する | ・夏休みの練習の結果をみる |

(1)　反省の必要（加藤要約　以下各項同じ）

本著は、まず、カリキュラムを構成すること以上に、「児童の生活に最も合致した学習の展開を期する」ことこそが、一層重要であることを、指摘する。すなわち、「不断の改造」「修正」の必要は、その謂いであるとする。

(2)　「修正カリキュラム」の反省

①　「基底単元」構成の手続きの上から

社会科を他の教科と並列にみて、「教科カリキュラム」は成り立つのか。討議のたびに「むしかえされた」結果、結論は、「社会科を優位に認めず」となり、「基底単元」は、各教科ともに設定されることになった。

②　「展開案」作成の上から

「修正カリキュラム」の特徴は、「排列された各教科の基底単元から学級の特殊事情に応じて具体的な展開案を」立てることにあった。つまり、「担任教師は最大限の自由」を活かして「選択」「総合」「分科」の学習を構成するからである。この際、理科と図画工作は、年間の継続観察を必要とするので、「難所」の一つである。

③　実践経験の上から

イ、「教師」の面からみて

「安定感」――教科の具体的目標→カリキュラム構成→生活地盤からの自由な学習活動の展開は、教育にとって第一にもとめられる「教師の安定感」を保障する。

「教科担任制」――限られた人数の「教師」で、児童各人の特徴を伸ばすに、ふさわしい。

「指導時間」――最善を狙いすぎたので、１ヵ月の指導時間数を「指導要領一般篇」の要求より一割減とした。

「協力態勢（ママ）」――（加藤注。記述なし。）

ロ、児童のアクティビティーからみて

「活動性」――生活と価値の両者をとりあげているので学習活動は、自然で楽しくなる。

「学習効果」――比較する資料がないので、目下判定し難い。

ハ、「家庭の声」――理解は、容易に得られて、教育する者にとり有利な条件の一である。

(3)　今後の課題

「修正教科カリキュラム」は、穏健主義・漸進主義と批判されるが、現実をみつめて生まれたものである。

①　本質の再検討

「修正教科カリキュラム」は、「生活カリキュラム」への過渡的カリキュラムなのか、それとも、止揚されたカリキュラムであるのか。第一の課題として、論理的な研究をつゞけなければならない。

② 学習効果の判定

今後、科学的研究により、究明しなければならない重要な問題である。

③ 一二年生のカリキュラム

単なる机上のプランは、意味がない。本年度は、全学年「修正教科カリキュラム」を構成したい。

④ ワークブック・コンパニオンブック

「教師」用指導書としての「基底表」が成ったからには、これに基づく児童の自習書・学習帳が、要る。

(4) 結び

「修正教科カリキュラム」は、力動的・千変万化で、既存のどのカリキュラムにも属さない。外国語のマジックにかゝる　ことなく、自主的・実践的研究の結果、やっとこゝまでたどりついたのである。

## 第4節　『光プラン』の推移

**【資料1】　山口大学山口師範学校　光附属小学校　光附属中学校　共著『生活実践と実力養成のための　小中学校のカリキュラム　第三巻　中学校学習展開篇』**　1950（昭和25）年5月20日刊

①　単元　「新しい中学校の生活」

②　単元設定の根拠

(1)　生徒の関心と要求から

(2)　社会の要求から

(3)　生徒の発達段階から

(4)　生活科の学習から

③　目標（注　加藤要約　以下④も同じ）

(a)　責任の自覚・自主的活動と協力の態度　(b)　勉強法とその態度　(c)　教育の必要性の理解・効果への方法　(d)　組織機能への理解とそれへの態度　(e)　学校への社会の配慮・協力への関心　(f)　学校制度・教育制度の知識　(g)　社会的教育施設の利用・愛護・改善への態度　(h)学校美化の技術・態度　(i)　学校建築・学校衛生への関心　(j)　学校衛生・学校給食への理解・関心　(k)　個性の発揮・責任と協力・民主的発展への態度　(l)　知識を得る技能・情報収集の技能

④　この単元の導入

(1)　四月十日の入学式と諸行事

(2)　二組の教室に入る。

(3)　今日の感激を日記に詳しく書いておくことを指示し、解散（ママ）

(4)　父兄を中心に次の事項を伝えて協力を願う。（ママ）教科面・生活面

(5)　予備調査

⑤　指導計画及び主要な指導内容（注。項目のみ列挙）

第一次　希望の入学と私達の学校を展望し、その心構えをする。～1週半

第二次　中学校教育について理解し併せて全般教育の実際を見る。～5週間

第三次　学校生活の民主化とその改善について協議する。～4週間

第四次　理想的な学校建設の計画とその実践～２週間

第五次　初めて迎える夏休みをどう過すか計画する。～１週間

(注)　これは大略の案であって、こうした学習の中においても突発的に生じた事項は、絶えずその時の話題の中心として採りあげられて学習されるのである。例えば今日まで学級で採りあげられたものは、①　服装検査　②　道路愛護週間　③　緑の週間　④　メーデー　⑤　新入生歓迎遠足　⑥　憲法発布記念日　⑦　児童福祉週間　⑧　サマータイム　⑨　端午運動会　(ママ)　普賢市等である。

【資料２】　同　第一学年　生活科単元Ⅰ　「新しい中学校生活」の展開計画

表中の　※(ママ)　第一次⑤の第10時分　昭和(ママ)25年４月17日(第１～２校時)

１、本時の目標

①　現在の中学生の責任を自覚し最も有効にこの三年間を生活しようとする態度をつくる。

②　本校教育の理想とその使命を理解する。

③　学校のようすを早く知って自分たちの心構えと決心をする。

④　他人の意見を要領よくまとめて行くようにする。

２、準備

木原教務主任との連絡をとっておく。

３、学習活動の展開

(1)　導入

学校のようすもおぼろげながらつかめた。早く学校全体の模様を知らしてやる(ママ)ことはこれからの学習をより効果のあるものにすることが出来るであろう。今日は「中学校教育」という点について十分の理解をさして(ママ)おきたい。又附属のしごとも知っておくことが今度の学習に必要である。こうしたことは生徒の要求でもあるのでこれをよく聞きただし自分の今後の心の準備とすることにしよう。出来るだけ気軽な気持で何でも尋ねてみることを約束しておく。

(2)　展開(加藤抄出)

(b)　高校や大学を早く充実して偉人を養成するよりもその下の六三制

に政府が重点をおいているのはなぜか。このことを中心にしての討議。

⑶　本校の教育目標　※（注。※印の位置には、「国Ⅰへ」と「研究課程」との対応関係が、示されている）

⑴　美しい人（心と形の美しさ）（ママ）　／　強くたくましい心の持人（ママ）

⑵　自ら考え自ら進んでやる人　／　皆と共に手をつないで進む人　／　お話中心の質疑をする。※

4、整理

⑴　どんな点がよく分かったか。どんな感激をうけたか。

⑵　要点をまとめるとどういうことになるか。

⑶　本時の学習をもう一度反省してみよう。

⑷　この次にはどんな問題をとりあげることにするか、その準備をする。

5、学習効果の判定

本時の目標について反省し、能力分析の累積記録をとる。この記録は本時だけのものでなく、本単元実施期間中のねらいとして行うのである。

**【資料3】　同　「研究課程各科教材単元発展一覧表」**

| | | | |
|---|---|---|---|
| Ⅰ | 1 | 一、詩の勉強<br>二、当用漢字と新かな使い<br>三、まとまった文をかく（ママ）<br>四、日本文学の研究 | 1、ペン習字の基礎<br>2、楷書基本（毛筆） |
| | 2 | 五、文を読みとる<br>六、我々のことば | 3、楷書組立<br>4、いろは単体 |
| | 3 | 七、劇の研究<br>八、読書発表会 | 5、行書初歩<br>6、鑑賞 |
| Ⅱ | 1 | 一、短歌と俳句<br>二、ことばと文字<br>三、漢詩の研究 | 1、行書練習<br>2、草書 |
| | 2 | 四、世界の文学の研究<br>五、文語の研究<br>六、効果的な会話や討議 | 3、変体かな<br>4、調和体Ⅰ |

| | | | |
|---|---|---|---|
| | 3 | 七、シナリオの研究<br>八、作家の研究 | 5、調和体Ⅱ |
| Ⅲ | 1 | 一、韻文を味わう<br>二、文の形式を研究する | 1、楷行草書復習<br>2、調和体Ⅰ |
| | 2 | 三、古典の研究<br>四、ことばの技巧<br>五、論語孟子の研究 | 3、ちらし<br>4、調和体Ⅱ<br>5、掛軸 |
| | 3 | 六、日本語の特色<br>　実用文と公用文 | 6、手紙<br>7、履歴書 |

**【資料4】　同　「一年国語科」**（内容は加藤が抄出）

《目標》　日常生活における基礎的な言語活動をのばし、その具体化および一応の組織化をはかる。

――［第一学期］――

| 単元及び目標（評価） | 学　習　内　容 | 指導上の注意 |
|---|---|---|
| 一、詩の勉強<br>1、詩情を養い、詩作の力をのばす。<br>2、詩の特色を理解する。<br>3、朗読や鑑賞の力をつける。<br>4、自然に対する新鮮な感覚を持つ。 | 1、詩をよもう。<br>（新しい出発第一歩・雨にも負けず・生徒の自由詩・散文詩）（ママ）<br>2、いろいろな詩（形式・内容・目的・対象）（ママ）<br>3、作品と作家を調べる。<br>4、詩集を作ろう。 | 1、生活科新しい出発から<br>2、教材は文部省国語・新しい国語・現代日本詩集等から選ぶ。<br>3、特に自由詩の研究に重点を置く。<br>4、今後、定期的に詩集を発表する。<br>5、生活一年単元1から |

（加藤中略。以下点線同。）

| | | |
|---|---|---|
| 三、まとまった文を書く。<br>1、鋭い感覚と観察力や率直な表現力や推敲力やまとめる力をつけ、作文の上達をはかる。<br>2、日記の特徴、書き方の理解。 | 1、昨日のことを日記に書いて発表し、批評し合う。<br>2、ありのまゝに（新国一上）をよみよい文を考える。<br>3、よくわかっていることを書き、まとめ方を研究 | 1、生活科「健全な生活の計画」とよく連絡をもつ。<br>2、心にもないことをことばにとらわれてかく（ママ）ことを厳戒する。 |

| | | |
|---|---|---|
| 3、作文と記事の相違を知り学級新聞に資する。<br>4、依頼状・手紙の書き方を理解する。 | する。<br>3、(ママ)学級新聞の記事を書こう。<br>4、依頼状や手紙を出そう。<br>5、日記や文集を作ろう。 | 3、資料……(ママ)新国一上日記と記録文国一、日記から、新国一上まごころ、その他生徒作品から。 |

| | | |
|---|---|---|
| 七、劇の研究<br>1、劇の種類と変遷の大要を理解する。<br>2、劇の三要素と劇の効果を認識する。<br>3、脚本を選ぶ力・テーマや筋をつかむ力をつける。<br>4、劇の鑑賞力・演出力・創作力を養う。<br>5、劇をすることにより、ことばの効果的使用・協同精神その他の社会的能力を培う。<br>6、作せて(ママ)作品の人生観理解。 | 1、昔からどんな劇が生まれてきたか調べる。<br>2、劇の特徴を調べる。<br>3、劇の種類を調べる。<br>4、私たちの劇場を作ろう。狂言末広がり・人形劇ピノチオ・呼びかけ・春を呼ぶ放送劇風の子・悲劇ふるさとの英雄・パントマイム<br>5、脚本から演出まで係と配役・よみ合わせ・立ちげいこと舞台げいこ<br>6、演出発表会とその批評会<br>7、学芸会の計画をする。 | ○生活科一年「働く人のための慰安娯楽」から<br>1、資料文部省国語一年新しい国語及び文部省国語一年の劇教材石森延男通(ママ)語学習の世界等<br>2、各グループによって研究をする。<br>3、脚本をプリントする場合の指導を忘れぬこと<br>4、適材適所を十分にわきまえ特に脇役や陰の係の重要さを知って円満に進ませる。<br>5、道具や衣装は派手にならぬよう十分研究さす(ママ) |

**【資料5】　同　「国語科の実際指導上の諸注意」**

(1)　まずねらいとしては、(ママ)

①　用具的使命　②　文化価値追求の使命(ママ)の二つの研究課程国語の使命から

(イ)　ことば(話す、きく)(ママ)・文字(よむ、かく、つくる)(ママ)の力(基礎技能)

(ロ)　その教材の体系的理解(経験の組織化、合理化、知性化)(ママ)

(ハ)　その教材そのものの内容やテーマ(生活化)(ママ)

の３つを常に指導や評価の基準として考えていくことが必要である。

⑵　使用する教科書について

イ、二年のものを一年で使用したり、二年のものを三年で使用したり、いろいろな場合が考えられるので、予定を告示してその度毎に適宜貸借使用できるようにする。本校では学年終了の際に、各自の教科書を学校に預けた形で揃えておくようにしている。このように生徒数だけ揃っていると便利である。

ロ、三年の教材を一年で使用するような場合、理解度に適応さす（ママ）ためには、能力表をもととして、適当に要所をプリントしたり、わかり易く説明したり、文をかき直したりして指導していくようにする必要がある。また教科書は多種のものを使用したい。

⑶　単元の性格によって重点指導に心がける。

生徒自身で丹念に語句を調べたり、文を解釈したりすることもあり、教師の方で、殆ど講義式に説明していったり、いろいろあるので、学習形態は一様ではなく、従って特質を生かした重点的な取扱いが当然考えられよう。尚、研究科においては、動機づけということは、最も大切雪なことである。

⑷　個人差と個別指導について

常に個々の進度や理解を考えるために、次の如き例が考えられる。

○　よむ力の劣る物……（ママ）原因の多くは学習意欲の低調さのためと考えられる。そこで、漫画や童話を与えてやり、次第にその感想を話させ、記録させてみる。そして興味を覚えさす（ママ）ことを気長くまつことも一つの方法であろう。

○　そのほか日記をかゝし（ママ）てユーモア的な批評を与えるとか、放課後特別指導を行うとか、さらにまた不断に質問し、理解をたしかめては次に進むとか、各種の場合があるであろう。テストは事前、途中、事後、適時行っていきたい。

○　このようにして、できるだけ全体の進度に支障を起こさぬよう心がけたい。

⑸　国語学習に対する考え方

○　国語学習は、たゞ日課表にきめられた定まった時間内のみに行われるものではないことはいうまでもない。単元は、一応そこまでまとまりをつけ、次への発展の動機や素地を作るものである。単元終了後は、例えば、詩集や文集を作っていくとか、小説をどんどんよんでいくとかいうこともあろうし、或るいは広く生活の場、各教科学習の場においても盛んに行われるわけである。そこで、各教官は、常に基本的活動能力分析表にもとづいて、注意深く言語指導を行って行くこととなる。

○　こゝにのせたような単元は、実は生活課程のバックのもとに始めて意義をもち、価値があるということを教師はよく認識しなければならない。

# 第Ⅵ章　「新教育」の去就

## 第１節　尾崎家連氏の場合

**【資料１】　尾崎家連「国語力の分析とその学習指導の一方法　——読解力、作文力を中心として——」**　山口大学教育学部附属小学校『研究紀要』第一集「実力要請の学習指導——昭和二十九年度」　1954（昭和29）年５月29日刊　所収

［国語教育目標］

ことばを効果的に使う（自分の思っていることを正確に相手に伝える。相手の考（ママ）を正確に理解する。）（ママ）

［学力分析］（加藤注。内「読解力」・「作文力」のみ紹介。）

○　理解　　読解力・聴取力

読解力

1　書かれた事柄及びそれらの関係を正しく読みとる。

2　要点や用件を正しく読みとる。

3　文の組立や段落　（ママ）大意を要約する。

4　書かれた文のねらいをつかむ。

5　書かれた状景（ママ）や気持をつかむ。

6　相手の立場や内容の真偽を考え批判的に読む。

7　文章のよい所を鑑賞する。

○　表現——作文力・談話力

1　物をよくみつめ　（ママ）よくとらえる。

2　取材の価値判断ができる。

3　考えをまとめる。

4　順序よく書き表わ（ママ）す。

5　適切なことばを用いて書き表わす。

6　文章を推敲する。

7　正しい表記法で書き表わす。

［学力の基礎］

○　発音　文字　語い（ママ）　文法

「国語の学力」

1　私は国語の学力を、このように組織づけている。この学力がどの程度身につくかによって、国語の実力がどの程度身についたと考えたい。

2　また、この学力を支えるものとして、発音、文字、語い、文法を考える。

3　つまり、これらの基礎を徹底的に培ってこそ、国語の学力がつき、更に国語の実力となっていくものと思う。

「各学年の中心的（基礎学力）」

○　コースオブスタディによる能力表が、雑然と羅列されてある為、一見して、「何をやればよいのか」が不明である。そこで、付属（ママ）と大学とで協同して能力表の分析を行ってまとめた結果が次の表である／　従って、これの妥当性如何は、今後の実験によって始めて証明されねばならないし、或は修正されるかもわからない。／　ここで付加えておきたい点がある。それは、読解力……（ママ）の各項目について、習慣態度的なものと、技術能力的なものとの両面から眺めるべきかどうかという問題でについてである。私の立場は次のようにしている。「習慣態度的なものにもたしかに縦の系列（基礎学力）があるような気がする。しかし、結局、それは、この表にある能力的なものが生きて働く場であり、また学習の場面構成だと考えたい。読解力……に一本すじを通すとすれば、とり除いた方が混乱を防ぐ。」／　そこで、この表には、技術能力的なもののみを一つずつしぼった。

「まとめた結果」

| | 四　年 | 五　年 | 六　年 |
|---|---|---|---|
| 読解力 | 文の組立、段落、要点がわかる | 内容や表現について子供らしい批評 ができる | 感想や批評をまとめつつ読む |
| 聴取 | 主題と内容とを考え合わせながらきく | 要点をまとめつつ批判的にきく | 批判しながらきき相手の意図を早く |

| | | | |
|---|---|---|---|
| 力 | | 正しくとらえる | |
| 作文力 | 文の組立や段落、文体を考えて書く | 主題のはっきりした文が書ける | 思索しつつ書く |
| 談話力 | 要点をつかんで話す | 語句の選択が豊かになる | むだのない力強い話し方ができる |
| 文字力 | 漢字四六〇字程度が読め、大体書ける | 漢字六八〇字が読めその大体が書ける | 漢字八八一字が読め、その大体が書ける |

（加藤注。１・２・３年分は加藤が割愛した。）

**【資料２】　同　「（国語別表）六年一組研究課程国語科学習指導案（例）（ママ）」**

指導者　尾　崎　家　連

| 教　材 | 主　題 | 文　型 |
|---|---|---|
| 新聞 | 新聞の正確な報道の重要性を認識させ<br>新聞の読み方についての基礎的な知識能力態度を育てる | ●　物語文<br>１　新聞焼討<br>２　当時の国情<br>３　兄弟の生立ち<br>４　世論の味方<br>５　真実の報道 |
| １　ペンの力 | 圧迫に抗し真実な報道を確立したノースクリッフの人格の功績を味う | ●　書出しが伏線的印象的 |
| ２　私達と新聞 | 社会における新聞の使命をしる<br>研究報告文の書き方を理解させる | ●　研究報告文（通達） |

「指導目標（評価）」

| 読みとる | ききとる | つ　く　る | 話　す | 音字語文 |
|---|---|---|---|---|
| ①ペンの力<br>１　上述の主題を読みとる<br>２　文の組 | １　友達や教師の音読のしかたが批判できる<br>２　友達や | １　大意や段落について、ノートにまとめることができ | １　大意や節意をまとめて話す<br>(イ)特にむだなことばを | 人だかり<br>人｜たかる<br>わしづかみ |

「指導の立場」

| |
|---|
| １　関連を持つ<br>(イ)生活科「新聞とラジオ」<br>(ロ)特別教育活動 |

| | | | | | |
|---|---|---|---|---|---|
| 立方を読みとる<br>3　表現上のおもしろさがわかる<br>4　重要語「新聞にやられた」「よいことも悪いことも知りつくした上の愛国心こそ……」等の発見と意義の把握ができる<br>5　文に即したイントネーションのある朗読ができる | 教師の読みをきいて文のしくみや重要箇所のメモがとれる<br>3　読後の感想発表をきいて、その根拠を考えたり、質問したりできる<br>4　態度面で<br>人の意見は終りまでかみしめてき、その後に自分の意見を出す習慣をつける（本クラスの欠点） | る<br>2　次のことばを使って短文がつくれる<br>例<br>●　我にかえって<br>●　……かのように<br>●　じりじり　めらめら<br>●　……こそ<br>●　何をおいても<br>●　困難<br>3　伏線的な書きだしの作文が書ける | できるだけ除く（アノの類）<br>(ロ)挿絵の説明ができる<br>2　ノースクリップフ、真実の報道の重要性についての感想が発表できる（特にその理由を文中に指摘できる） | わし・つかむ（連語）<br>連戦連勝<br>不眠不休<br>くり返し<br>特派員<br>モットー<br>弁護士<br>軍需省<br>週、日刊<br>特殊用語<br>第一次大戦<br>カイゼル<br>歴史<br>攻撃の筆　尊敬の的<br>貧弱　我にかえる<br>独創的　利敵行為<br>好奇心にかられる<br>いしずえ<br>答えるかのように<br>の類　（助辞） | クラブ活動<br>社会部　新聞部<br>2　準備　資料<br>(イ)世界地図<br>年表<br>生活科研究物<br>(ロ)読み<br>(ハ)新聞（数種）<br>3　評価　テストは別案<br>備考<br>私達と新聞については、紙数の関係で略してある。（ママ） |

「指導計画（紙数の関係で、ペンの力のみにとどめる）（ママ）」（以下、（　）印同じ。）

(1)　準備と計画

1、読みの準備──個人指導──第一時
2、問題ノート（私の問題）記入──相互学習
3、共通問題をきめる──協同学習──第二時
4、学習計画を立てる

(2)　展開

1、ロンドン市民は、なぜデイリーメールを焼いたか──第三時
2、当時の英国の国情はどうだったか

３、ノースクリッフの考えはどうだったか

（難語句調べ・摘読指導・箇条書練習を含める）

４、ノースクリッフ兄弟の生い立ちを調べる

５、ノースクリッフの気持が、みんなに理解されるようになったわけを調べる　第四時

６、うその報道、真実の報道とはどんなことか

７、カイゼルの「私は新聞にやられた」という意味は何か　第五時

（難語句調べ、まとめ読み、話し合いの指導）

⑶　まとめ

１、全文の大意、ねらいは何か

２、文の構造を吟味する　（読解）　第六時

３、語句練習、漢字ドリル　第七時

４、朗読練習　第八時

５、テスト（内容記載は略す）（ママ）　第十時

⑷　発展

１、私達と新聞

２、作文「書き出しの工夫」「ことばの研究」

３、生活科「新聞とラジオ」（世界の通信網、学校新聞）（ママ）

４、朗読コンクール、校内放送

「本時案（第三時分）（ママ）」（以下、（　）印同じ。）

⑴　目標

第一次世界大戦争当時、敗運の英国情に圧迫されながらも、真実の報道に強い信念をもって当ったノースクリッフの態度を読みとらせる。

⑵　準備　世界地図　歴史年表　児童研究物　その他

⑶　指導過程

１、本時の学習目標の確認

２、全文通読（関係箇所に印をつけさせる）（ママ）

３、なぜ新聞が焼かれたのだろう

● 摘読（音読発表）……要点板書――ノート整理（作文力）

| 国情 | ノースクリップ |
|---|---|
| ● ドイツ軍は連戦連勝……英仏軍は苦戦……後退 | ● なぜドイツに負けるのだろう |
| ● 政府「敵国に知らせてはいけない」…… | 特派員……敗北の原因…「砲弾の悲劇」 |
| ● キッチナー元帥国民尊敬の的で……時の英雄 | ● よいことも悪いことも知りつくした上の愛国心こそ…… |
| ● 何はおいてもありのままの真実を知らせなければ… | ● 敵に知らせない利益よりも、自国民に知らせる方が…… |
| ● 「売国奴だ」「利敵行為だ」 | |

4、難語句の解明（ワークブックを中心に）

連戦連勝、ふしんに、特派員、貧弱、政策、戦況、屈服、形勢、尊敬の的、ともいうべき、攻撃の筆、売国奴、利敵行為、非難、ちぐはぐ、社説、経営、身を切られるほど、我にかえる、モットー、社運をかけて……等

5、市民の気持とノースクリップの気持について感想を発表する。

6、初めから五十一頁一行目までを音読（指名読）させる。

7、次時の目標をきめる（何を、どのように、家で予習する事は？）

(4) 評価の基準　別に用意（略）（ママ）

発音、語い、文法については、未整理につき省いておく

**【資料3】　同　「国語科教育の立場」**

(1) 言語生活が、使われ方の比重の大なるものからいって、きく、話す、読む、書くとなることから、きく、話すを大いに国語教室に持ち込むべきだという考え方に、私は全面的に賛成はできない。読む、書くが、生活に用いられる度合いが少ないということは、逆に学習上の抵抗が大であることになる。従って、その抵抗をなくすることが国語教室の最大の仕事であり、しかも、組織的教育的に抵抗を除いてくれる場合は、国語教室以外にはない。つまり、国語科教育で取り上ぐべき本命は、やはり、読む、書くでなければならぬ。

(2)　従って、イ、教科書軽視から重視へ考えを向けるべきで、ロ、その為に教科書教材研究が徹底されねばならぬ。ハ、勿論きく、話すを教室より除くわけではない。読む、書くの指導が徹すれば、それが土台となって話す、きくを育ててくれるはずであるし、事実、国語の一時間の学習に、きく、話すは展開されているのである。

(3)　ここで、使用する教科書の教材が問題となる。おとなのことばを児童に無理に強要したり、地域社会とのへだたりがあったりしては困る。そこに種々の指導法が試みられねばならない。

「教科書で教える」を私はこのように考えたいのである。

Ⅰ　読解力はどうしたらつくか。

(1)　何回の読みでどの程度内容がつかめるか（読みの回数）（ママ）

「一年生を対象として、一つの長文を読ませた後、その長文の筋を十に区切ったものをばらばらにして提出し、お話の順に番号をつけさせる。二回目、三、四回目と読ませた後の結果を比較して筋の把握のしかたは、どうかわっていくか」（友森教官研究）（ママ）

右の実験結果、誠に示唆に富む問題が発見された。

解答を集計した所、一九六種の型が生じた。これを大きく四種に整理し、読解の型を示してみる。

A　正常型　すじの通りに番号をつけた者

B　準正常型　途中一箇所の番号がいれかわっている者

C　逆進型①から⑩にとんで、⑨⑧⑦……と逆戻りした者

D　分裂型　　全くでたらめな者

そして四回目の読みの時、ＡＢ型が約２／３に増加した。つまり読解力は、約四回の読みを必要とすることが発見された。また、個々についてみれば、何回読んでも、依然としてＣＤ型を示したり、むしろ悪化する者も発見された。

(2)　ＣＤ型児童の救済（遅進児、特殊児の指導）（ママ）

右の実験によれば、この型の児童は殆ど、知能、性格等の欠陥がみられ、また読みの種々な障害（各種書物にいわれる如く）（ママ）を持っている。ＡＢ型児童は、読みを重ねる毎に益々向上することができるが、ＣＤ型児童には、徹底的個人指導、特殊な指導法が試みられねばならぬ。この問題につい

ては、さらに研究を続け、後日の発表に譲ることにしたい。

(3)　読解力はすぐれるが、部分的な字句の読み書きができぬ型

これは現六年のN児にみられる現象である（これと反対な型は一般に多い）（ママ）N児は、読書意欲が旺盛で、難しい書物を喜んで読む。話し合いの機会はN児の活躍のチャンスである。しかし、作文やテストについては、漢字は殆ど無視され、誤用されている。文の前後関係を考え、大筋をつかみつつ、細部はとばして一気に読んで行くという読書技術はたしかに優秀である。これは、漢字表（前述）（ママ）よって、最近字句に注意するようになったが、おもしろい研究児童である。同時に読解力の指導を誤れば、こうした基礎的な文字力、文法力に欠ける人間を作る恐れのあることを物語っているように思う。

(4)　読解力のつけ方（この項、加藤要約。）

A　目的に応じた読みの指導ということ。

(a)　すじをたどってよませる場合　物語など

(b)　要点をぬきださしてみる場合　説明文など

(c)　事柄・人物の関係をつけさせる場合　脚本など

(d)　組立・段落を考えさせる場合　一般

(e)　音読箇所をみつけたりよます

B　児童に適した読ませ方ということ。問題提示法・発問法を工夫して個々に読ませる。

C　文に即したことばの意味や文の内容を考えるということ。

辞書的解釈や文を離れた話し合いを戒め、ことばの使われ方を考えることが、語い力、読解力を育てる。

**【資料４】　同　「作文力」指導**

Ⅱ　作文力はどうしたらつくか。

作文力がないという声は私自身にも口をつく声である。いったい作文力はなぜつかぬのか。作文教育の振わぬ原因を思いつくままに挙げて究明してみたい。

(1)　いつ書かすのか。

作文の時間を特設することは果して誤りであろうか。国語教育の中で、

単元毎に、或はノート答案の中に、あずり（ママ）方を打破して行こうというのか。しかし現実は、作文をとにかくやっていないのではないのか。やらぬのなら力がつくはずがない。私は作文の機会をとにかく設けて、忠実に作文教育を行うことの方に、より価値を考える。

(2)　やっかいさ（この項の（　）印も、すべてママ。）

児童の作文を読むのがやっかいである。書かせることは書かせても読まない。そこにまた原因がある。まず、やっかいな原因は書いている時の指導の困難さにある。誤字脱字、よみにくさ、まとまりのなさ等にある。／いったい作文力というものを追求した、作文教育のねらうものは何か。結局、自分の思うことを率直に表現し、率直に相手に伝えることにあるといえよう。／　児童は、みたこと、思ったことを書こうとしている。教師は児童が何を見、何を考えたかを中心に見てやる。誤字、脱字はあとで訂正してやり、とにかく書いている間は無心に書かせてやりたい。　／　次に評価の基準がたてにくい。これもつづることを主としてみていくことが望ましいが、要するに、その時、時の評価点をきめて、少々主観的になっても評価していけばよい。児童を愛しぬく気持をだれにはばかることがあろう。（観察力・構想力・記憶力に大まかにわけるとよい。）児童の作文を読みたがら教師によれば、児童の作文力は、絶対につかぬといってよい。／なお、児童につけてやる評語であるが、ことばにこしたことはないが、児童と約束して、○○○（いい所）×（まちがい）？（へんな所）く（ぬけている）等を用いるとよい。

(3)　児童は何を書いてよいかわからない。

低学年の口頭作文、中、高学年の題材手帳、すじ書き練習などは、当然必要となる。／生活綴り方はこの意味（問題をつかまねば書けぬ）（ママ）から大切であり、これ以外には綴る力はつかぬといってよい。ただ、生活綴り方を曲解して、人生や社会の暗黒面のみをとり上げさせ、暴露作品のみを過大評価することは断固排すべきである。また生活綴り方即作文教育ではなく、作文教育の中の一部だということは常に注意せねばならない。

(4)　かく（ママ）内容も、思っていることもわかっていて書けない。

表現の仕方がわからぬとこうなる。この意味で、自分の使っている方言、児童語は使用させるのが正しい。それと同時に、文体(日本文の構造)

(ママ)、構想、表記法、原稿用紙の使い方などのの指導もゆるがせにできぬし、手紙文や感想文や記録文、創作文などの一通りの様式が児童に理解されねば、うまく書けぬことになる。この意味で生活綴り方だけが作文教育でないのであるる。特に、文法教育は、作文教育では重視しなくてはならない。／　文体（だ体、である体、です体、……(ママ)常体と敬体)(ママ）の理解、　敬譲語の使い方、(れる、られる）(ママ）の理解　倒置法や省略法などの技巧、修飾詞の使用法の理解、その他、(ママ）は読むことと平行して指導されねばならない。

(5)　推敲の指導

児童に最もできないのは推敲である。それも、他人のはいくらかできるが自分のはできない。推敲練習は高学年に進むにつれて特設しても機会を多く持たねばならない。前述の約束評語は推敲にある程度役立つと思う。

**【資料5】　尾崎家連編著『中学　作文の力』**　1955（昭和30）年8月刊　ガリ版刷　全72頁

［第一部の学習のしかた］(この項の（　）印もすべてママ)

一、第一部は、私たちが作文をする場合の基礎となることを、いろいろと述べてあります。

二、どういう立場で書かれているかを説明しますと、

1、問題を持ち、毎日思索（しさく　考え求める）的（てき）に生活することが先ず大切で、

2、物の見方や感じ方、考え方を養い育てて行きたい。

3、そういう気持ちでみれば、作文を考えても、題材はいくらでもあるはずである。

4、それを、勇敢にとり上げ、ぐんぐん書きつづって行く。ここで問題になるのは、どう書いたら自分の考えているのを完全にいい表わすことができるか、という「表現法」です。

5、こうして、それらの場合に応じて研究していけば、私たちは、文を書くことも苦にならなくなるだろう。気軽にペンがにぎれ、すらすらかけたら、どんなに楽しいだろう。

右のような希望と目的を持って書かれています。

三、また、私たちが自分で進んで勉強できるように、具体例をあげたり、問題を出したりしてありますから、余暇をみつけては研究していきましょう。

四、なお、第二部には、手紙とか詩とか、小説とかのいろいろの場合について書かれていますから、あわせて研究してみましょう。

五、さて、ここで、私たちが用意しておきたいものをたしかめておきましょう。

1、題材帳

書きたいなとおもったこと、おもしろいと思った音などを、ちょっと書きとめておくのに便利です。小さい手帳をいつもポケットに入れておこう。

（例）

◎　ソフト大会　、三〇、光井中　（行事の例）

〇　徳山三中　×　光井中　山下　ファインプレー

◎　風のふき方　（表現の例）

ヒューン　グオー　とんだ瓦

◎　竹馬の友　（ことわざ、熟語の例）

2、原稿用紙（作文帳）

六、最後に、この本の中に、いくら書きこんでもいいから、つけくわえること、気のついたことを記入して自分のものにしましょう。

「第二部の学習のしかた」

一、第一部を基礎編としたら、第二部は実際編ともいえましょう。ここでは、書く生活のいろいろな場面について述べてあります。／　手紙、日記、感想文……（ママ）の分け方には、もちろんまだ問題があるでしょうし、ほかにも書く生活の種類もあるでしょうし、ほかにも書く生活の種類もあると思います。しかし、大体のことはふれてあると思います。／ノートの使い方や、答案の書き方、生徒会規約の考え方や作り方、標語やポスター、広告、等、書きたいこともありましたが、別の機会にゆずりたいと思います。

二、この部は、次のようにして学習してほしいと思います。

1、先生から「〇〇」について書こうと問題を出された場合

2、自分で、「きょうは、…（ママ）が書いてみたい」と思った場合（例、手紙を出したい）（ママ）

3、各教科やホームルームなどで、リポートを書いたり、発表会をしたり、文集や新聞を出したりするようなことがあった場合などには、さっそく、必要な所を開いて、参考にする。

三、自分の作品は、ていねいに、きちんと集めてとじておきましょう。三年間、尊い自分の文集が、どのくらい出来るでしょう。

○　（前略）さて、はりきって手をつけたこの仕事も、意外に手間どり、発行がおくれてしまいました。一日に、原紙五枚も書けるという能率的な日もあれば、一枚はおろか数日休んだこともありました。経費の関係で、全部自分で原紙をきり、印刷もするので、すっかりくたびれてしまいましたが、生徒のみなさんの、一人一人の顔を思いうかべてはがんばりのした。（中略）

○　この本の一つの欠点は、材料が殆どわが附属光中学校の生徒の皆さんのものであり、広く県下、日本各地の中学校の友達のは無いといってもいいことです。したがって、この本が、独善的な、ひとりよがりのものになりはしないかを心配します。しかし、全部が本校の生徒のものだということは、この本が、たれのものでもない、附属光中学校の私たち自身のものだということです。その点については、一つの喜びです。

## 第2節　小河正介氏主担
## 『小・中学校　国語科　学習指導上の問題点とその指導』

**【資料1】　小河正介主担『小・中学校　国語科　学習指導上の問題点とその指導』**　山口県教育研究所　1954（昭和29）年6月25日刊

「まえがき」

○　（前略）本書は、今までの国語学習指導のような一般的理論書ではない。最も切実な現場の問題点を現場でどう解決すればよいか。（ママ）について、わかり易くしかも、具体的に解明していったのである。したがって、指導方法の具体例もなるべく引用し、経験の浅い先生にも、真に役立つようにと、考慮したつもりである。／　特に、本書を小・中一本としてまとめたのは、小・中学校相互の間において、問題点の所在につながりがあり、相互に理解して、その方途を考えなければ、その解決を期することはできないと考えたからである。

**【資料2】　同　「実践国語教室の最も重要な課題」**

⑴　目標をはっきりつかみ、その上に立つこと。

⑵　教材を、本質的、具体的に研究すること。

⑶　合理的な学習方法を自らが打ち立てること。

「一、国語科学習指導上の問題点解決のかぎをここに求める」

⑴　なぜ混乱がおこってきたか。

⑵　この問題を解決するかぎとなるもの——国語科学習指導の要件——

「教材開発」

⑴　言語の機能とか、その発達とかいう観点から考えて——具体的な経験を想起することによって、ことばを伸張させること——

⑵　国語教育の本質からいって——見方・考え方・感じ方・表わし方・受けとり方を強調すること——

⑶　今日の国語教室の反省として——学習指導に緊張感を持つこと——

**【資料3】　同　「四、国語の基礎学力をどうしてつけたらよいか」**

①　国語科における基礎学力とはどういうことであろうか。

⑴　国語科の学力とは。

⑵　国語科の基礎学力とは。

⑶　国語の学習は基礎学力をおさえたものでなければならない。

⑷　基礎学力をこのように抽出して考えよう。

②　基礎学力養成のためにはどのような点に留意すべきであろうか。

⑴　学習の目標をしっかりとは（ママ）握しよう。

⑵　学習形態をくふうしよう。

⑶　特にドリルを重視しよう。

⑷　個人差を考えていこう。

⑸　教材研究をもっと深めよう。

「能動的な実践力」

言語の効果的使用力
- 1　読解力
- 2　聴取力
- 3　文章力
- 4　談話力
- 5　文字力
- 6　語い（ママ）力
- 7　文法力
- 8　文学鑑賞力

「行為的態度」　言語を効果的に使用する態度能力（積極的に種々の経験を処理していく力）

**【資料4】　同　「基礎学力」　Ⅰ　概括的認識能力　Ⅱ　個別的・知識・技能**

「領域」　聞くこと　話すこと　読むこと　書くこと

⑴　話されたことがらを確実にききとる。

⑵　話の要点や用件を確実にききとる。

⑶　話の筋を確実にききとる。

⑷　話し手の意図を確実にききとる。

(5)　話し手の立場や話された事がらの内容を考えて批判的にきく。

(6)　話（ママ）の気持に共鳴する。(相手を尊敬する。)（ママ）

「個別的・知識・技能」

(発音)（ママ）・(文字)（ママ）・語い（ママ）・語法

「基礎学力一覧表（試案)」

(イ)　聞くこと
- 話されることがらを確実にききとる。
- 話の内容を批判的にきく。

(ロ)　話すこと
- 自分の思っていることをそのまま話す。
- 相手のよくわかるように話す。

(ハ)　読むこと
- 書かれていることを正しく読みとる。
- 書かれている内容を批判的によむ。
- 書かれていることを自分とひきくらべて読む。

(ニ)　書くこと
- 自分の思っていることをそのまま書く。
- 相手によくわかるように書く。

【資料5】　同　「経験主義」の反省

○　経験を拡げることのみに終始して、そこにいかなる言語能力を伸ばすのか、またその経験の中にはどのような価値ある能力が伸ばされるのか。こうしたことが一般に忘れられていたのではないか。(中略)豊かな言語経験を与えるということは、これから私たちが進もうとする国語教育のすじ道（ママ）である。ただ問題は伸ばすべき言語能力のは握（ママ）のし方にあるのである。私たちは今ここにあげた基礎的な能力をまずしっかりと押さえ、その能力を伸ばすことのためめに価値ある言語経験の場を与えていかねばならぬ。かくしてこそはじめて生きて働らく（ママ）言語の効果的使用力の基礎としての力が養われていくものであると信ずる。

【資料6】　同　「礎学力の『抽出』例」

○　三省堂発行中等国語一下「文集を作ろう」を例にとって。

「文集を作ろう」　単元と主な学習内容

1　作品の批評をする……（資料）生徒作品（短歌二首　詩三編　小品生徒記録)（ママ）

2　詩・文章の制作……（資料）詩の作り方

3　推敲をする……（資料）推敲（野原の原文と修正文）（ママ）

4　清書する……（資料）原稿用紙の書き方

5　文集の編集をする……（資料）文集を作る心得

「学力」「基礎学力」

「文集を作ろう」

Ⅰ　学力　行為的態度

(1)　推敲のし方がわかり、推敲することによって効果的な自己表現ができる。

(2)　効果的に自己を表現するために、いつも推敲する習慣態度ができる。

Ⅱ　基礎学力

(1)　基本的な言語能力とその内容

1　推敲してはじめて文章はみがかれ、よい文章はできることがわかる。

2　推敲のし方がわかり、自分の文章も推敲できる。

○　題は適当か。○　全体がよくまとまっているか。○　骨組がしっかりしているか。○　文の中心がよく表現されているか。○　見方・考え方は正しいか。○　あいまいな表現はないか。○　文章に矛盾したところはないか。○　同じようなことばの重複はないか。○　段落はよいか。○　句読点の脱落はないか。○　誤字・脱字はないか。○　漢字に直せることばはないか。

(2)　言語要素

1　発音　○　促音……ぼうっと　○　オ列長音……風光・房総　○　オ列拗音の長音……小蒸気船・興じる　○　その他……飛びかう・軽快

2　文字・語い（ママ）　推敲　断崖　軽快　原稿　一望　雑木林　開拓　意に満たない　台場　箇所　燈台　修正　測量技師　蒸気船　夜を待ち顔　五十嵐力　白帆のつどい　真帆片帆　ゆううつ　連々として　興じる某邸　碇泊　かなた

３　語法　○　比喩……切りたったようなセメントのがけ　島々は緑のしばふで美しくかざられ　○　引用……台場も見えて波白く　○　列挙……はしけ・燈台・小蒸気船　白帆　山々　○　擬人……まっ白な燈台が夜を待ち顔に

【資料７】　同　「基礎学力の養成」の「留意」点

○　基礎学力低下の反動として、直ちに旧時のような教育に逆転することは慎みたい。経験主義教育から後退するのではなくて、より前進させていかねばならない。経験主義それ自体のもつ陥り易い欠陥のあることを知り、まずこの点をはっきりと認識してかかることに於て改善されるものと信じたい。基礎学力の向上と題して漢字や語い（ママ）の指導に専念した学校も聞いている。またそうして大失敗だったという事実も聞いている。基礎学力の指導といっても、それはことばを効果的に使用していく力をつけるという全体の目標と直結するものでなくてはならない。

「個人差の考慮」

○　五十人の子供がおれば五十人の差があるはずである。この個人差に即応した指導が必要であることは論をまたない。現在におけるこの子供の学力はどの位あるのか、また劣っている子供はどこにその欠陥があるのか、この点をはっきり理解しなければならない。学習会を豊富に持ちたいものである。ありがたいことに出来ない子供は教師に指導法をくふうさせてくれる。示唆を与えてくれる。こうしてもわからぬ、こうやっても理解してくれない。そこから私たちは通り一ぺん習という学習指導法から脱却して、真に生きた子供、個人差に即応した学習（ママ）の一せい（ママ）学指導法を考えていく道がひらけているのである。

【資料８】　同　「評価」観

○　評価といえば、学習の成果を評点化して、それを成績記録簿に記入することを中心に考えるのが普通であるが、評価は結果のみを対象に考えただけでは不じゅう分（ママ）であって、そうした学習成果をもたらした過程、さらにその出発点にまでさかのぼって考えなければ意義がないのである。したがって評価は、児童生徒の学習活動全体と教師の指導活動全般を包括するものでなければならない。／　一般に評価は教師が児童生徒の学習に対して行うものであった。しかし今後の評価は、児童生徒自身の自己評価となり、教師の指導に対する自己反省でなければならない。したがってその仕方はさまざまな方法と技術の研究を通して、継続的にしかも科学的にくふうされて行われなければならない。

## 第３節　附属防府中学校の「自主的仕事学習」の推移

【資料】　『祖国の再建をめざす　自主的仕事学習の方法の探求　単元学習の批判と検討を通して　後編　本論並に基底単元系列表』　山口大学教育学部　附属防府中学校『研究報告書』第９号　1955（昭和30）年１月29日印刷（ママ）

（本節の【資料】は、紙数の都合上、「本文編」における加藤の要約による紹介で、これに代えた。）

## 第4節　附属防府中学校の「自主的仕事学習」の去就

**【資料1】　「『集団思考による学習指導』　自主的仕事学習の方法の探求第三次発表」**　山口大学教育学部　付（ママ）属防府中学校『研究報告書』第11号　1957（昭和32）年11月16日刊

目次

序　　山口大学教育学部付属防府中学校長　渡辺唯雄

集団思考による学習指導　渡辺唯雄

国語科における集団思考指導の実際　国語科研究部

**【資料2】　同　渡辺唯雄「集団思考による学習指導」**

Ⅰ　学習指導と集団思考

Ⅱ　集団思考の基礎条件

Ⅲ　集団思考の指導要決（ママ）

Ⅳ　集団思考のねらうもの

**【資料3】　同　渡辺唯雄「集団思考の基礎条件」**（加藤要約。）

(1)　学級集団の雰囲気が民主的でなければならない。

(2)　集団成員間に緊張感があれば、解きほぐし、なごやかな安定感がただようようにしなければならない。

(3)　成員の行動が、協同的であり、相互作用に基づく相互理解、相互信頼がなければならない。

(4)　学級集団の士気が、常に高く維持されなければならない。

(5)　集団成員の集団所属感が、強烈でなければならない。

(6)　全員参加の体制でなければならない。

(7)　各成員の思考活動が、最も活発に展開していなければならない。

**【資料4】　同　渡辺唯雄「集団思考の指導要決」**

(1)　教師は、成員の意識の中に入りこんで、共通化を図り、発展に助力しなければならない。

⑵　教師は、積極的なきき手となり、発言提案を受け入れ発展させねばならない。

⑶　積極的に発言しない者へは、探索的な発問をなげかけ、意欲をゆり動かし、集団の思考活動の中に編成していかなければならない。

⑷　主題から逸脱しないように努め、論理的発展に従い、心理の展開のままに進行させねばならない。

⑸　集団思考の過程で感情が加わって、思考が情緒的背景に曇らされる場合、その排除と客観性の保持とに努めねばならない。

⑹　集団思考の展開に常に注意して、その集団の組織編成を力動的に変更しつつ、最も能率的な思考活動を配慮しなければならない。

⑺　集団の成熟度を高め維持するために、組織化の問題と相即して、成員相互の意志の疎通に相互理解や相互扶助の態度まで導かねばならない。

⑻　結論に至るまでに、集団員が如何なる過程を経て取り組んでいったかが、問われねばならない。

⑼　集団思考に適した問題に充分時間をかけ、教育的意義の発揮に努めるべきである。

⑽　集団は、「力動的全体」であり、個々の構成員の持つ特性とは異なった構造的特性を持ち、部分間の関係によって決まるものである。

⑾　指導者の発言は短くせよ。説教をしてはならない。

⑿　少数者の立場を公正に取り扱わねばならない。

⒀　全体の発展に害のある議論や承認できないことを、放任してはならない。

⒁　混乱したときには、沈黙することが、よりはっきりした見通しを立てるのに役に立つ。

⒂　集団は、最上の成員よりも、より真実を見る。

渡辺唯雄「集団思考のねらうもの」

○　お互いの人格を認め合っての切磋琢磨と相互誘掖が漲っているものであり、優・中・劣がそれぞれの立場で生かされつつ、共に手を携えて真理探究にいそしむ姿が展開されるのであるから、各成員はおのがじし自らの器量に即して社会性を豊かに啓培されるのである。

【資料５】　同　「個性化の原理の適用六段階」（この項も、加藤要約。）

①　一様なスケジュールでの一様な仕事　②　二三の同質差異集団での仕事　③　二三の選　　択性や融通性のある契約法　④　個別的学習　⑤　自発的諸活動や経験に基づく大単元法　⑥　集団における共同の仕事に貢献できる個人的仕事

「社会化の原理の適用三段階」

①　指導者から課せられた訓練への「従順」　②　指導者中心だが、時に自発的提言や問題提起による集団への「貢献」　③　指導者は組織者として退き、集団の機能は責任を有する共通の企てを通じて集団の機能に働く「協力」

【資料６】　同　「国語科研究部」「国語科における集団思考指導の実際」

Ⅰ　国語科学習指導における集団思考の意義

Ⅱ　国語科学習指導における集団思考の機会

Ⅲ　集団思考指導の方法及びその留意点

Ⅳ　集団思考を中心とした詩の指導の実際

【資料７】　同　「Ⅰ　国語科学習指導における集団思考の意義」

1　国語科の教育目標から

2　学習指導の方法から

3　ことばの機能から

4　特に言語技術錬磨の立場から

5　集団思考力養成の立場から

【資料８】　同　「国語科の教育目標から」（以下、各項、加藤要約。）

(1)　言語は本来社会的なものであることを忘れない。（相手を離れたことばはないという言語の社会性の自覚と認識）

(2)　常により高くより美しいものを求めて止まぬ探求的態度をもちたい。（「人生いかに生くべきか」という人間探求の態度の涵養）

(3)　自主的、主体性をもった人間でありたい。（全体の中の一員としての自分がの全体への貢献）

⑷　国語を通して国民的思考感情を養成する。(ことばの中にひそむ国民的思考感情の把握)

⑸　個を重んずると共に全体を忘れない新しい全体主義の立場に立つ。(個人の人格尊重即社会の運命の運載者との自覚)

【資料９】　同　「学習指導の方法から」

○　従来の１つの主題によって読む、書く、聞く、話すという言語活動や言語経験を総合的に組織するといった単元学習ではなくて、言語及び言語生活上の問題――それは生徒たちが自分の力で発見した問題、さらに自分の力で生み出していかねばならぬと自覚した目標――を自主的に、かつ集団成員の協力活動によって解決するという問題解決学習（自主的「仕事学習」）（ママ）に求めたのであった。

⑴　目的把握は自分の手で

⑵　常にグループや学級という全体的な運命の運載者であるとの自覚

⑶　自己活動の最高度の発揮、自主的な思考活動（反省的思考・批判的思考・問題解決的思考・集団思考）の重視

⑷　発見的創造的生産的態度の重視

⑸　学習過程は苦闘であるとの認識

⑹　学習結果の吟味の厳正

⑺　新問題の発見と問題解決の連鎖

【資料10】　同　「ことばの機能から」

⑴　コミュニケーションの機能

⑵　思想形成の機能

⑶　文化の獲得創造の機能

【資料11】　同　「Ⅱ　国語科学習指導における集団思考の機会」

⑴　種々の相異なる立場や観点や感想の相互交換によって問題に対する見透し、問題の所在、輪郭意義内容について思考を深め明確にする。

⑵　個人的問題意識を共通的問題意識へと総合する。

⑶　観点の変更から新しい洞察を生み出し問題そのものの再体制化を可能

ならしめて、つぎつぎに新しい問題を把握せしめる。

**【資料12】　同　「読むことの学習指導」**

⑴　目標をはっきりつかむ。

⑵　自分一人でよむ。

⑶　自分で問題をつかむ。

⑷　みんなで問題をはっきりつりつかむ。

⑸　みんなの協力活動を中心として問題を解決していく。

**【資料13】　同　「書くこと（作る）（ママ）の学習指導」**

この項については、次の５点が指摘されている。

⑴　何を書くか決める。そしてその目標をはっきりつかむ。

⑵　構想をたてる。

⑶　叙述する…（ママ）個人思考活動の分野

⑷　推考する。

⑸　評価する（新問題への発展）（ママ）

**【資料14】　同　「文法の学習指導」**

⑴　問題をとらえ目標をはっきりつかむ。

⑵　問題を解決する。

⑶　評価と発展

**【資料15】　同　「Ⅲ　集団思考指導の方法及びその留意点」**

⑴　何でも気軽に言える雰囲気を作る。

⑵　集団思考の必要性をはっきりと、しかも具体的に理解（体得）（ママ）させる。

⑶　質問のし方をくふうする。

⑷　わからないことをすぐ教師に尋ねるというのではなくて、まず自分で考え、次に友だちといっしょに考え、最後に教師に教えてもらうという態度がのぞましい。

【資料16】　同　「指導の一断面」

A　意見を述べて自分のが正しいかどうかをきいてもらえるから。

B　意見を述べるとそれを聞いた人が教えられるから。

T　今のをまとめるとどうなるか。

C　意見を述べる人もまたそれを聞く人も、従って全体の勉強になる。

T　勉強ということについてほかにはないか。

D　将来多勢のまえで話すことがあると思うので、今のうちにそれの練習をしておく必要がある。

E　民主社会は黙っていては成り立たない。今のうちに基礎をつくっておかねばならぬと思う。

F　意見を述べなかったら、学校の勉強も進まない。また学級もよくならない。

A　そうすると「意見を述べることも一つである」でなく「意見を述べることは大事な勉強の一つである。」というべきではないでしょうか。

【資料17】　同　「質問のしかたのくふう」

○　集団思考を育てるのは教師であり、それをそだてる技術の第一歩は教師の発問法であろう。教師と生徒との一問一答式でなく共通話題へと展開させ、生徒相互の話し合いへと導いていく発問のし方をくふうする必要がある。

【資料18】　同　「問題解決学習」導入段階の指導「詩の創作指導」の「実際」

(1)　詩の創作指導の時間のとり方

(2)　子供の実態（小・中のへだたり）（ママ）

(3)　学年別指導段階の樹立の必要性

(4)　良い詩と悪い詩との識別

(5)　父兄の共同参加をどう進めるか

(6)　表現指導と生活指導

(7)　私たち（ママ）意識をどのようにして養うか

(8)　自我と連体性の育て方

(9)　詩における感性と理性

⑽　話し合いの場の活用の仕方
「集団思考の場を重んじた学習計画表」

【資料19】　同　国語科（詩）における「集団思考指導の場」観

① 詩とはどんなものであるかをわからせ又は感じさせるための集団思考指導
② 詩にはどんなことを書いたらよいかをわからせるための集団思考指導
③ 詩の表現形式をわからせるための集団思考指導
④ 詩に関する一般知識を得させるための集団思考

【資料20】　同　「集団思考の場を重んじた学習計画表」

| 思考発展の過程 | ね　ら　い | 学習の内容・活動 | 時数 |
|---|---|---|---|
| ・詩はどうしたらすきになるか | ・詩がすきになる<br>・詩を作ろうとする意欲をかきたてる | ・小学校時代に作った詩の発表会を聞こう<br>・私たちの好きな詩を話し合ってみよう<br>・よい詩をよみ合って感想を話し合おう<br>・よい詩をノートに書きとろう | 4 |
| ・詩と作文とはどのようにちがうか | ・詩とは何かということを詩的感動と詩的表現の両面から考える | ・詩とは何だろうか話し合ってみよう<br>・ぱつと心にひらめいたことを書こう<br>・いらない言葉たりない言葉を話し合おう | 6 |
| ・夏休みの詩集にこんな形の詩があっただろうか | ・何かに呼びかける形の詩を見つける<br>・詩にはどんな形があるか | ・他人や動物・植物・物に呼びかける形の詩を見つけ出そう<br>・呼びかけの詩の意義を感じとろう<br>・呼びかけの詩を作ろう | 4 |
| ・詩にはどんな | ・取材の範囲をひろげて新しいねうち | ・私たちの目か耳か足で詩のタネをさがそう<br>・詩のタネはどんな所にあるか | |

| | | | |
|---|---|---|---|
| ことを書けばよいのか | のあるものを発見する心の眼を育てる | 話し合おう<br>・変ったことめずらしいこと書かずにいられないことはないか | 3 |
| ・詩の手帳を作っておこう | ・メモ帳の作り方とその活用をはかる | ・メモ帳の作り方・利用の仕方を話し合う | 1 |
| ・詩を書くのにどんな順序にするか | ・散文的表現面と詩的表現面の比較からその特徴を感得させる | ・詩の書き出しをどうするか<br>・詩の山をどこにするか<br>・行のわけ方をどうすればよいか<br>・しめくくりをどうしたらよいか<br>・全体をどうまとめたらよいか | 5 |
| ・たくさん詩を作ろう | ・いろんな時と場所とを見つけて書く | ・季節の詩を作ろう<br>・朝・昼・夜の詩を作ろう<br>・働いている人の詩を作ろう<br>・家族の一人一人の詩を作ろう<br>・外へ出て詩を作ろう | 5 |
| ・私たちの詩をどのようになおすか | ・詩形を考え発想をさぐり言葉の生きた使い方を更に深める | ・よけいな言葉はないだろうか<br>・つけ加えたい言葉はないか<br>・出来た詩はねうちのある詩か | 3 |
| ・詩をどのようによんだらよいか | ・詩をきれいによむ<br>・人の詩に接する時の心の持ち方をわからせる<br>・詩の発表会をする | ・いろいろの人の詩をよもう<br>・人の作った詩をどんな態度でよんだらよいか<br>・自分の詩を朗読しよう<br>・作曲して音楽の先生にみてもらおう<br>・みんなで歌ってみよう、できれば放送しよう | 6 |
| ・詩集を作ろう | ・子供たちの自我と連帯的集団意識を育てる | ・私たちの個人詩集を作ろう<br>・クラス詩集をよりよいものにする<br>・おとうさんおかあさんにも書いていただこう | 5 |

| | | | |
|---|---|---|---|
| ・詩の歴史を調べよう | ・東西における有名な詩作品とその人について知る | ・日本の詩における人とその作品を調べてみよう<br>・外国の詩における人とその作品を調べてみよう | 6 |

【資料21】　同　「集団思考指導から得られる詩の学習上における利点」

(1)　語い（ママ）が豊富になり表現が洗練される。
(2)　詩作の仕方と干渉と並行させることができる。
(3)　地についた話し合いができる。
(4)　物の見方がより正確になり経験が豊かになる。
(5)　言語機能が総合的に高められる。
(6)　評価の幅が広くなる。
(7)　自覚的、自主的判断と態度とが助長される。
(8)　肌で結び合う共同感情を育てることができる。
(9)　社会的態度が養成される。
(10)　個人の指導が効果的になされる。
(11)　知識を生きたものにする。
(12)　自分の力で現実と取り組む意力（ママ）を増す。
(13)　問題解決への責任感を高める。
(14)　子供たちの自己中心を克服させる。
(15)　批判的能力を高める。
(16)　言行に一貫性を持ち得るようになる。

【資料22】　同　「留意点」

(1)　場のフンイキ（ママ）を大切にする。
(2)　学習の目標を明らかにしておく。
(3)　思考の論理性を働かせるようにする。
(4)　子供の質問を尊重してやる。（ママ）
(5)　教師である自分自信の姿を眺める。
(6)　学級内の人間関係を固定させないようにする。
(7)　信頼される教師になる。

# 終章　「新教育」に学ぶ

## 第1節　桜山小学校著『単元展開の資料と手引』

**【資料1】　山口県下関市立桜山小学校著『単元展開の資料と手引』** 1951（昭和26）年11月3日付序文以外発行日未詳

「“単元展開の資料と手引”の発表にあたって」

○　我々は常に望む　／　心身共に健康な子供の成長を　／　真に子供を幸福感に浸らせ得る世代を　／　而てその鍵は我々教育者の手にある　／／　我々は常に望む　／　実践しやすい教育計画を　／　誰でもたやすく実践することが出来　／　同時に亦、個性的で個人差のある児童の実態に即応して望ましい成長を助成することの出来るものを　／／　真実なる人間性の育成を目指したプラン　／　自主的個人の育成を目指したプラン　／　民主主義社会の建設に寄与し得る実践人の育成を目指したプラン　／　それは本校教育同人三十余名の心血の結晶である　／／　社会は日々進展推移する　／　教育は歴史的現実社会の実態に即応しつゝ現場をよりよく安定させなければならぬ　／／　先にものした第一次、第二次プラン　／　それは単元の見方考へ（ママ）方の困難性及学習展開に必要な資料の不足並に学習展開の方法に具体性を欠いた、この為教壇実践に自信を欠く面が少からずあった　／　同人はこの盲点を開拓し誰でも自信と安定感をもって学習展開の出来る手引の作製をめざして具体的研究の途に上った。予め覚悟はしていたが、而も彼岸に光を認めながらも、その道は険しく且つ極めて遠いものであった。　／／　職員室の孤燈の下に討議を重ね　／宿直室に机を接して徹夜整理、かうした（ママ）幾日かを過して生れた『単元展開の資料と手引』　／　さゝやかなものではあるが同人にとっては教育的生命を打込んだ愛着限りない記録である　／茲に将来に改善と成長を期して同志の前に贈り冷厳な批判と指導を念願するものである。（昭和二十六年十一月三日　文化の日　学校長　亀田幸雄）（ママ）

**【資料2】　同　単元「役に立つ生きもの」「単元設定の理由」**（加藤要約。以下同じ。）

⑴　人間と自然環境との相互関係の理解のために、社会機能である「生産と消費」学習は、社会的に有意義である。

⑵　児童は、家畜や野菜等に関する実践経験や興味を、十分に持っている。

⑶　都市の児童であっても、動植物の恩恵に浴している。

⑷　動物園やサーカスへの興味は絶大だが、日常生活での家畜等に関する関心は、薄い。

⑸　動植物の人間にとっての効用とその恩恵への理解が、必要である。

単元の「目標」

○　原始時代から人間生活に必要な物資や手段を動植物から得ている面が非常に多い。動植物を保護し利用することによって人間生活は進歩向上するものであることを知り、私たちは役立つ動植物を今后（ママ）一そう利用保全愛護していくように心掛ける。

「目標」の細目

⑴　社会的　⑵　言語的　⑶　数量的　⑷　科学的　⑸　音楽的　⑹　造形的　⑺　体育的

⑴　社会的

1．家畜は人間生活にどんなに役立っているかを理解する。

2．私たちが動物を愛護するにはどうしたらよいか。

3．大昔の人たちは樹木をどのように利用したかを理解する。

4．大昔の場合に比べて今の我々の動植物利用はどんなに進んでいるかを理解する。

⑵　言語的

1．見学したものを要点をぬかさずまとめることが出来る。

2．参考書をいろいろの学習に役立たせる。

3．動植物の飼育栽培した観察記録をまとめることが出来る。

**【資料3】　同　「教育的効用」**

⑴　社会的

1．自治会とはどんなものか。それに於ける意見の発表の仕方を知る。

2．年中行事について知る。

⑵　言語的

1．好む話題に活発に参加することが出来る。

2．長文を読みとることが出来る。

3．学校ニュースを短い文にまとめることが出来る。

4．先生と一緒に簡単な詩集を作ることが出来る。

**【資料4】　同　「予備調査」**

⑴　社会的

1．児童の家庭ではどんな家畜を飼っているか。

2．その世話は誰がしているか。

3．その家畜はどんな習性を持っているか。

4．牛や馬の飼育を手伝ったことがあるか。

5．乳の加工場を知っているか。

6．緬羊の飼育を見たことがあるか。

7．動物園に行ったことがあるか。

8．動物に関係した読物をどれ位読んでいるか。

9．製材所の仕事を見たことがあるか。

10．どんな木の名と用途をしって（ママ）いるか。

**【資料5】　同　「評価」と「教育的効用の評価」**

「評価」

⑴　社会的

1．調査見学の目的がつかめているか。

2．調査見学のための対象を自分で選択することができるか。

3．積極的に資料を集めるか。

（加藤注。以下、牛馬、牛乳、動物園、衣服、運搬動物、緬羊、樹木、薪炭についての具体的な「理解」が、「評価」の項目とされている。）

4．グループ内の協力態度はどうか。

5．蒐集物の処理は正しくしているか。

⑵　言語的

1．正しい言葉で話せるか。2．人の話を正しくきゝとれるか。3．発言の内容が問題のすじとはずれていないか。4．他人の発言中に疑問やあやまりを指摘できるか。5．協力的な発言をするか。6．話の要点をノートに記録しているか。7．疑問点を質問できるか。8．見学報告を書くことができるか。9．観察記録は継続的にかゝ（ママ）れているか。

「教育的効用の評価」

(1)　社会的

1．作品の展示は適当であったか。2．作品の審査は妥当であったか。

(2)　言語的

1．文章の表現が素直であるか。2．表現は要領よくなされているか。

**【資料6】　同　第3学年の「展開案」**

- 生活課程
  - 日常生活
    - 月
    - 行事
    - 日常生活
    - 資料
  - 作業単元
    - 単元
      展開
    - 資料
  - 関連する問題
    - 関連する問題
    - 資料
- 基礎技能
  - 国語
  - 算数
  - 其の他
- 保健体育
  - 保険
  - 体育
  - 其の他
- 表現鑑賞
  - 文学
  - 音楽
  - 美術

（注　この項目について後述の「資料」がついている）

**【資料7】　同　【第3学年　単元　役に立つ生きもの】**

(1)　日常生活（注　第2学期、9月下旬、運動会以前の範囲を紹介吟味する）

1．始業式

○　自分たちの力で良い学級を作ろう　○　夏休みの反省　○　新しい学級の組織を作る　○　学級役員の話合（ママ）　○　新役員選挙

2．夏休みの作品展をしよう

○　作品展や発表会の計画をたてる　○　作品展のじゅんび（ママ）　○　作品審査の標準を話合（ママ）　○　他学級の作品展を見る　○　昆虫植物採集の整理をする

３．運動会の計画を立てる

○　運動会にする種目の話合（ママ）　○　演技の内容についてしる（ママ）　○　規律の面について話合（ママ）

４．球根や種まきをする

○　開花の予想で球根や種子を選ぶ　○　畠の設計をする

⑵　作業単元――展開

○　家に飼っている動物をしらべましょう

飼い方　飼育の感想　その利用方面について　各自経験したものを記録し発表する

○　動物園の見学をしよう

見学の話合をする　動物の主な生態を知る　動物がどのようにして身を守っているか　身を守るための道具について知る

○　動物が季節に適応していることをしる（ママ）

渡り鳥や冬眠等

○　動物はどのように人間の役に立っているか話合（ママ）

食用になるもの　衣類の原料になるもの　交通などに使われているもの農耕に使われているもの――等について話合い部類別に調べる

○　家畜を中心に如何に人間生活に関係が深いか話合う

牛馬がどんなに利用されているか考える（牛馬と農業の関係　馬と輸送の関係　牛馬の利用方面）（ママ）種類がいろいろあることをしる（ママ）牛馬の食べもの生態等についてしる（ママ）搾乳場を見学して牛乳のとり方をみる　乳製品のいろいろの作り方を見たり聞いたりする　缶詰工場を見学する

○　衣類に役立つ動植物をしらべる

子供の着ている衣類の原料について話合う　着物の材料になる動植物が着物になるまでの話をきく　昔の人の衣類についてしらべる

⑶　関連する問題

○　同数累加と九九との関係をしる（数）　○　夏のおたよりを読む（国）――休み中の作文を読み合う　○　秋の虫について調べる（理）　○　秋の天気しらべをする　○　台風の話　合をする　○　「帰える（ママ）鳥来る鳥」を読む（国）　○　「虫の声」の歌をうたう（音）　○　運動会の

けいこ遊戯・競技（体）　○　日の丸のうたをうたう（音）　○　日の丸の旗を作る（図工）　○　詩のべんきょう（ママ）をしよう（国）――教科書の詩教材を読む（国）　運動会の詩を作る　生活の中から詩を作る　詩集を作る　○　「魚市場」をよむ（国）「山とぼくじょう（ママ）」の牧場見学をよむ（社）

**【資料８】　同　「日常生活」**（注　「資１」分のみ紹介）

⑴　自分たちの力で良い学級を作ろう。

長い夏休みが終って子供たちは新しい希望にほゝを輝やかせて登校する。しかし家庭でこの自由な生活になれていて、学校の規則正しい生活にちょっときゅうくつさ（ママ）を感ずるであろう。急激に学習の負担を感じさせたり、規律を要求したりしないで能率的に学習え（ママ）の軌道にのせなくてはならない。

⑵　夏休みの反省

夏休み中の学習が計画通りできたか　夏休み中の学校や学級で決めたきまりが充分守れたか　水泳　映画　お小ずかい（ママ）の使い方　町内での遊び方や遊ぶ時間等　夏休み中の旅行について　健康面について

この様（ママ）な事について学校や町内の児童会で夫々反省会をひらく

お小ずかいや映画等は学級で統計をとり反省の材料とすることも良い。

**【資料９】　同　「作業単元」**

《導入》

⑴　環境構成（一次的）（ママ）

動物園にいる動物の写真や絵　珍しい動物の生活の絵や写真　雪国のそりの様子をかいた絵　砂漠のらくだが荷物や人を積んでいる絵　象の荷物を引いている絵　牛で耕作している絵や水牛の絵――などを教室に貼付して児童の興味、好奇心、経験の反省をさせる

⑵　印刷物により児童の興味､経験の調査をする……予備調査の欄参照（ママ）

⑶　学級の話合（ママ）

家で飼っている動物について話合う――どんな生きものを飼っているか飼育するについての苦労や楽しみ等の感想発表をする　農家などで飼育し

ている様子を話合う――自の知っている動物について話合う　動物園に行った事のある者が既有経験（ママ）の発表をする

本を読んで知った動物の習性について話する

《展開》

(4)　動物園の資料

見学の目的――動物園見学に行った事のある者の既有経験の発表により（ママ）子供たちは動物園に行って、動物にはどんなものがあるか、どんな暮し方をしているか行って見る。

見学の話合（調べる方法について）――グループに分かれて動物の種類、動物の食べもの、住んでいた所、特性等について調べる　説明の立札を読む　園長さんの説明をきく　物を食べている様子を見る

見学の場所――小倉市到津の動物園　現在到津に居る動物の種類（産地、食べもの、習性は動物園の説明用立札による）（加藤注。以下、「動物の産地と主な習性」の一覧表がある。）

(5)　見学の整理

珍らしい動物の生活にでゝ（ママ）話合う　熊の冬眠、穴熊、きつね、たぬき等の住み家の作り方、象の様子、渡り鳥等について　動物園の絵をかく（紙芝居もよい）（ママ）動物園作りをする

**【資料10】　同　「関連する問題」**（注　「資１」「資２」のみ紹介吟味する）

［資１］

(1)　同数累加に（ママ）九九の関係

(2)　夏休みの作品を展覧してめいめいのこどもが、自分や友だちの作品を鑑賞と感情のあと（ママ）をふりかえるのは意義のあることである。この作業を通して算数の乗法の初歩を導入する。

(3)　同じ数がしばしばくりかえしてあらわれることに着目する事が根底になる。

(4)　こゝに乗法を導入するきっかけを求め乗法九九を構成し、これを記憶し実際の場に於て九九が活用できるところまでもってゆきたい。

「指導計画のあらまし」

◎　展覧会のかざりつけ作業――この作業でつぎのようなことに同じ数がく

りかえしあらわれる事実をとりえる（ママ）。

○　陳列台になる机（二つ組、四つ組）（ママ）○　絵をはる画鋲（一枚につき二個、四個八個）（ママ）○　貼られる絵の総数のかぞえ方（一列何枚で何列）（ママ）○　その他規則正しい陳列された作品の点数のかぞえ方

右のようにして作業中とらえた事実を整理し同数累加によって総数をもとめること

・同数累加の事実を倍の概念に結びつける　・五の段の九九の構成、練習

・二の段　・四の段　・八の段

［資２］

◎　「夏のおたより」を読む

夏休みに書く手紙について話合が進めてあるのでこゝにある三つの文章のような手紙を実際に出し、それらを読み合い話し合うことによって夏休みの国語生活を充実したものにするのがねらいである。

簡潔な表現の中に要点をはっきりと書きあらわす手紙文の修練をさせる。

◎　指導のあらまし

1．夏休み中にもらった手紙の返事や出した手紙文、日記等を持ちよる。

2．その文章について話合う。

3．読本「夏のおたより」を味読する。

**【資料11】　同　「反省」**

(1)　自発的学習活動と望ましい学習経験とのギャップを生む無理な指導

(2)　自然研究・情操陶冶での積極的な意味の欠如

(3)　行事や慣習から目的への位置づけの欠如

(4)　基礎能力観の確認とその能率的指導の欠如

**【資料12】　同　「修正」**

(1)　雑多な経験の無理な消化から、明確な目標に直結する行動の経験へ

(2)　生活力を価値的に拡充発展させる具体的な活動の場を

(3)　カリキュラムの構造と内容との総合発展を

【資料13】　『光プラン』における「現実認識」

「綜合」と「分化」の問題

（前略）われわれは教育活動の実際を、実践的社会人の形成という形式面と、文化価値の追求という内容面との両面から把握した。もちろんこの両面は相異なる二種の教育活動ではなくて、同一の教育活動を形式と内容の二面から見たにすぎない。従ってこの両面からの教育活動は常に統一的に、同時に行われることが理想であるが、しかし実際には、学校教育のすべての活動を通じて常にこの両面を十分に実現してゆくことは殆ど不可能に近いといわなければならない。実践的な社会人を作ることを目ざして生活教育を標榜する新教育が、実力低下の非難を浴びせかけられるのも批評者の側において実力の観念の把握や、又その評価の方法において偏見や欠陥があると言う点や、又教師自身の側において新教育を十分にこなすだけの能力がまだ身についていないという点などから必ずしもそのまゝ肯定されるものではないが、それにもかゝわらず、教育活動の実際の上から見るときは、このような非難に値する事実は、たとえどのようなすぐれた教師が当っても、本質的に随伴するものと考えられるものである。過去の合科教授の失敗の如きも、このような意味から一度その意義を検討してみる必要（ママ）あろう。このようにして、われわれは、今日の教育がひたすら綜合への道を歩む事実を是認しながらも、端的に綜合の道を辿ることをしないで、綜合と分化の並進、交替をもって教育を進めて行こうとするのである。

【資料14】　【資料１】同　「リアルに見る」目標

ありのままに見るという言葉は、大事だと思います。その前にリアルに見るべき目にほかの眼鏡をかけてしまう。先だって二年生に牛乳屋さんというのをやった。子供たちが飲む牛乳を牛乳屋さんは寝ているうちに運んで来てくれる。子供たちは牛乳屋さんの仕事をみないのに牛乳屋さんはありがたいという結論を出しがちなんですね。あるいはおまわりさんが、雨の中で交通整理をするとか、みんな休んでいる時に見まわってくれる。おまわりさんの仕事がはっきりつかめない。感謝という気持ちが先行する。こうした面でむしろ牛乳屋さん、おまわりさんの仕事そのものが正しくつかんだ上でそういうところへもっていくことが大切ですが、むしろ子供より先生の方にそういう意識が強くあるかもしれません。そういうものに禍されてリアルに見ない。

## 第２節　附属防府中学校の「自主的仕事学習」の変質

【資料１】　『第四次発表　自主的仕事学習の「展開」とその指導』　「山口大学教育学部附属防府中学校研究報告書一二号」　1958（昭和33）年10月24日刊

渡辺唯雄「序」

○　（前略）断片的知識の把握よりも、その事実相互の関係的認識、推理思考力等が著しく劣っているということは、指導形態に問題があるということを示していると言うべきである。　／　こゝに、問題解決的学習形態がその存在意義を主張し得るのであるという事ができよう。仕事学習なる名のもとに、生徒の自主的な問題解決的学習の指導方法を探求し来ったわれわれにとって、この真実の学習指導形態の推進こそ、更に今後の課題として横わっていることを痛感するものである。（加藤注。1957（昭和32）年10月６日付け。）

【資料２】　同　渡辺唯雄「自主的仕事学習の展開とその指導」　「第一節　研究主題の意義」

○　あらゆる学習は、その真実の相においては、問題解決的学習でなければならないとし、それはまた、単元学習と表現してもよいのであるが、われわれは、あえてこれを仕事学習と呼称してきたのであった。自主的に自覚してたてた目標をめざして、努力して解決していこうとする一つのまとまった目的的学習を意味するのである。

【資料３】　同　「課題」

⑴　学習者自身の問題意識の常時の把握こそが自主的学習を保証するから、問題把握の指導は、あらゆる段階に求められるが、典型は、一単元の導入段階での「主題研究題目」になる。

⑵　自主的仕事学習の展開は、学習の場が、えてして個人主義的競争角逐の修羅場となりがちであるから、集団思考が、「相互協力・切磋琢磨の全員共働（ママ）共栄」にならなければならない。

(3)　問題解決学習がその本領を発揮するためには、展開段階が、自主性の乏しい受動的なものであってはならない。

【資料4】　同　渡辺唯雄「仮説の確認と把握」

(1)　仮説の設定とは、新しい事態に処して、その解決の糸口を発見することであり、新しい認識や行動への橋渡しをし、新境地進展への飛躍台の役目をなす。

(2)　教師にとっての既知の解決法も、生徒にとっては新事態であるから、教師は、生徒と共に新問題解決へと進むべきである。

(3)　生徒既有の知識を引き出し、組織し、再構成しつゝ、正しい思考推理の筋道に乗せて解決の糸口へと導く。

(4)　生徒の自由研究と教師の指導とは、表裏一体をなし、両者の協同学習・一体的な学習が望まれる。

(5)　学級集団による集団思考は、協同的集団学習となるべきである。

(6)　この仮説は、検証に至るまで、学習者全員に確実に把握され、派生的な枝葉末節に陥ったり、本筋を見失ったりしてはならない。

(7)　教師は、学級全員の集団的意識を共通の課題へと集中させ、持続させ、不断の励ましをし、仕事学習が能率的に進行するよう指導しなければならない。

【資料5】　同　渡辺唯雄「資料の蒐集と仮説の検証」

(1)　資料は生徒の能力に相応したものでなければならない。

(2)　資料は豊富であることが望ましいけれども、それは教育的価値の見地から整備されなければならない。

(3)　資料の選択に当っては生徒の生活現実との関連を考慮すること。

(4)　資料の取り扱い方に慣れさせ、これを十分に利用させることが肝要である。

(5)　資料そのものに物語らせる態度でなければならない。

(6)　仮説の検証は、生徒各自がそれぞれ自らの力を働かして、多面的批判的に考察するよう導くべきである。

【資料６】　同　渡辺唯雄「留意事項」

(1)　結論を急がないこと。

(2)　分担と協力によって、協同的に結論を作りだすようにする。

(3)　創造生産的喜びを味わさす（ママ）こと。

(4)　誤りの原因を見究めることが大切である。

(5)　要点把握が極めて重要である。

【資料７】　同　渡辺唯雄「統合系統化」の原理

○　結論として得られた知識は、それが孤立的のものでなく、生きた綜合的全体の組織に生かされて、生きた組織体系の一翼となり、将来の生活への基礎力として働くようになるためには、それが構造的立体的に綜合系統化されなければならない。

【資料８】　同　「国語研究部」「読解学習における文法指導」

「序文」

○　読解力の不足からこれをいかにして伸張させていくかは、現下の国語教育上の一大課題である。私は読解学習の展開時において、適確（ママ）なる文法指導をすることによって、この問題の過半は解決されるものと考え、標題の如き問題をとらえ、研究を進めている。

「体系」

はじめに

１　読解力不足の原因はどこにあるのか。

２　どこに解決の鍵を求めたらよいのか。

３　これまでの研究との関係

Ⅰ　読解と文法

１　文章の読解とは

２　読解と文法との関係

Ⅱ　文章における文法的事実

１．語として――語論的なもの――

２．文として――文論的なもの――

３．文章として――文章論的なもの――

4．文体として――文体論的なもの――

5．文語のきまり

Ⅲ　指導の実際

Ⅳ　指導上の留意点

1．不断に文法意識をたかめていく。

2．文法的知識を整理させる。

3．表現との関係を重視する。

4．文法指導がただ文法指導に終らないよう。

おわりに

(a)　指導計画

イ　一年間を見通した読解力伸張のための計画性を欠く。

ロ　知的訓練のための計画の不足

ハ　練習の計画の不足

(b)　指導法

イ　導入に無駄がある。

ロ　生徒の読む力を育てない直観的な文意の把握に終る。

ハ　どうしてこうなるのかという客観的事実に基く指導の欠如。

ニ　読みの伸張に役立たない発問が多い。

ホ　学習形態のマンネリズム。

(c)　教材研究の浅薄さと不足

(1)　生徒が、文法的に解決していく能力・態度・習慣を欠いている。

(2)　教師が、仮説を検証する展開段階に主力を注がねばならない。

《第一次》

1．国語科カリキュラムの構成　国語科目標・教育内容分析表の作成

2．国語科「仕事学習」の実際

《第二次》

1．国語科カリキュラムの構成（続）（ママ）目標・教育内容分析表の検討
国語科教育課程表の作成　国語科基底単元系列表の作成

2．　問題把握の指導の実際　文法指導を中心として

《第三次》

国語科「仕事学習」における集団思考の指導（意義・機会・方法）（ママ）

《第四次》

読解における文法指導　展開段階を中心として

(1) 文法指導に対する一般的な構想並びに指導の実際が、探求単元を中心としたのに対し、今次は、実際の言語活動に役立つ読解のための文法学習（生活単元）(ママ) を中心とする。

(2) 検証指導を中心とする展開段階を研究する。

【資料9】　同　「国語研究部」「I　読解と文法」

1　文章の読解とは

作者（筆者）(ママ) の意図するところを書かれた文章表現を通して正しく読みとることである。

〈読解の層と能力〉

1．文字が読める。
2．語いが読める。

3．文のだいたいの意味がつかめる。
4．文の組立てがわかり要点がつかめる。
5．文の要約ができる。

6．文の主題がつかめる。
7．文の鑑賞ができる。
8．文の批判ができる。

9．読むことを通して自己を深めることができる。

2　読解と文法との関係

語を聞いたり文章を読んでわかるということは、ことばが社会性をもつものであり、ことばにきまりがあるからである。したがって、読解という仕事も、ことばのきまりを通してのみ理解できる。

そこで、ことばのきまりなど無意識に読み過ごしがちな生徒を刺激して、文法的事実に着目させ、これを通して確かな理解へと指導していく。すなわち、「読解指導即文法指導」であり「読むことと文法とは相即不離一体的なもの」である。

**【資料10】　同　「国語研究部」「Ⅱ　文章における文法的事実」**

1　語として――語論的なもの――

(1)　語い　(2)　語感　特に漢語、名詞、副詞　副詞では擬態語と擬能語　(3)　標準語と方言　(4)　敬語　(5)　体言のはたらき　特に名詞　(6)　用言のはたらき　(7)　修飾語のはたらき　(8)　独立語のはたらき　特に接続詞　(9)　助辞のはたらき

2　文として――文論的なもの――

(1)　主語述語の関係（主部と述部）（ママ）　2　修飾被修飾の関係（複文を含む）（ママ）　3　対等の関係（重文を含む）（ママ）　4　補助の関係　5　文節のその文中における位置、及びそのはたらき　6　表記号のはたらき　句読点　ダッシュ　括弧等

3　文章として――文章論的なもの――

(1)　文章の展開

イ　前後関係による文脈の展開　ロ　つなぎことばによる　ハ　「こそあどことば」　による　ニ　展開の形式（書式を含む）（ママ）　例えば　・序　本文　結び　・起　承　転　結　・　結論　根拠

(2)　段落の展

イ　前後関係による展開　主として物語　小説における時　所　時　人物　場面　事件　ロ　つなぎのことばによる　主として論理的文章の展開のとき　・逆説　だか　しかし　でも…（ママ）　順接　だから　それで……　・並列　また　および　そして・添加　それから　なお……　・選択　それとも　あるいは……　・説明　つまり　ただし……転換　さて　ところで……　ハ　「こそあどことば」による

(3)　叙述のし方

イ　使役の表現　ロ　受身の表現　ハ　可能の表現　ニ　尊敬の表現　ホ　自発の　表現　へ　否定の表現　ト　希望の表現　チ　推量の表現　リ　様態の表現　ヌ　伝聞の表現　ル　たとえの表現　オ　例示の表現　ワ　断定の表現　カ　時の表現　ヨ　ていねいの表現　タ　命令の表現　レ　疑問の表現　ソ　禁止の表現　ツ　感動の表現　ネ　格の表現

(4)　効果的表現　修辞学的なもの

イ　比喩法　ロ　挙例法　ハ　引用法　ニ　設疑法　ホ　反復法　ヘ　省略法　ト　誇張法　チ　漸層法　リ　音調を整える

(5)　各種文章の表現形態の特色

イ　詩歌　ロ　物語、小説　ハ　思索記録　ニ　劇曲

4　文体として――文体論的なもの――

(1)　文の言い切り（敬体と常体）（ママ）　(2)　口語と文語　(3)　文の組立　文節相互の関係　修飾語の多少　単文・重文・複文　文の長さ　(4)　用語　イ　漢語　ロ　抽象的なことばと具体的なことば　日常語　(5)　文章の組立　イ　文のつなぎ方　ロ　段落相互の関　係　ハ　文脈の展開のし方　(6)　修辞法

5　文語のきまり

(1)　歴史的かなづかい　(2)　用言の活用　(3)　助動詞とその活用　(4)　助詞　(5)　文語のいいまわし方　係結びの法則

**【資料11】　同　「Ⅲ　指導の実際　――展開――」**

実際例　「文学の鑑賞」

使用教科書は三省堂の中等国語（三訂版）三上、

この中の「地蔵の話」―長与善郎作―の学習をとりあげ、その実際例を説明することにしたい。

○「地蔵の話」

この作品を通して練磨し伸張させようとした文学鑑賞の基礎的技能は

1　主題の把握

2　構想の把握

3　背景の把握

4　作中人物の性格、心理の把握

5　技巧的表現の把握

6　語感

であり、究極の目的は人生いかに生きるべきかという人生探求、そうしてさらには人生観の確立に寄与させようとするにあった。

ところで、この学習は展開の発端から問題が生じた。それは題の「地蔵の話」についてである。

A　お地蔵さんについての話か。

B　お地蔵さんの語られた話か。

全文を読めばわかることであるが、はじめからAと思い決めて読んだためによくわからなかったというのである。「の」という助詞はいろいろの意味を添えるが、ここでは、連体修飾のはたらきをするのか、また主語のはたらきをするのかが問題である。「地蔵の話」はもちろん後者であるが、助詞一語にも見逃すことのできない読解の鍵が潜んでいる。お地蔵さんが語られたことそこからはこの小説全編が擬人法で書かれていることもわかってくる。

次の問題はどんな話か、小説の筋の理解である。

幸いにこの文章は述べようとする内容の一まとまりごとに一行あけて書いてある。全部で八つに分けてあるので内容がとらえ易い。そうしてこれらの段落の展開は次の書き出しのことばで始まっている。

1　なんでもいちばん先に（発端）

2　ちよっとここで（挿入　人物）

3　私の買われた寺は（場所）

4　その後（時期）

5　ある風の吹く夜のこと（時、事件）

6　長い長い年月がそれから（時間）

7　さらに幾度となく（添加）

8　世はまた乱れた（時間）

一般に物語や小説の展開は、時、所、登場人物、場面、事件などを表わすことばによってなされているのであるがこの小説では、それが書き出しのことばによって表現されているのである。このような事実をはっきりとおさえてくると、一まとまり段落の内容が極めて鮮明に浮かび上がってくる。その要点をつないでいくと、全体のあらすじもわかり、しかもまた下のように全体が大きくは三つに分けて構成されているという小説の構想も理解することができる。

第一段落……地蔵の誕生

第二段落……作者義道

第三～第八段落…地蔵のたどった運命

第三の問題は主題をとらえることである。

全文を読み文章の展開から上のように組み立てをみ、あらすじをとらえてくると、作者のいおうとする主題は、主として地蔵の作者である義道について語られてある第二の段落に述べられていることが、おぼろげながらわかってきた。

そこで第二の段落を精読することによってこの小説の主題をとらえよう、他の段落はこれとの関連において読んでいこうということになった。

1　小段落ごとに、その書き出しのことばに注意して内容を読みとり、小段落相互の関係を理解する。

1）私の作者は僧侶であったか、俗人であったか、私はよく知らぬ。

2）彼は自分の仕事が仏の道にかなっていることを厚く信じていた。

3）彼の生活については、

4）が、それはとにかく、

この「が」という接続詞のはたらきは着目すべきで、仏師でありながら禁物の酒を飲むような俗人的態度から、工人としての真面目を発揮することの叙述へ転換する重要なことばである。

5）だが、私が彼のわきにいたのは、（ママ）

この「だが」についても同じである。

2　地蔵の作者義道のいつたことばの意味を深く考え、味わう。

ここには三つ差げられているが、始めの二つだけについて、その学習の展開を述べよう。

○「彫刻の秘密は、よろづの相のうちに隠れている仏を、おのが仏によって呼びさますことだ。仏を呼びさまされているものは生きている。生きているものはみな美しい。美は仏の相だ。一つでもほんとうに仏の相が刻まれたら、仏のしもべたる自分の使命は足る。」

この文章の読解は極めて困難であった短いことばの中に豊富なしかも深遠な内容をもっているものばかりの連続だからである。

1）まず五つの文の中、どれが一番主要な文であるかをつかむ。

この中にはつなぎことばといったものは一つもなく、前後関係によって文脈をつないでいっており、しかも前の文の述語がそのまま次の文の主語となって展開しているので、最後の文、自分の使命を述べたところが主文であることがわかる。

そうすると、終りの文から逆に上へ上へと読んでいった方が読解に都合がよい。すなわち、

自分の使命は→仏の相は→美は→生きている者は→仏を呼びさますことは、

2）一つ一つのことばを吟味することによって文意をとらえる。

○おのが仏によって……自分のもっている仏の心、深い信仰心。今の生徒からは、美の発見や創造はけっきょく自分自身の美に対する強い探求心美意識が根本であるということからここに作者の芸術観を理解することができる。

○一つでも、ほんとうに……一生のうち、ただ一つでもという切ないまでその強い願望から、この上もない強烈の信仰心、芸術的態度を察知することができる。

3）このことばが、義道の行動にどのように文章中に表現されているかを読みとる。（説明略）

○「梵鐘には黄金をたくさん混ぜないと、いい音色は出ない。だが、その黄金は鋼の中に穏れているのだ。よき彫刻を作るにも、その穏れた黄金がだいじだ。」

一読後の感想を書かせたその中に次のように書いている者があった。「彼は黄金を銅の中に入れて、よき彫刻を作っていった。」こうしたあやまちは結局文脈に即して文を読んでいない、前後関係のとらえ方の不十分さに起因しているわけである。そこで、

1　このことばを構成する三つの文の中どれが主文であるかをみつける。

2　このことばが具体的にはこの段落の中にどのように表現されているかを読みとる。

じっと作に向う時の様子は―┬全身霊魂のかたまりかと思われ、
　　　　　　　　　　　　　└何か恐ろしいものにつかれた者のように見える。

その―全身にみなぎる―┬熱と　　　┐―雲を呼び起す力があるかに見える。
　　　　　　　　　　　└夢中さとは┘

しかし

彼は決して―┬勢いよく　　　┐―それにかかりはしない。
　　　　　　└興奮したていで┘

人間にこれほどの荘重
な静寂が現れうるもの　├重い端厳な姿で├限りなきていねいさ
がと思われるほどの　　　　　　　　　　├と綿密きわまるたん├こつこつかすかなのみの音をたてている。
　　　　　　　　　　　　　　　　　　　└ねんさをもって

どこをそんなに
いつまでもねばり強く├つっついているのか―ちょつと見ただけではわからない。

二日も├─┬一つの小さい部分に├その労力は├すべて作の内側に吸収されてしまったように
三日も├　└かかっていながら　　　　　　　└表には変り目がまるで目立たぬことがある。

そんな穏然たる労力が

ここではこのように文章を表解し、その中に、主語述語の関係、修飾被修飾の関係を明らかにしていった。そうして最後の「そんな穏然たる労力が」の「そんな」が前のどれをさしているかを考え、「しかし」の接続詞以下の文を受けていることをはっきりととらえた。

かくして義道のことば「その穏れた黄金がだいじだ。」の意味を具体的に理解したわけである。なおここで巧みな比喩法によって隠然たる労力を一層印象的に表現している事実にも着目した。

３）このことばの意味、作者義道の制作態度を考える。

　一つ一つのことばを吟味することによって、一心不乱、目的達成のための不断の努力がいかにだいじであるかを理解していく。

紙数の関係で発下は省略せざるを得ないが、このようにして、真の芸術とは何か、芸術の永遠性、また人間はいかに生きるべきが尊いかということを読みとり考えていったのである。

なお、ここで断っておきたいことは、叙述が、教師中心で、あたかも文法事実を表面に出し、それを教え込もうとった（ママ）印象を与えはしなかったかについてである。

実際は「仕事学習」の基本的態度として既定の法則とてもその学習は学習者からは一つの発見であり創造であるということから、ほとんど帰納的に学習を進めてきたはずである。そのために教師の発問のし方、ことに文法事実を発見させるための発問には多大の苦心を払ったものである。詳細な叙述ができなかったこちが残念である。

【資料12】　同　「国語科学習指導略案」

国　語　科　学　習　指　導　略　案

3年B組　（第1時）　指導者　石　井　　　遠　景

Ⅰ　単　元　名　　言語の社会生活におけるはたらきを考察しよう。

Ⅱ　単元設定の根拠　　（省略）（ママ）

Ⅲ　目　的

言語が思想の交換、人間形成の上に果す役割りを十分理解し、その言語の使用技能の習得練磨に努力し、ひいては言語生活の理想をたかめていく。

Ⅳ　目　標　　（省略）

Ⅴ　発展過程の要領　（10時）

1、日常の言語発表について反省しよう。……………………………………0.5時

2、言語発表の重要性を理解しよう。（「物言い」を読む。）―本時は この第2時…3.5時

3、座談会や討論のし方を学ぼう。……………………………………………2　時

4、言語の機能について深く考え、その理解から、ことばを効果的に使用していく態度や技能をたかめていこう。…………………………4　時

Ⅵ　本時部分案

1、仕事名「物言い」を読み筆者の真意をとらえよう。

2、目　的「物言い」を読み、真によい社会を作るためには物言いがたいせつであることを理解する。

3、目　標

1）　言語発表の必要性、重要性を理解する。

2）　自分の言語生活を反省し、進んで物を言う態度を養っていく。

3）　読解のための次の技能をたかめていく。

イ）　要旨のとらえ方、　ロ）　文章、段落の発展のし方の把握、ハ）　要約のし方

４、指導過程

| 学 習 の 発 展 | 指導上の留意点 |
| --- | --- |
| １、本時の仕事を確認する。<br>「物言い」の要旨をはっきりとらえよう。<br>２、全文の要旨をとらえる。<br>１）全文を読む。<br>２）とらえた要旨を発表する。<br>３）発表された要旨が正しいかどうか、文章表現を通して確かめ、確かなものにしていく。<br>イ、各段落毎に、その要点をとらえる。<br>１．われわれは今後大いに物をいうようにしなければならない。(終りの文)<br>２．このことは言語発表ということについて日本人がまだ封建的だということを示している。(終りの文)<br>３．他人にわかるように発言することが必要だ。(始めの文)<br>４．５．６．(略)<br>７．真によき社会を作ろうと思うならば物言いを考え直してみる必要がある。(中の文)<br>ロ、段落相互の関係を考え、最終の段落に要旨が集約して述べてあることを理解する。<br>４）全文を読む。<br>３、次事の仕事の相談と決定<br>１）プリント及び教科書の文章から練習をしよう。<br>２）簡単なテストの実施 | ・前事の終りにおいて、本時の目あて及び方法は話し合っているので、ここでは確認の程度にとどめる。<br>・要旨をとらえる場合、標題にも着目させる。<br>・全文及び段落の要点をとらえる場合、次の点に注意をむける。<br>１．どれが主文か。<br>２．それを説明したり、補ったりしている文はどれか。<br>３．「こそあどことば」と接続語。<br>・特に次のことばをはっきり理解させる必要がある。<br>・政治的には封建性とつながる。<br>・物をいえば、必ず社会的になんらかの責任を生じる。<br>・人権じゅうりん。<br>・話す態度には尊敬があっても、話されることについてはあくまで平等の立場でありたい。<br>・物言へばくちびる寒し……<br>・全文の読みは次時にまわすこともある。<br>・プリントには教科書には省略されている文章がのせてある。 |

## 第3節　全国諸「プラン」との比較

**【資料1】**　「光プラン」の「学習構造」(第Ⅱ章第1節**【資料8～11】**参照)

① 生活課程――児童生徒の日常の生活に即して社会的実践力の養成をはかる。

《目的》 (1) 民主主義的生活態度の実践化 (2) 社会的道徳的原理の実践 (3) 科学的生活原理の実践

《規範》 生活科・特別教育活動・個別指導に分け、(1) 社会および児童生徒の実態調査を手がかりとして、児童生徒の主要な生活場面と人生経過で反復持続する生活場面とを、網羅する。(2) 実態調査と教師の経験観察により、児童生徒の関心を調べ、要求を発見する。(3) 社会的要求と子供の要求とを統合して、民主社会におけるおける人格としての望ましい特性を涵養する。(4) 児童生徒の発達段階に即する。

《各論》 (1) 毎日二時間内外をこれに当てる。文部省の定めた教科の時間数の中に含まれる。(2) 社会科・家庭科・理科を主とし、全教科に亘る内容が、教科の区別を完全に取り除いている。(3) 生活即問題解決の過程との見地から、経験単元法を採り、自由奔放な学習指導を試みる。(4) 社会の要求・大人の要求よりも、児童生徒自身の問題として学習される。(5) 学校内外の児童生徒の生活が、これに教材を提供するばかりでなく、これによって統一され、方向づけられる。(6) 予め予定された単元と、必要に応じて自由に設定された単元との区別なく、学習発展の主流をなすものを主単元とし、平行して臨時に扱われるものを副単元と呼ぶ。(7) ホームルームの使命も果たし生活指導や訓育の中心として、学級主任一名と二三名によるグループが協力する。

「研究課程」設定の効果

(1) 現実の生活における種々の問題を解決していく実践力を、身につける。

(2) 問題解決過程において、種々の知識・技能・態度が、付随的に習得される。

⑶　特定の知識・技能・態度を身につける学習の動機となる。

⑷　「研究課程」における分化活動が、学習した知識・技能・態度を総合的に実生活に適用される役割を果たす。

②　研究課程――文化価値の追求を端的に目指す。

《目的》　⑴　過去の文化の習得と新たなる文化財の創造　⑵　そのために必要な基礎的知識技能の習得　⑶　「生活課程」が人間生活の形式面に関わるのに対して、直接内容面の充実に向かう。⑷　「中心教科」に対して、「周辺教科」「基礎教科」として従属させるのではなく、両面を相補する。

【資料2】　同　「研究課程」の任務

⑴　経験の組織化

1　児童生徒が、日常の生活や学習で営む経験活動を知性化し、系統的な知識、秩序立った技能・態度を習得する。

2　日常的な経験、断片的な知識・技能・態度を統一して、原理や法則として把握し、また一定の習性に化せしめる。

3　真理そのもの、美そのもの、善そのものを探求し、実現せんとする欲求が、中心に働く。

4　文化価値の実現を含まない単なる経験活動は、人生において何らの意義をもたない。

⑵　原理の経験化

1　原理の経験化は、直ちに生活課程で十分行われるとはかぎらない。

2　特定の教科の中で十分な練習をする必要があることが、多い。

3　⑴　での練習とは違って、すでに法則化された知識・組織化された技能・習性化され態度を、実際生活に円滑に適用できるためである。

【資料3】　同　両「課程」の「関連」

⑴　学習活動は、「生活課程」において動機づけをされて、発展する。

⑵　学習されたことの多くは、「生活課程」において応用され、生活課題解決の形において総合される。

⑶　「研究課程」内部での独自の展開

1　純粋な価値探求である学習が、そのまゝこゝでの学習へと進展していく。

2　他日の専門的研究や生活課題解決の用に備え、保留しておく。

**【資料4】　同　[小一年　単元1　たのしい学校]**

小一年　単元1　たのしい学校　（4月～6月）

1．設定の根拠

Ⓐ温床的な家庭生活や遊び中心の生活から新に学校に入り共同生活を営むことは児童にとつて大きな負担と種々の不安を伴うものである

Ⓑ未分化で自己中心的なしかも異つた素質と経験をもつた児童が学校生活をはじめて自己中心の経験を修正し遊びの中にも仕事らしいものの分化をさせていくことは入学初期の大切な指導部面を占めるものである

Ⓒこの単元はかような意味から児童に早く学校に慣れさせて安定感をもつて学習生活をさせるために設定したもので遊び中心の活動から自然的に学校生活を楽しむように意図したものである

2．目　　標

Ⓐ一年生になつたうれしさと学校生活の楽しさを味わせる　Ⓑ友だちと仲よく助け合つて勉強したり遊んだりすること　Ⓒ学校にはいろいろのきまりや規則があつてお互にそれを守ることによつて秩序が保たれ共同生活が楽しく出来ること　Ⓓ学校の施設とその機能を知り利用すること　Ⓔ他人に迷惑をかけずに自分で学習がうまく出来るように工夫すること　Ⓕ自分の持ち物や学校のものを整とんする習慣をつける　Ⓖ自分たちの世話をしてくださる人々に感謝し親しくする態度　Ⓗ自分の考えをはつきりと言葉や動作に自由に表現できる態度技能

3．予想される学習活動（関　連）

Ⓐ入学式をする　⑴教室座席所持品の置場所等を覚える　⑵学校生活のきまりや作法を習う　⑶記念撮影をする　⑷式をあげる

Ⓑ学校めぐりをする　⑴建物や教室等を見学して施設や備品の見学をする（文算2．17へ）（ママ）　⑵上級生の学習振りを見学する　⑶直接関係の深い施設に注意する（文国3へ）（ママ）

Ⓒ入学記念の仕事をする　(1)記念樹を植える　(2)はな庭をつくる

Ⓓ教室を美しくする　(1)いろいろの相談をする（文国10へ）（ママ）　(2)お花や絵書写真等をかざる（文図工45から）　(3)輪かざりを作る（文図工4から9へ）

Ⓔ学級園の手入れをする（花や植物に注意する）数えたり絵に描いたり関連のある歌をうたつたりする（文図工5から音3から5．8．13．14へ）（ママ）

Ⓕ先生ごつこをする　(1)いろいろの挨拶や作法をしてみる　(2)授業のまねごとやすきな歌や知つている遊戯など替るがわるしてみる　(3)すきな絵をかく（図工1から）（ママ）　(4)隣の友だちと交代で先生と生徒になりして応答、所持品検査整とん、清潔検査等をする　(5)反省会をしてみる

Ⓖ学校自治会を見学する　(1)上級生の指揮に従つて行動する　(2)上級生の活動振りをみる　(3)決議事項を守る

Ⓗ学校の附近を見学する（つみ草、動植物に注意する）（文算1から4へ）（ママ）

Ⓘ遠足や小運動会をする　(1)いろいろな話し合いをする（文国10から）（ママ）　(2)準備するもの注意することをきめる　(3)実施する　(4)反省会

Ⓙ普賢市について話し合う（文国10から）（ママ）　(1)危険防止　(2)小遣い　(3)店の見学

Ⓚ身体検査をうける　(1)うけ方を習う　(2)清潔にする

Ⓛおとうさんおかあさんごつこをする　(1)班に分れ役割をきめる　(2)交代しては一日の生活のまねごとをする　(3)手伝慰安娯楽ごつこ

Ⓜ山登りをする　(1)野山の様子や作物をみる　(2)絵にかいたり歌つたり遊ぎをしたりする

Ⓝ潮干狩りをする　(1)海の様子や生物に注意する　(2)小石や貝がら拾いをする　(3)海の動物の飼育をする　(4)海の絵をかく（文図工9へ）（ママ）

4．資　　料

Ⓐ上学年の図工作品　Ⓑ写真集や絵本類　Ⓒ動植物図鑑や標本

Ⓓ飼育箱　Ⓔ積木輪投げカード等　Ⓕ種々の掛図　Ⓖ国語の本

Ⓗりかのとも　Ⓘさんすうのとも　Ⓙ計数器石板　Ⓚ童話集紙芝居

【資料５】　同　「研究課程各科年間計画表」

五、研究課程各科年間計画表

註　⑴紙数の都合により極めて簡単に表わした
⑵単元展開計画表、学習指導細案　省略
⑶生活科及教科間の関連も省略、然し生活科との関連の大要は生活科の年間計画表により諒解されたい
⑷○印は男子のみの教材　△印は女子のみの教材を示す
⑸ゴジック活字は教科書の題名を表す（注　判別不可）（以下原注）

| 小一年　　国　語 | 算　数 |
|---|---|
| （第一学期）<br>１．本のもち方頁のめくり方（入門書１．Ｐ．１～７）<br>２．正しい姿勢眼球運動（入１．Ｐ．４～23）<br>３．注意してきく（入１．Ｐ．１～23）<br>４．話の概要をつかむ（入１．Ｐ．８～32同２．Ｐ．１～15）<br>５．文字になれてよむ（入１．Ｐ．１～32　２Ｐ．１～15）<br>６．音読ができる（入１．Ｐ.21～32　２Ｐ．１～15）<br>７．絵を見て体験発表する（入１．Ｐ．１～32　２Ｐ．１～15）<br>８．発音敬語標準語国副２．３～５（入１．Ｐ．１～32２Ｐ．１～15）<br>９．文字をかく　国副１．２（入１．Ｐ.23～32２．Ｐ．１～15）<br>10．体験発表ができる（入１．Ｐ．８～32．２．Ｐ．１～15）<br>（第二学期）<br>11．作文をききとる（入２．Ｐ.36～72．国１．えんそく、どうぶつえん）<br>12．文章をたのしむ（国副１．７．８　入２．Ｐ.16～25国１.いさむさんのうち、なかよし）<br>13．文の概略をつかむ（入２．Ｐ.16～72.国１.いさむさんのうち～えんそく）<br>14．音読ができる（入２．Ｐ.16国１.えんそく）<br>15．敬語標準語ではなす（入２．Ｐ.16国１．なかよし）<br>16．作文をかく（文章視写も）（入２．Ｐ.36～72国１.えんそく、どうぶつえん、おはなしかい、かいもの） | （第一学期）<br>１．１から５まで<br>２．形の概略<br>３．加減法の初歩的指導（１～５）<br>４．１から10まで<br>５．図形（四かく、ま四角、長四角）<br>（第二学期）<br>６．加減法の初歩的指導（１～10）<br>７．１から15まで<br>８．１から20まで<br>９．加減法の初歩的指導（１～20）<br>10．物を二つづつかぞえる（10まで）<br>（第三学期）<br>11．計算力をねる（１～20）<br>12．問題解決20以下<br>13．１から30まで<br>14．図形（四角丸）<br>15．１から35まで<br>16．問題解決35以下<br>17．形の概略 |

| | |
|---|---|
| 17. 絵日記をかく<br>（第三学期）<br>18. 文章の内容を発表する（国１おばあさんのうちへ、かみしばい、国副２．９）<br>19. 作文をつくる（国１おばあさんのうちへ、かみしばい）<br>20. 紙芝居、絵まき物（国１かみしばい、国副26） | 18. 方位と問題解決 |

| （小一年）　音　楽 | 図　工 | 体　育 |
|---|---|---|
| （第一学期） | （第一学期） | （第一学期） |
| 1．いぬころ　五線 | 1．すきなもの | 1．かけつこ、かごめ |
| 2．ちようちよ　ト音記号 | 2．たいそう | かごめ、鬼ごつこ |
| 二拍子感 | 3．おもちや | 2．むすんでひらいて |
| 3．みつばち　五線のなまえ | 4．きれいなおはな | ちようちよ |
| 二拍子、初歩的創作指導 | 5．はなあつめ | 3．動物のまね |
| 4．おほしさま | 6．くだもの | 4．棒のぼり鉄棒遊び |
| 八分音符や四分音符 | 7．あめふり | 5．球入れ、球転がし |
| 5．ほたるがり　五線の間 | 8．おにごつこ | 6．水かけごつこ |
| （第二学期） | 9．おふね、おさかな | 7．姿勢、病気の予防 |
| 6．あかいとりことり | （第二学期） | （第二学期） |
| 四分音符～一打、四分休止 | 10. ぼんおどり | 8．各種鬼ごつこ |
| 符～一打休み | 11. 月のせかい | サークルリレー |
| 7．十五やお月さま | 12. くだものかご | 9．みなさん今日は |
| 八分音符～半打 | 13. すきなあそび | すずめのおやど |
| 8．あひる　♩と♪、四拍子 | 14. せんせい | 10. 金太郎 |
| 9．きのは | 15. 犬と犬ごや | 11. 跳箱とび、棒登り |
| 付点四分音符～一打半 | 16. おそうじ | 12. 球おくり、球入れ |
| 初歩的創作指導 | 17. 立つどうぶつ | 13. 水上石投げ |
| 10. さんたくろうす | 18. おてつだい | 14. 身体のせいけつ |
| 四分休止符と八分休止符た | 19. じどうしや | （第三学期） |
| ての線とおわりの線 | （第三学期） | 15. 各種おにごつこ |
| （第三学期） | 20. おうちの人 | 16. ぴよんぴよん |
| 11. なわとび | 21. 雪あそび | 17. 雪やこんこん |
| 八分音符と八分音符　創作 | 22. おめん | 18. 跳箱とび、棒登り |
| 12. かくれんぼ　附点四分音符 | 23. つづきえ | 19. 球転がし、球送り |
| 十六音符のリズム感 | 24. 色がみいれ | 20. 病気の予防 |
| 13. うさぎとかめ　スキップ | | |
| 14. おさるの人形　三拍子 | | |

| | | |
|---|---|---|
| 1．鑑賞おうま<br>2．くつがなる変奏曲<br>3．かわいいおにんぎょう<br>4．おもちゃの兵隊<br>5．ガボット（木琴） | | |

| 小二年　国　語 | 算　数 |
|---|---|
| （第一学期） | （第一学期） |
| 1．春の声（呼びかけ、発音発声、補上1） | 1．時計の見方 |
| 2．花まつり（精読指導、よいことばづかい） | 2．計算練習 |
| 3．ことばあつめ（ことばの研究、補上7） | 7＋2、9－7 |
| 4．はやとり、白うさぎ（精読指導、童話の読み方） | 3．二つづつ数える |
| 5．学校、かえり道（作文指導、写生文、散文詩） | 4．遠足（七曜表） |
| 6．高い高い（児童詩の比較鑑賞と創作、補上6） | 5．私達の教室 |
| 7．五人の子ども（読書指導、補上5） | （測定、図形） |
| 8．夏休み（補上9、精読指導、作文練習、日記） | 6．お店ごつこ |
| （第二学期） | （1づつ数える、五 |
| 9．かぐやひめ（童話の読書指導、精読、劇化） | つづつ数える、9＋6） |
| 10．ひびき（作文指導、国語練習） | （第二学期） |
| 11．一まいの紙（ことばの研究、作文指導） | 7．百までの数計算 |
| 12．みんなのもの、この町（国語練習） | （13－5、50－20、 |
| 13．がんのなかま（精読指導、補中3） | 85－35） |
| 14．ことばあそび、いろはがるた（ことばの研究） | 8．運動会（m、Cm） |
| 15．クリスマス（精読指導、補下1） | 9．天気調べ（図表） |
| （第三学期） | 10．百以下の減法 |
| 16．にわとり（生活文）いろいろなあいて（手紙） | 41－33 |
| 心に生きていることば　言葉、文章の研究） | 11．あきこの工夫 |
| 17．雪（国語練習、補中10、12） | 35＋27、79＋14 |
| 18．一つのものでも（国語練習） | （第三学期） |
| 19．うらしまたろう、はごろも（劇練習） | 12．計算練習 |

**【資料6】　奈良女高師附属小学校「学習研究会」著『たしかな教育の方法』**

1949（昭和24）年5月10日　秀英出版刊

「たしかな教育の方法」

私たちが子どもの生活を組織化していくとして、その間にはさまざまな、いわゆる「指導」が必要となる。まず「計画」や「もくろみ」の相談役になる。妥当で賢明な場合もあるし、修正を要する場合、迷っている場合もある。

よく聞きとり、志向するところを捉え、適不適を考え、問題や「しごと」を見い出し、解決の方向を示さなければならい。／　ところが、その途上、幾多の抵抗や障害がある。自由な意欲に発したものには、それが頗る多い。子どもたちは、その「壁」に行き当たり途方に暮れる。私たちは、それに対して、打ち破り乗り越えて進む方法を示唆し、勇気を与えねばならない。すなわち、解決や処理の技術を与え、導く。そこには、いかに考えいかに判断すべきかが、伴う。時として双方を苦悩と困惑の淵に投げ込む。それを打ち破ってこそ、私たちも前進する。すなわち、生きた知識や思考や技術をおのずから身につける。／　これは、決して作為的ではない。真剣な、前進的な生活には、当然である。これによって、私たちは次第に賢明になり、深い体験者になっていく。生活さながらの形態によって、子どもたちを鍛え、深めようとする。

「教育形態についての統一見解」

(1)　自分で目標を決め、その実現に努力する。

(2)　自己の能力を増大させ、自信を得ていく。

(3)　直接まわりの世界に働きかけるから、自然の事物や社会の事物を、よく理解する。

「統合」観点

○　生活には、身体を作っていく生活と、さまざまな能力を系統的に発展させていく生活とが含まれている。

(1)　打ち込んで仕事をする生活部面では、強い人間の土台である能力も練られるが、伝統的ではない。

(2)　一歩一歩作っていく生活は、打ち込んだ仕事をする生活の中に、自然に含まれはしない。

「学習構造」

《しごと》――真実の生活をさせることによって、人間として強い人間を育てていくためには、その生活に全身全霊を打ち込んで共同して仕事（遊び）(ママ）をしていく部面が、生活の中心になる。この生活部面を「しごと」と呼ぶ。

《けいこ》――系統的指導および、身体を通じて生命力の根源を培う体育の指導としての生活時間である。子どもたちのもっている能力を意識させ、進歩を自覚させ、楽しく自信を高めさせる。能力編成もする。

《なかよし》——社会をはっきりと意識し、自己を確立する上に是非とも必要な部面である。時には、学級単位を離れ、個人として、グループとして、学校全体として、楽しみ反省し開拓していく場面が必要である。

【資料7】　山形師範学校女子部附属小学校学習指導研究会著『新しいカリキュラム　山形女附小プラン』　1949（昭和24）6月25日　同校刊

「教育目標における基本的見地」

(1)　家庭及び社会を中心として、その生活環境の理解と態度とそれに適応する技能を獲得させるよう努めながら、他方これが人格において統合されることを念願し、情操豊かにして熱意ある創造的性格を形成しようと企図した。

(2)　経済と科学と政治なくして今日の社会は存在し得ない。

この点から､従来の学問の系統的知識による教科内容に改革を断行した。

(3)　家庭及び社会の民主的建設を念願し、常に民主的な理想を発見し、これを再定義しながら実践する技術と能力と態度を獲得させようと念願した。

(4)　教育的には、個性は価値的構造として発展するものと考え、個性の発揮に培うように努力した。

(5)　生活経験を尊重するために、基礎的知識及び基本的練習の不足をきたし易いことを警戒し、系統的論理的統一が不当に失われることのないように努めた。

「教育方法における基本的見地」

(1)　教育は、児童と成人、個人と社会、現実と将来の共に働き合っている地域社会における生活の再構成である。ゆえに、地域社会の問題と児童の要求とその発達段階とを考慮した。

(2)　人生を問題解決の過程と見、学習はこれを基本として展開されるべきである。ゆえに、中心学習と基礎学習との関連を考慮し、作業単元をもって指導内容を構成した。

(3)　児童は、常に様々な要素の律動的、力動的関係において、全体的に発達する。従って、諸要素の綜合的な発達を計画

(4)　生活や経験の複雑性のために混乱を来し、指導が非能率的に陥ることを

警戒し、十分教師の指導が加味され、得られた知識は系統を保ち、成長した人格は統合を得、学習した事項は十分習熟されることを念願した。

「目標」

(1) 学校の楽しさ (2) 親愛・敬愛の念 (3) 社会共同生活 (4) 集団の生活態度 (5) 整理整頓・清潔 (6) 共同作業 (7) 規律ある生活態度

「中心学習」における「学習内容」

(1) うれしい入学式をむかえて語り合う (2) 学校の内、外めぐりをする (3) おうちからがっこうまでについて話し合う (4) お友達と仲よくあそぶ (5) おへやをきれいにかざる (6) おどうぐしらべをする (7) 春のお天気を観察する

「国語」の「内容」

○ 返事のしかたお話のしかた、あいさつのしかた、話の聞き方、絵本のお話、名前のかき方

○ ひらがな習得状況の調査

**【資料8】 長野師範女子部附属小学校著『小学一年　コア・カリキュラムによる指導の実践記録』** 1949（昭和24）年7月5日　蓼科書房刊

「仮スタンダード」

(1) 「スコープ」と「スタンダード」との交点に生まれた課題を、単元設定の「基礎的課題」名づける。

(2) これと、生活現実としての環境から生ずる問題を照応させる。

(3) その問題が必要十分な内容を持つか、広く深く発展する可能性を持ち、統一ある経験を得るのに役立つか、また連続的に系統づけ得るかを吟味する。

(4) その上で、それが、いかなる範囲に学習が可能か、知識・技能・態度の評価基準線をどこに引くか、その「スタンダード」を勘案して、単元を設定する。

「目標」

(1) 知性にめざめた人間を作り上げるためには、過去における類型化された知識を与えるのではなく、具体的な特殊適な現実に処し、合理的に事態をつかんで行為を完成する能力を培わねばならない。

⑵　教科書から離れ、子どもたちの生活の中に問題を見つけ、その解決を通して一切の学習活動をこれに統合し、新しい人間を創作する。
⑶　知識や技能は、生活から離れたものではなく、生活に適応することによって、自ら獲得できるものである。
⑷　学校は、民主社会がより高次に成立するに必要な基礎的な知識、技能、態度等を学ばさなくてはならない。
⑸　しからば、知識の体系的な理解や技能の系統的な修練は、いかなる位置を与えられるべきか。
⑹　目標なくして、学習指導は不可能である。その「スタンダード」は、まだ確立されていない。
⑺　学習の抽象化を防ぐためには、「スタンダード」が要る。
⑻　「仮スタンダード」ができないと、どこの学年でも同じ注意が繰り返され、指導の発展がない。

「評価」

○　「学校の美化」という課題解決には、「箒の使い方」に対する「スタンダード」ができれば、指導の目標も明確になり、指導方法も、評価とともに工夫され、清掃は着実積み重なる学習として発展していく。
⑴　評価には、1．「仮スタンダード」に対する評価　2．「単元」に対する評価　3．「学習」に対する評価――がある。
⑵　「仮スタンダード」に対する評価は、学年の目標に対する評価である。
⑶　「⑵」は、種々な単元を学習して、十分な発達をなしえたかの評価である。
⑷　「⑶」は、単元ごとの評価ではなく、単元間の有機的な連絡を考慮に入れ、児童の発達を鳥瞰する立場の評価である。

「展開」

［教師］　「どうしたらよいおそうじができるか、今日はあなた方だけで話合（ママ）っ下さい。先生はあなた方の話すのを書いていきますから。」と言って最初の発言者をあてる。（備考　問題に対する吟味もせずに教師の言い終るや挙手多（ママ）ぜい。）（ママ）
［児童］　だまっておそうじをしっかりやる。（中略　（ママ））
［児童］　オルガンなんかいびって（ママ）いてはいけない。（他の児童　そ

んなこと言ったよ。(ママ)

［教師］　それはいけないことで、さっきでたでしょう。(中略　(ママ))

［児童］　ここはきたないきたないと遊んでいてはいけない。

［教師］　それはお掃除のやり方ではないね。ではこれでやめましょう。(備考　教師、児童の考えている方向をみぬいてやめることにする。)(ママ)

**【資料9】　千葉県北条小学校著『カリキュラム・シリーズ　コアカリキュラムの構成と展開』**　1949（昭和24）年7月15日　誠文堂新光社刊

「教育の全体構造」

(1)　生活学習――コミュニティーの生活課題を中心に、生活に関する正しい理解、態度と生活のための技術、能力を得させ、完全な民主的公民としての性格を育成するための学習

(2)　分化学習――生活学習から分化した基本的な四領域（健康・自然・社会・鑑賞）(ママ) による学習

(3)　道具学習――学習及び生活の道具となるもので、修練によってえられる基礎的技術を身につけるための学習（言語活動・数量活動・基礎技術）(ママ)

(4)　自由研究（4・5・6年）(ママ)・自由な時間（1・2・3年）(ママ)――個々人の持つ特殊問題を解決し、個性の伸張を図るための学習

(5)　学友会（補教課程　1・2・3年は、「なかよし会」）(ママ)――計画されたカリキュラムによる学習を補足し、円満有用な経験を積ませるための時間な経験を積ませるための時間

「学習構造の律動」

(1)　学習とは、経験の流れである。従って単元学習は、児童の整えられた環境への反応そのものであって、原動力は児童の内からの構造的興味である。意識されるものは、教科や学習の分類ではなく、単元乃至は研究主題である。

(2)　学習は、生活の自然な流れとして行動化され、アクティビティーとして展開されることになる。

(3)　単元はプロジェクトされ、いくつかの課題によって構造づけられてい

る。児童は、その課題ととりくんで、自らの計画に基づいて、その解決に当たる。この流れは途中で次々といくつかの課題にぶつかる。

1．生活学習――流れの中で自然に解決する。

【中心課程（生活乃至学習の基礎）】

2．分化学習――取り出して生活の四基本領域による研究に待つ。

【周辺課程】

3．道具学習――反復練習によって熟練する。

(4)　周辺課程の構造

第一層――生活学習（中心課程）(ママ)中に溶け込んで自然に学ばれるもの

第二層――生活学習に関連して、その学習の終り、または引き続いて学ばれるもの

第三層――ある系統の下に、その学年的基準に即して独立して学ばれるもの

(5)　周辺課程の学習内容――生活領域乃至は活動分類によ系統立てたもの

1．生活学習の展開の必要から引き出されてくるもの

2．日々の生活乃至はガイダンスの必要乃至はその場における児童の欲求

【周辺課程】

「基礎能力」

(1)　「生活能力」として、言語・数量・技術の三要素がある。

(2)　「生活学習の基底」は、「現実生活のそのまま」を内容として持ち込み、「一連の総合身体」としてすべてを含む。

(3)　「分化学習の基底」は、その生活における「経験要素」を抜き出して、ある程度系統的に配列する。

(4)　「道具学習の基底」は、それらの中から「基礎能力を抽象化し」、論理的体系的にする。

「展開」

○　各学級で、児童が教師と共に実際的な生活の場を構成し、その中で問題解決の場に直面して、生きた社会的な仕事を完成していく過程である。

1．生活学習を構成する。

2．分化学習が、派生して構成される。児童は、統合経験の中に満ち足りない部分を感じている。

と個別選択にする分野（音楽・美術・習字・職業家庭）（ママ）

「中心学習の計画」

A　地域社会の課題を学習課題に翻訳して各学年に排列し、似かよった課題をある主題によって概括すれば、それが作業単元である。

B　社会の要求と児童の要求のまじわる座標に単元が位置するという原則を立て、社会調査と児童調査とを綿密に行って両者をかみ合わせて単元を設定する。

「翻訳」と「主題」

(1)　前者（A）は、児童性を没却し、後者（B）は目的実現の一貫性を欠いたモザイク式ユニットとして批判されている。いずれも何かの主題による諸活動の形式的な概括を考えるところに、本質的な誤謬がひそんでいる。

(2)　単元とは、ある生活上の問題を解決し、目的や欲求を実現するために、学習者によって行われる一連の行為の系列である。目的を実現し、問題を解決するために、必要な知識や技能をフルに活用して適切に仕事をすすめる綜合的プロジェクトである。

(3)　要素を分析したものをつぎはぎしても、このような単元の構成にはならない。

「中心学習単元構成の順序」

(1)　具体的教育目標の体系をきめる。

(2)　青少年の発達をしらべ排列する。

(3)　学習の構造を定める。

(4)　単元を設定する。

(5)　単元の目標を吟味してみる。

(6)　具体的教育目標の体系と照合して均衡と重点を確認する。

(7)　修正し決定する。

(8)　単元毎に予想される学習活動をプロジェクトの形に排列する。

(9)　活動を分析して、修正を加えて決定する。

○　プロジェクト性があるかどうか。○　見る・つくる・しらべる・話し合う・一般的活　動等の諸活動形式による。○　自然性・社会性・表現性・経験基準表による照合等の活動内容による。○　生活領域別　○　各学年の発展系列

3．このような学習や日常生活で繰り返し直面する「生活技術」（読む・書く・綴る・聞く・話す・計算する・測量する・裁縫する・食事を作る・道具を使う等）、（ママ）日常生活の能率を高める技術練習やその発達を目指す場も、構成される。

「実際の学習指導の場」との関係

○　「コアのための基底単元」、行為の形で記された「分化学習の基底」、能力的に列挙された「道具学習の基底」は、展開カリキュラムにおける事前計画に対しては、予備的な性質を持っているに過ぎない。実際のカリキュラムを、真に、初めて成立確定させるのは、児童一人一人の具体的な問題環境や、その可能性をも直接的に把握している学校教師と、その児童の活動である。それは、各学校において、作業単元として決定しながら同時に活動されるものである。

**【資料10】　神戸大学兵庫師範明石附属校園『研究紀要』7　1950（昭和25）年7月（以下未詳）**

「学習構造」

(1)　小学部・幼稚園

1．中心学習　2．日常生活課程　3．関連して取り扱う教養、技能課程（情操・技能・健康を練る分野）（ママ）　4．児童の欲求を生かして取り上げる系統的な教養、技能課程（情操・技能・健康を練る分野）（ママ）

○　別に自由研究をとる（ママ）

(2)　中学部

1．中心学習　2．関連した基礎学習領域　3．健康　4．個性探究（言語・数量・科学・英語・音楽・美術・習字）（ママ）　5．職業準備（英語・職業家庭）（ママ）　6．日常生　活課程（特別教育課程を含む）（ママ

「個性探求」

1．個別課程を重視して、生徒の興味や適性を伸ばす学習分野である。こまでのように、一定の知識や技能を一斉に同時に同じ程度同じ分量を扌する考えは、極力排除する。

2．学習する機会は共通に全生徒に与えるが、指導の着眼は生徒ひとりりの適性や興味を伸ばす点を強調する（科学・言語・数量・英語）（

「中心学習立案の基準」

単元を設定する際には、その性格や全体構造上の位置を明らかにしておかなくてはならない。包括的なもの、児童の興味を生かしたもの、共同して生活できるものといったような形式的な単元選択基準と共に、実質的な基準を予め定めておく必要がある。これによって安定性のある単元選択が可能になる。

「立案の基準」（幼――小3）

性格――○　近代生活の思考や行動の型に適応　○　中心生活の場

形式――○　ごっこ遊びを中心としたプロジェクト

位置――○　学習を綜合化する母胎（直接的）（ママ）

内容――○　日常身近な生活経験を通して社会生活への適応をはかる。

「学習指導目標」　初めて船に乗って淡路まで遠足した児童は、その喜びを、お話や絵に表現して、その楽しかった日を思い出している。今日は、海の中のようすを折紙や切で表現し、話し合い、文字遊びで正しいことば使いや文のつくり方を、学習させる。

「本日の目標（例）」

1．指導者の目標――○　色紙を材料にしての折紙、切紙の技術を高める。○　文字遊びをして、文字の間違い・脱字・句読点脱落の絶無を図る。

2．児童の目標――○　海の中のようすを絵や貼紙で表現し、文字遊びを楽しむ。

## 第4節　「新教育」における「国語（科）単元学習」の評価

**【資料1】　『学校教育法』第21条第2項**　1947（昭和22）年3月31日公布

○　これまでの教育では、その内容を中央できめると、それをどんなところでも、どんな児童にも一様にあてはめて行こうとした。だからどうしてもいわゆる画一的になって、教育の場での創意や工夫がなされる余地がなかった。このようなことは、教育の実際にいろいろな不合理をもたらし、教育の生気をそぐことになった。

**【資料2】　「高等学校学習指導要領」第4款「総合的な学習の時間」「1」**
1999（平成11）年3月29日告示

○　総合的な学習の時間においては、各学校は、地域や学校、生徒の実態に応じて、横断的・総合的な学習や生徒の興味・関心に基づく学習など創意工夫を生かした教育活動を行うものとする。

**【資料3】　山口県萩市立第二中学校　磯部千尋校長「新教育考」**　「山口県教育委員会弘報」1950（昭和25）年2月号　所収

○　教科が分立し然もその数の多いことは学習上困難であるから、出来得るならば之を一科目又は数科目に統合しようとする要求は一応もっともであって、教育史上度々繰りかえされた。（中略）各教科内容は科学そのままでは無いが、文化を内容とする以上それ自体の価値と構造とを持っている。音楽、理科、数学、皆そうである。之を統合して果して文化の摂取が出来るであろうか。学習財が文化財である限り、その中に厳密な意味でなくても文化財に即した順序のある事は常識でもうなずける。（加藤中略）コアカリキュラム構成の上にこの点で如何になやまされつつあるか。又一夜造りの経験カリキュラムが如何に生徒の実力に影響しつゝあるか。熟慮しなければならぬ問題であろう。無理に教科を統合しなくても、各教科内容を生活経験に即して取扱い、各教科の連絡を保つならば、新教育の目的はりっぱに達せられる、その上の統合は人格としての自我がする。

**【資料4】　山口県吉敷郡小郡町立小郡小学校　末廣源吉校長「個性尊重の教育の原理」**　同校著『昭和27、28年度　学級における　個性尊重の教育の実際　第一集』「はじめに」に「昭和二十八年十一月十日」付の署名がある以外、奥書等は欠く。（第Ⅲ章第3節**【資料2】**参照）

○　野性的な生活は次第に消えていきつつあるが、子供のいるところ、どこにも生新はつらつ（ママ）、各々が希望に生きる躍動がみられるようにしたいものである。児童憲章が空文でなくなる日がいつくるか。

**【資料5】　文部省『教育指針』第三分冊　第一部　後編　新日本教育の重点**
1946（昭和21）年11月15日刊

○　個性を完成するといふ（ママ）ことは、一人々々を、ばらばらにはなれた、ひとりぼっちの人間にすることではない。人間は「社会的生物」であって、たがひ（ママ）に協力し助けあって生活する能力をもっている。（加藤中略。）個性が完全になればなるほど、このような能力が発展せられて、他の個性とのつながり、すなは（ママ）ち社会的連帯性が強くなってくる。

**【資料6】　石井遠景「国語科における　基礎学力とその指導の一断面」**　山口大学教育学部附属防府中学校研究部編『各教科における基礎学力とその指導　昭和28年度』　1953（昭和28）年12月5日刊　所収（第Ⅳ章第4節**【資料4】**参照）

○　学力をただ記憶された知識とする旧時の学力を現代に於てなお、学力とするものはないであろう。語いをたくさん知っている、漢字をたくさん知っている。文学作品の数々をそらんじている。……（ママ）こうした断片的な知識でなくて生活の場に生きて働く能動的な力こそ現代の学力であらねばならぬ。

**【資料7】　山口大学教育学部附属小学校『研究紀要』第三集「修正教科カリキュラム」**　1950（昭和25）年6月8日刊

○⑴　基底単元は、「社会科を優位には認めず」に基づいて、各教科ともで設定する。

⑵　担任教師は、最大限の自由を活かして学習活動を選択し総合的にまた

分科的に学習を構成する。

○⑴　教科の目標が具体的であり、その上で生活基盤から学習活動を自由に展開できる。

⑵　教科が、生活と価値との両方をとりあげているので、児童の活動が伸びやかになる。

⑶　父母の理解が容易に得られるという利点もある。

○　「修正教科カリキュラム」は、「教科カリキュラム」と「生活カリキュラム」の特色を持つが、「過渡的カリキュラム」なのか「止揚されたカリキュラム」なのか。

**【資料８】　山口大学教育学部附属防府中学校著『祖国の再建をめざす　自主的仕事学習の方法の探求　――単元学習の批判と検討を通して――後編』**　1956（昭和31）年10月刊

○　生徒たちが主体的に捉えた彼等自身にとっての未解決の問題もしくは課題を、自主的に解決して行こうとする一切の学習を包含するもの

⑴　日常生活上の身近な問題

⑵　社会の向上発展を目指す社会課題としての問題

⑶　厳密な学術的方法等に準拠するような文科価値追求という探求的な問題

# 関係資料年表

| 資　料　名 | 著（発行）者 | 刊行年月日 |
|---|---|---|
| 『国民学校教育の決戦態勢　国民学校初五六の錬成重点』 | 山口師範学校女子部附属国民学校著 | 1943(昭和18)年11月10日 |
| 「視学視察目標記録」 | 柳井市立平郡西小創立百周年記念誌（1975（昭和50）年８月１日発行 | 1944(昭和19)、1946(昭和21)、1949(昭和24)分所収 |
| 『米国教育使節団報告書――連合国軍最高司令官に提出されたる――』<br>（渡辺彰著『米国教育使節団報告書』（原文・訳文）） | REPORT OF THE UNITED STATES EDUCATION MISSION TO JAPAN<br>（目黒書院） | 1946(昭和21)年３月31日<br>1947(昭和22)年６月20日刊 |
| 『新教育指針　第一分冊　第一部　前ぺん（ママ）　新日本建設の根本問題』（１～３章） | 文部省 | 1946(昭和21)年５月15日 |
| 『新教育指針　第二分冊　第一部　前篇　新日本建設の根本問題』（４～６章） | 文部省 | 1946(昭和21)年６月30日 |
| 『学校教育』第346号～第360号 | 広島高等師範学校附属国民学校　学校教育研究会 | 1946(昭和21)年７月～1947(昭和22)年11月 |
| 『教育研究』復刊第１号～第17号 | 東京高等師範学校附属国民学校　初等教育研究会編纂 | 1946(昭和21)年７月１日～1947(昭和22)年11月１日 |
| 『学習指導要領　一般編（試案）昭和二十二年度』 | 文部省 | 1947(昭和22)年３月20日 |
| 「各科学習指導実施計画（第一輯）（社会・理科・図工・体育・家庭・自由研究）」 | 山口県師範学校女子部附属小学校 | 1947(昭和22)年10月10日 |
| 『観察・参加・実習――新しい | 師範学校教科書株式会 | 1947(昭和22)年11月20日 |

| | | |
|---|---|---|
| 教師のための実験課程――』教師養成研究叢書――第１輯―― | 社 | |
| 『山口大学山口師範学校光附属中学校沿革史（昭和22年度～昭和26年度）資料集』 | 山口大学教育学部附属光中学校 | 記述・編集時未詳 |
| 『昭和二十二年度（試案） 学習指導要領 国語科編』 | 文部省 | 1947(昭和22)年12月20日 |
| 『国語と国文学』「国文学と国語教育」 | 東京大学国語国文学会 | 1948(昭和23)年４月 |
| 『文部時報』第848号 ４～５月 | 文部省調査局 | 1948(昭和23)年５月 |
| 『新制小学各科学習指導実施計画第二集（ママ）（算数・理科・音楽・体育）」 | 山口県師範学校女子部附属小学校 | 1948(昭和23)年10月１日 |
| 「コトバ」 | コトバの会 | 1949(昭和24)年１月～1950(昭和25)年１月 |
| 『国語教育論』 | 釘本久春河出書房 | 1949(昭和24)年２月10日 |
| 『山口県教育委員会弘（ママ）報』（第１巻第１号FEB. ５. 1949～第12号DEC. １.1949) | 山口県教育委員会 | 1949(昭和24)年２～12月 |
| 『新しい中学校の手引』 | 文部省学校教育局編 | 1949(昭和24)年２月20日 |
| 『我が校教科経営基調に基づく 各科指導計画一覧表 「付」各教科経営基調 各教科効果判定基準の大綱』 | 山口市立小郡中学校内教科研究部 | 1949(昭和24)年２月28日 |
| 『小学校のコア・カリキュラム――明石附小プラン――』 | 兵庫師範女子部附属小学校著（誠文堂新光社版） | 1949(昭和24)年３月25日 |
| 『表現学習の進め方国語教育研究』 | 山口師範学校男子部附属小学校 手嶋倫典 | 1949(昭和24)年４月１日 |
| 『家庭生活指導のしおり――一週五日制に関連して――』 | 山口師範学校女子部附属中学校 附属小学校 | 1949(昭和24)年５月30日 |

| | | |
|---|---|---|
| 『デモクラシーの教え方・学び方』社会教育ケース・ブック | 合衆国国家教育協会　アメリカ学校管理者協会　教育政策委員会　並川亮訳　リスナー社版 | 1949(昭和24)年6月25日 |
| 『全国優良小学校に於ける　最新カリキュラムの実践』 | 日本学芸社 | 1949(昭和24)年7月15日 |
| 『学習指導』第3巻第7号～第4巻第2号 | 山口師範学校教育研究所 | 1949(昭和24)年7月15日～1950(昭和50)年2月15日 |
| 『新教育の基本問題――中等教育研究会報告書』 | 新教育研究会編　中外出版刊 | 1949(昭和24)年11月1日 |
| 『生活学習研究　桜山教育プラン』　付「学習計画評」 | 下関市立桜山小学校 | 1949(昭和24)年11月5日 |
| 『生活実践と実力養成のための小中学校のカリキュラム』 | 山口大学山口師範学校光附属中小学校著 | 1949(昭和24)年11月10日 |
| 「新カリキュラム　研究発表会要項」 | 山口大学山口師範学校光附属小学校 | 1949(昭和24)年11月10～11日 |
| 『国語問題と国語教育』 | 時枝誠記　中等学校教科書株式会社 | 1949(昭和24)年11月15日 |
| 『山口県　教育委員会弘（ママ）報』（第2巻第1号 JAN. 1. 1950～第12号 DEC. 12. 1950） | 山口県教育委員会 | 1950(昭和25)年1～12月 |
| 『観察・参加・実習の手引』 | 山口大学教育学部山口教室教育研究会 | 1950(昭和25)年2月1日 |
| 『続近代カリキュラム』 | 倉澤剛 | 1950(昭和25)年2月1日 |
| 『カリキュラム構成』 | 倉澤剛 | 1950(昭和25)年2月15日 |
| 『生野教育の建設』 | 下関市立生野小学校 | 1950(昭和25)年2月（記載の「学校のこよみ」から推定 |
| 『国語カリキュラムの基本問題』 | 増田三良 | 1950(昭和25)年3月15日 |
| 『教育課程構成の手引　【第一 | 山口県教育庁指導課 | 1950(昭和25)年3月（表 |

| | | |
|---|---|---|
| 章】』 | | 紙のメモによる）以外未詳 |
| 『初等教育史料』第１集 | 文部省初等教育課 | 1950(昭和25)年５月10日 |
| 『生活実践と実力養成のための小中学「山口大学付（ママ）属光小研究会発表原稿／光プラン発表原稿　２編」 | 発表者　皆元正造　手書き原稿 | 1950(昭和25)年５月(ママ) |
| 『新しい国語教育の方法』 | 飛田多喜雄　西荻書店 | 1950(昭和25)年５月５日 |
| 『生活実践と実力養成のための小中学校のカリキュラム』第一巻　基礎篇 | 山口大学山口師範学校光附属小学校光附属中学校 | 1950(昭和25)年５月20日 |
| 『生活実践と実力養成のための小中学校のカリキュラム』第三巻　中学校学習展開篇［改訂版］ | 山口大学山口師範学校光附属小学校光附属中学校 | 1950(昭和25)年５月20日 |
| 『能力表』 | 山口大学教育学部附属小学校　昭和二十五年度「研究紀要」第一集 | 未詳 |
| 『生活カリキュラム』 | 山口大学教育学部附属小学校　昭和二十五年度「研究紀要」第二集 | 未詳 |
| 『修正教科カリキュラム』 | 山口大学教育学部附属小学校　昭和二十五年度「研究紀要」第三集 | 1950(昭和25)年６月８日 |
| 「発表会」原稿 | 発表者　皆元正造　手書き原稿 | 1950(昭和25)年６月(ママ) |
| 『生活実践と実力養成のための小中学校のカリキュラム』第二巻　小学校学習展開篇［改訂版］ | 山口大学山口師範学校光附属小学校光附属中学校 | 1950(昭和25)年６月10日 |
| 「――本校カリキュラムの実践 | 山口大学山口師範学校 | 1950(昭和25)年６月13日 |

| | | |
|---|---|---|
| とその反省――研究発表要項」 | 光附属小学校 | ～14日 |
| 『明石附属プランの課題』 | 神戸大学兵庫師範明石附属校園　（研究紀要七） | 1950（昭和25）年7月（ママ） |
| 『国語教育の新視――国語学習の心理的研究――』 | 首藤貞美目黒書店 | 1950（昭和25）年10月5日 |
| 『教育国語要――とくに低学年の実地指導を中心として――』 | 三宅武郎東洋館出版社 | 1950（昭和25）年10月5日 |
| 『文部時報』第878号　第二回米国教育使節団を迎えて　学習指導要領各編　「通達中学校高等学校学習指導要領国語科編について　文部省昭和二十五年九月十四日中間発表」 | 文部省調査普及局編集 | 1950（昭和25）年11月 |
| 『カリキュラム』第24号～第44号 | 誠文堂新光社 | 1950（昭和25）年12月～1952（昭和27）年8月 |
| 『生活学習の改善　桜山教育修正プラン』 | 下関市立桜山小学校 | 1950（昭和25）年12月5日 |
| 『能力別学習指導と生徒会活動　高森中学学校研究紀要第一輯』 | 高森中学校研究部 | 1950（昭和25）年12月12日 |
| 『国語指導の基本問題』 | 増田三良 | 1950（昭和25）年12月15日 |
| 『阿武教育年報（小学校の部）』 | 阿武出張所 | 1950（昭和25）表紙の記述以外未詳 |
| 『新教育の進路』 | 海後宗臣 | 1951（昭和26）年2月20日 |
| 『書道単元学習と評価法』 | 上條周一 | 1951（昭和26）年2月25日 |
| 「昭和25年度中学校指定校　第1回指定　研究発表会要項」 | 豊浦郡豊田前中学校 | 1951（昭和26）年2月27～28日 |
| 『実践国語』「特集　新しい国語学習指導の計画」第13巻第131号～139号 | 穂波出版社 | 1951（昭和26）年4～12月 |

| | | |
|---|---|---|
| 『新国語教科書を基にした　小学校国語科教育課程の　構成と展開（中学年）』 | 山口県阿武郡国語同人会 | 1951(昭和26)年5月16日 |
| 「研究発表会要項――教育課程の評価　学習指導面の評価を中心として」 | 山口大学教育学部　附属光中学校 | 1951(昭和26)年5月29～30日 |
| 『各種形態による学習指導法の実際的展開の研究』 | 山口大学教育学部附属防府中学校研究部編 | 1951(昭和26)年6月15日 |
| 『学習指導要領一般編』 | 文部省 | 1951(昭和26)年7月10日 |
| 『国語と国文学』「戦後の国語教育の反省と批判」 | 東京大学国語国文学会 | 1951(昭和26)年7月 |
| 『単元展開の資料と手引』 | 下関市立桜山小学校 | 1951(昭和26)年11月3日（「“単元展開の資料と手引”の発表にあたって」による）以外未詳 |
| 『科学的根拠に立つ　国語教育の改善　国語の学力調査とその実態』 | 文部省初等教育課　沖山光 | 1951(昭和26)年11月15日 |
| 『大殿教育の実際』 | 山口市立大殿中学校 | 1951(昭和26)年12月5日（「跋」による） |
| 『国語教育の問題』 | 倉澤栄吉　世界社 | 1951(昭和26)年12月30日 |
| 『本校の国語指導計画』 | 高水小学校 | 1952(昭和27)年2月（表紙による）以外未詳 |
| 『山口大学　教育学部研究論叢』第1巻第2号・同第2号 | | 1952(昭和27)年3月15日<br>1952(昭和28)年1月20日 |
| 『新カリキュラムの設計　学習展開　第二集』 | 光市小学校教育課程構成委員会編 | 1952(昭和27)年4月14日 |
| 『路傍の小草――自立教育の実践　第2輯　“計画つくり教科外活動”』 | 山口県平生小学校 | 1952(昭和27)年12月1日 |
| 『生活教育の計画教育研究資料第四集』 | 光市立三井小学校 | 1953(昭和28)年1月20日（「序」による）以外未詳 |
| 『新カリキュラムの設計　学習展開　第三集』 | 光市小学校教育課程構成委員会編 | 1953(昭和28)年6月15日（「序」による）以外未詳 |

| | | |
|---|---|---|
| 「都濃郡中学校学習指導研究会要項」（諸中学校の実践報告要項記載） | 未詳 | 1953（昭和28）年7月17日（報告内容の実践日記載）以外未詳 |
| 『昭和27、8年度学級における個性尊重の教育の実際第一集』 | 吉敷郡小郡町立小郡小学校 | 1953（昭和28）年11月10日（「はじめに」による）以外未詳 |
| 『各教科に於ける基礎学力と其の指導　昭和28年度』 | 山口大学教育学部附属防府中学校研究部編 | 1953（昭和28）年12月5日 |
| 「基礎学力の構造論」 | 安田正夫 | |
| 「国語科における基礎学力とその指導の一断面」 | 石井遠景 | |
| 『国語教育研究読解力伸張の方策』 | 阿武郡福賀小学校 | 1954（昭和29）年2月9日 |
| 『昭和二十八年度山口県教育委員会研究指定校　本校の学習指導』 | 玖珂郡本郷中学校 | 未詳 |
| 『山口県　教育学会々（ママ）誌』第一巻第一号 | 山口県教育学会 | 1954（昭和29）年4月15日 |
| 『問題解決学習の基本問題生活教育の前進Ⅴ』 | 日本生活教育連盟　誠文堂新光社刊 | 1954（昭和29）年5月25日 |
| 『研究紀要　第一集――実力養成の学習指導――昭和二十九年度』 | 山口大学教育学部付（ママ）属光小学校 | 1954（昭和29）年5月29日 |
| 『研究紀要　第一集――実力養成の学習指導――昭和二十九年度』 | 山口大学教育学部付（ママ）属光中学校編 | 1954（昭和29）年5月29日 |
| 『小中学校　国語科　学習指導上の問題点とその指導研究紀要第17集1954』 | 山口県教育研究所 | 1954（昭和29）年6月25日 |
| 『昭和二十九年度　山口県教育委員会研究指定校本校の学習指導――基礎学力の指導――』 | 玖珂郡本郷中学校 | 1954（昭和29）年12月7日 |
| 『祖国の再建（ママ）めざす自 | 山口大学教育学部附属 | 1954（昭和29）年12月（ママ） |

| | | |
|---|---|---|
| 主的仕事学習の方法の探求　単元学習の批判と検討を通して　前編　教育目標並に教育内容分析評』 | 防府中学校研究報告書第9号 | |
| 『祖国の再建をめざす　自主的仕事学習の方法の探求　単元学習の批判と検討を通して　後編　本論並に基底単元系列評』 | 山口大学教育学部附属防府中学校研究報告書第9号（ママ） | 1955(昭和30)年1月29日 |
| 『萩・大津地区基礎学力の実態と対策』 | 萩・大津地区高等学校研究会 | 1955(昭和30)年1月(表紙による)以外未詳 |
| 『実力養成と生活実践のための小中学校カリキュラム』第二巻　展開篇　改訂版 | 山口大学教育学部付（ママ）属光小学校 | 1955(昭和30)年5月5日 |
| 『研究紀要』「第二集昭和三十年度」 | 山口大学教育学部付(ママ)属光小学校 | 1955(昭和30)年7月10日 |
| 『中学　作文の力』 | 山口大学教育学部付（ママ）属光中学校<br>教官　尾崎家連 | 1955(昭和30)年7月(「まえがき」)以外未詳<br>1955(昭和30)年10月5日 |
| 『研究紀要』「第三集　研究会特集——学習活動の深化——」 | 山口大学教育学部付（ママ）属光小学校 | 1955(昭和30)年10月20日 |
| 『研究紀要』「第二集——学習活動の深化——」 | 山口大学教育学部付（ママ）属光中学校 | 1955(昭和30)年10月22～23日 |
| 「研究発表会要項——学習活動の深化——」 | 山口大学教育学部付（ママ）属光小学校 | 未詳 |
| 『自昭和二十九年四月　至昭和三十年十月　我が校教育の歩み』 | 阿武町立福賀小学校 | 1955(昭和30)年11月15日 |
| 『国語教育の諸問題』 | 西尾実　光風出版 | 1956(昭和31)年3月20日 |
| 『研究紀要』「第三集　昭和三十年度」 | 山口大学教育学部付（ママ）属光中学校 | 1956(昭和31)年9月10日 |
| 『中学校文法学習書　私たちのことば』 | 山口大学教育学部付（ママ）属光中学校 | |

| | | |
|---|---|---|
| | 教官　尾崎家連 | 1956(昭和31)年10月5日 |
| 『研究紀要』「第四集　昭和三十一年度」 | 山口大学教育学部付（ママ）属光中学校 | 1956(昭和31)年10月31日 |
| 『祖国の再建をめざす　自主的仕事学習の方法の探求　単元学習の批判と検討を通して　続編　問題把握の指導』 | 山口大学教育学部附属防府中学校研究報告書第10号 | 1957(昭和32)年11月1日 |
| 『研究紀要』「第五集　昭和三十二年度」 | 山口大学教育学部付（ママ）属光中学校 | 1957(昭和32)年11月16日 |
| 「第十二回　研究発表大会要録　集団思考による学習指導　自主的仕事学習の方法の探求　第三次発表」 | 山口大学教育学部付（ママ）属防府中学校 | |
| 『中学校文法学習書　私たちのことば——改訂版——』 | 山口県熊毛町立三丘中学校教諭　尾崎家連 | 1957(昭和32)年7月(「まえがき」以外未詳 |
| 『集団思考による学習指導　自主的仕事学習の方法の探求　第三次発表』 | 山口大学教育学部付（ママ）属防府中学校研究報告書11(ママ)号 | 1957(昭和32)年11月16日 |
| 「第十二回　研究発表大会要録　自主的仕事学習の「展開」とその指導　第四次発表」 | 山口大学教育学部付（ママ）属防府中学校 | 1958(昭和33)年10月24日 |
| 『自主的仕事学習の「展開」とその指導第四次発表』 | 山口大学教育学部付（ママ）属防府中学校研究報告書12号 | 1958(昭和33)年10月24日 |
| 『学習活動と授業過程　あたらしい学習指導法』 | 山口大学教育学部付（ママ）属光小学校著 | 1959(昭和34)年1月21日 |
| 『指導要領準拠　中学作文』 | 大村浜 | 1962(昭和37)年4月20日 |
| 『わかっていくことの追求　よい授業への道』 | 山口大学付（ママ）属光小学校 | 1964(昭和39)年4月 |
| 『付（ママ）属光小五十年の歩み』 | 山口大学教育学部付（ママ）属光小学校 | 1966(昭和41)年11月3日 |
| 『山口大学教育学部　附属光中学校史料二十年史』 | 山口大学教育学部附属光中学校 | 1969(昭和44)年12月1日 |

| | | |
|---|---|---|
| 益井重夫「敗戦後の教育再建の渦中における模索の追想」 | 甲南女子大学人間科学年報第9号 | 1984(昭和59)年3月(ママ) |

〈著者紹介〉

加　藤　宏　文　（かとう・ひろふみ）

1938（昭和13）年、京都市に生まれる。
1962（昭和37）年、広島大学文学部文学科（国語学国文学専攻）卒業。
京都府立加悦谷（かやだに）高等学校、大阪府立豊中、池田両高等学校教諭を経、1990（平成２）年４月、山口大学教育学部助教授、1993（平成５）年10月、同教授、2001（平成13）年３月、同停年退官。その後、山口大学教育学部、同人文学部、福岡教育大学、北九州市立大学文学部、山口県立大学国際文化学部非常勤講師を経る。
2005（平成17）年４月、宇部フロンティア大学人間社会学部児童発達学科教授、現在に至る。
**著書**
『高校文章表現指導の探究』1983（昭和58）年８月　溪水社刊（単著）
『源氏物語の内と外』1987（昭和62）年11月　風間書房刊（共著）
『高等学校　私の国語教室――主題単元学習の構築――』1988（昭和63）年６月　右文書院刊（単著）
『たのしくわかる高校国語Ⅰ・Ⅱの授業』1990（平成２）年９月　あゆみ出版刊(共著)
『国語単元学習の新展開　Ⅵ　高等学校編』1992(平成４)年８月　東洋館出版刊(共著)
『源氏物語作中人物論集』1993（平成５）年１月　勉誠社刊（共著）
『小学校国語科教育の研究』1993（平成５）年２月　建帛社刊（共著）
『生きる力に培う「主題」単元学習』1999（平成11）年４月　明治図書出版刊（単著）

戦後国語（科）単元学習の出発とその去就
――山口県における実践営為を中心に――
〈資料編〉

2005年10月11日　発行

著　者　加　藤　宏　文

発行所　株式会社　溪　水　社
広島市中区小町１－４（〒730－0041）
電　話（０８２）２４６－７９０９
FAX（０８２）２４６－７８７６
E-mail:info@keisui.co.jp